CANYUZHE DE
LILIANG

参与者的力量

——王越群参政议政成果备忘录

王越群／著

黑龙江人民出版社

图书在版编目(CIP)数据

参与者的力量 : 王越群参政议政成果备忘录 / 王越群著. — 哈尔滨 : 黑龙江人民出版社, 2019. 1
ISBN 978 - 7 - 207 - 11678 - 9

Ⅰ. ①参… Ⅱ. ①王… Ⅲ. ①参政议政—中国—文集 Ⅳ. ①D627 - 53

中国版本图书馆 CIP 数据核字(2019)第 008372 号

责任编辑: 常 松 崔 冉
封面设计: 王 刚
责任校对: 徐秀杰

参与者的力量
——王越群参政议政成果备忘录
王越群 著

出版发行 黑龙江人民出版社
地址 哈尔滨市南岗区宣庆小区 1 号楼 (150008)
网址 www. hljrmcbs. com
印 刷 永清县晔盛亚胶印有限公司
开 本 787 × 1092 1/16
印 张 21
插 页 8
字 数 340 千字
版次印次 2019 年 1 月第 1 版 2021 年 6 月第 2 次印刷
书 号 ISBN 978 - 7 - 207 - 11678 - 9
定 价 50. 00 元

2018年5月28日，参加陕西省政协文教委员会赴商南县调研时与省政协副主席、民进陕西省委主委刘宽忍（中）合影

2014年3月27日，陕西省政协副主席冯月菊在省政协医卫体委员会专题会议上为作者颁奖

2015年4月21日，参加民进中央调研组在陕调研公共文化体系时与全国政协秘书长、民进中央副主席、著名教育家朱永新合影

2014年2月14日，《陕西若干教育问题研究与思考》出版后，拜访恩师——著名历史学家、国学大师、西北大学名誉校长张岂之先生时合影

2018 年 1 月 24 日，出席政协陕西省第十二届委员会第一次会议时与《各界导报》记者李鹏合影

2017 年 1 月 20 日，出席陕西省政协十一届五次会议与《陕西日报》记者万君合影

2017 年 1 月 20 日，出席陕西省政协十一届五次会议时与著名歌唱家沙莎合影

2016 年 1 月 28 日，出席陕西省政协十一届四次会议时与著名书法家李艳秋(左一)，著名画家宋亚平(右二)，著名儿科专家、西安交通大学第一附属医院李辉教授(右一)合影

2018 年 1 月 24 日，出席政协陕西省第十二届委员会第一次会议时选举投票留影

17:30 49%

cnwest 西部网 · 直通两会

政协委员呼吁加强职业教育 补足中国制造"短板"

西部网 2008-01-19 21:15:41 设置

西部网(陕西新闻网)

1月19日下午，省政协委员王越群做客西部网访谈室

2008 年 1 月 19 日，出席陕西省政协十届一次会议时接受西部网专访

2018年2月18日 星期日 设为首页

加入收藏

陕西传媒网

新闻 原创 视频 会 社 旅游 教育 房产 娱乐 体育 财经

陕西 专题 图片 论 理 美食 文化 汽车 时尚 健康 科技

热点视频 新时代梦之队 新时代这么干 外国人中国梦 让群众得实惠 不平凡的贡献 加强基层党建

陕西传媒网

政协委员王越群：特殊教育、义务教育、学前教育仍然是短板

来源：陕西传媒网 2013年01月30日13:47 字号：T|T

闲置房可归政府惹争议 盘点豪华办公楼

视频介绍

政协第十一届陕西省委员会委员、陕西学前师范学院教育科学研究院院长王越群接受陕西传媒网记者的采访。

报道：卢洁 马磊 王璞 制作：武康乐

2013 年 1 月 30 日，出席陕西省政协十一届一次会议时接受陕西电视台采访（视频截图）

2017年5月9日，西安市高陵区政府常务副区长胡民升代表高陵区政府为作者颁发高陵区人民政府“高陵区教育发展战略研究首席专家”聘书

2018年5月8日，作者（左一）与陕西省教育厅副厅长王海波（中），陕西省教育厅基教一处处长王彬武（右二）、教师工作处处长罗侃淳（右一）、财务处处长靳华锋（左二）应邀参加陕西省人民政府政策例行吹风会，解读《陕西省人民政府关于统筹推进县域内城乡一体化改革发展的实施意见》

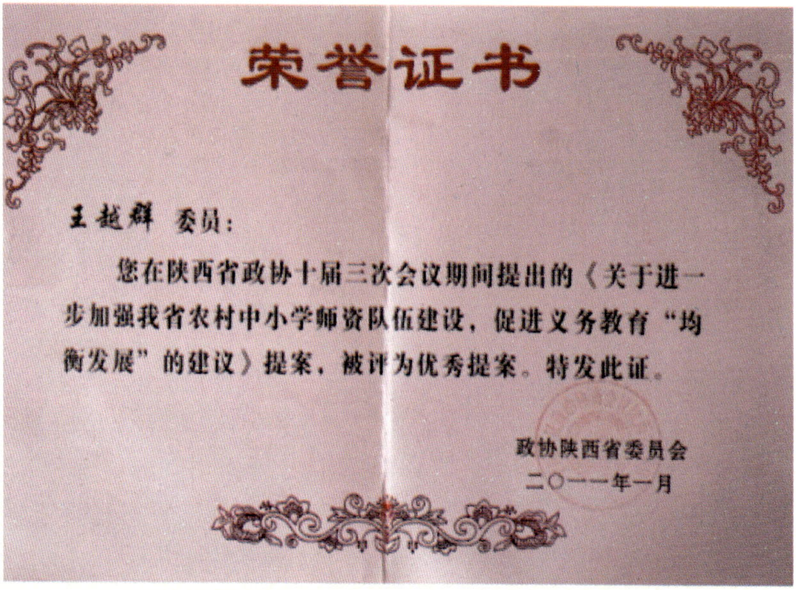
荣誉证书

王越群 委员：

您在陕西省政协十届三次会议期间提出的《关于进一步加强我省农村中小学师资队伍建设，促进义务教育“均衡发展”的建议》提案，被评为优秀提案。特发此证。

政协陕西省委员会

二〇一一年一月

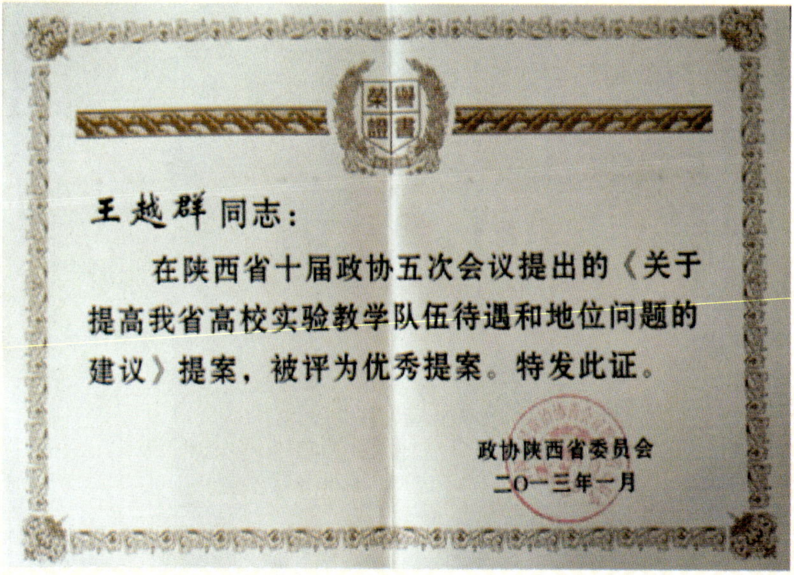
王越群同志：

在陕西省十届政协五次会议提出的《关于提高我省高校实验教学队伍待遇和地位问题的建议》提案，被评为优秀提案。特发此证。

政协陕西省委员会

二〇一三年一月

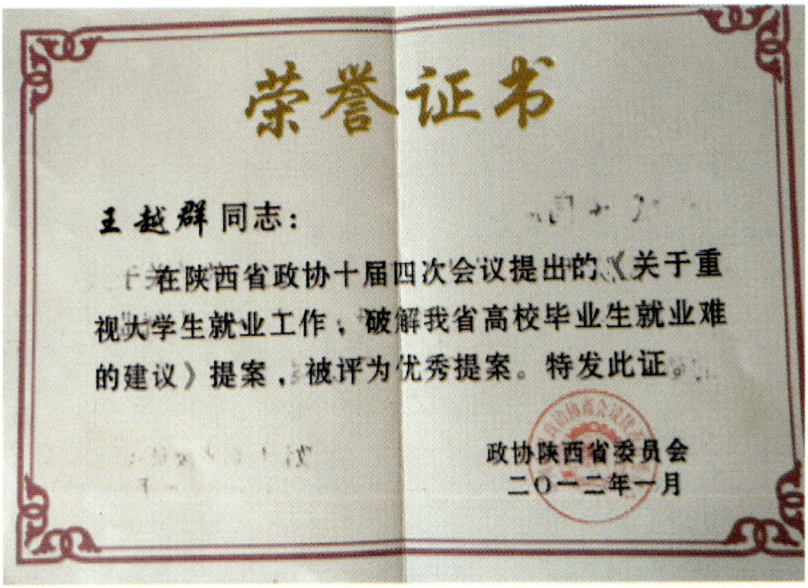

荣誉证书

王越群同志：

在陕西省政协十届四次会议提出的《关于重视大学生就业工作，破解我省高校毕业生就业难的建议》提案，被评为优秀提案。特发此证。

政协陕西省委员会
二〇一二年一月

荣誉证书

HONORARY CREDENTIAL

王越群委员：

您在陕西省政协十届一次会议期间提出的《关于加快我省职业教育快速协调发展的建议》提案，被评为优秀提案，特发此证。

政协陕西省委员会
二〇〇九年一月

榮譽證書

王越群委员：

在陕西省十一届政协二次会议提出的提案(第563号)《关于解决我省医患纠纷问题的几点建议》，被评为优秀提案。特发此证。

政协陕西省委员会

二〇一五年一月

参加民进中央和民进省委会调研及参政议政课题研究部分成果获奖证书

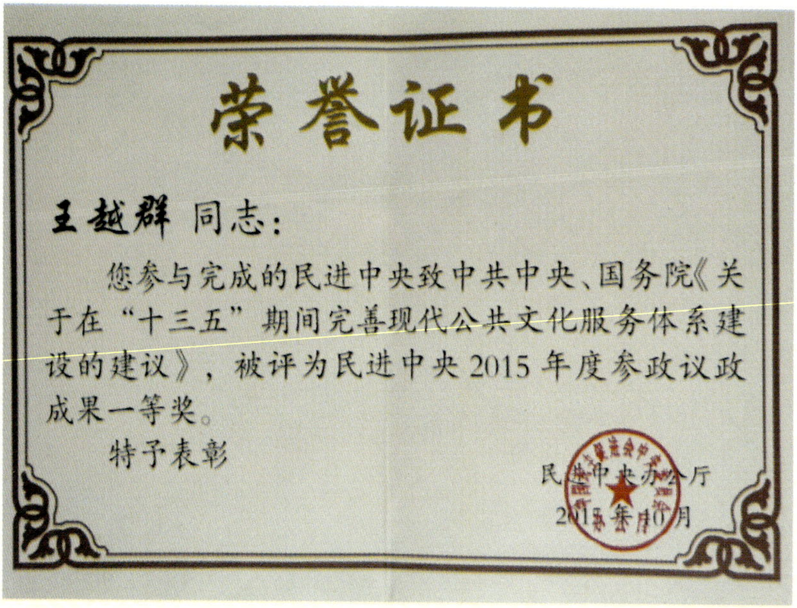

荣誉证书

王越群 同志：

您参与完成的民进中央致中共中央、国务院《关于在"十三五"期间完善现代公共文化服务体系建设的建议》，被评为民进中央2015年度参政议政成果一等奖。

特予表彰

民进中央办公厅

2015年10月

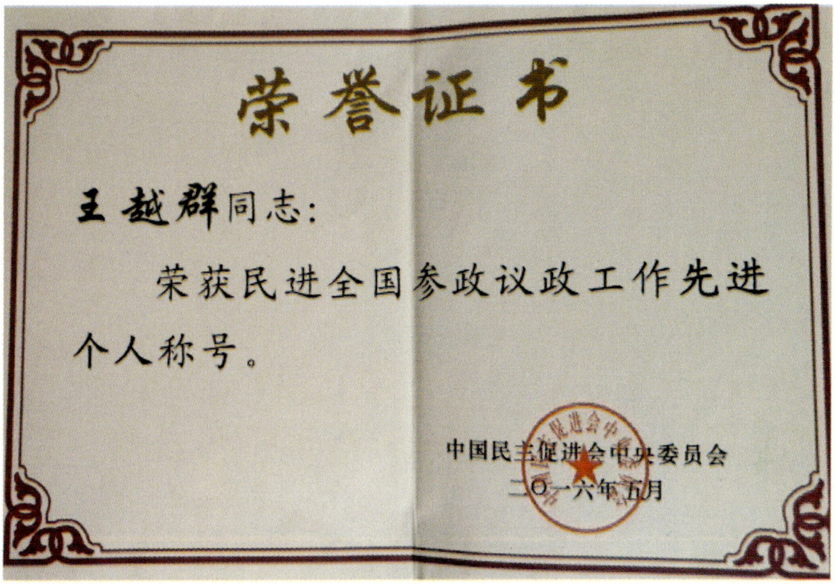

荣誉证书

王越群同志：

荣获民进全国参政议政工作先进个人称号。

中国民主促进会中央委员会

二〇一六年五月

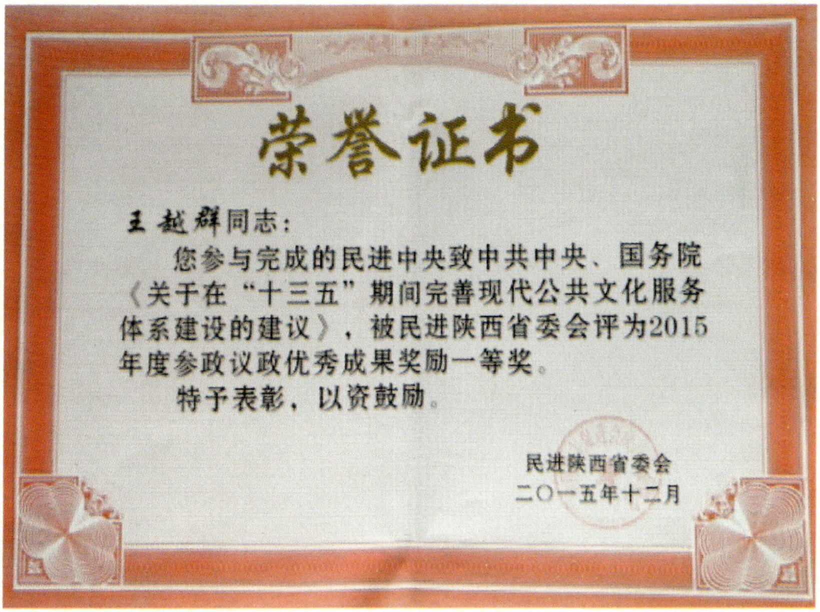

荣誉证书

王越群同志：

您参与完成的民进中央致中共中央、国务院《关于在“十三五”期间完善现代公共文化服务体系建设的建议》，被民进陕西省委会评为2015年度参政议政优秀成果奖励一等奖。

特予表彰，以资鼓励。

民进陕西省委会

二〇一五年十二月

荣誉证书

王越群同志：

《关于加强农村留守儿童教育管理的建议》，被评为2014年度参政议政优秀成果奖励二等奖。

特发此证，以资鼓励。

中国民主促进会陕西省委员会

二〇一五年一月

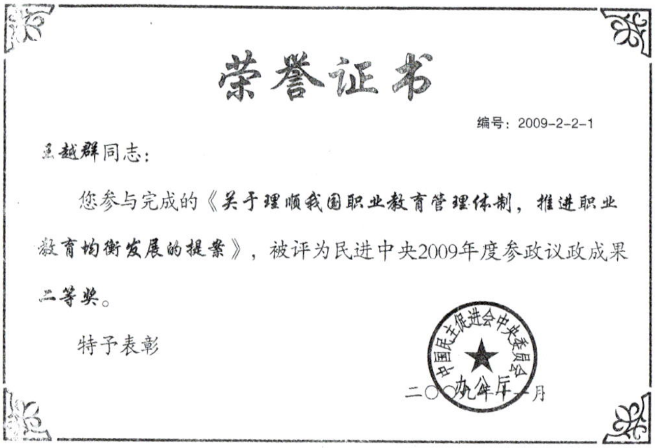

荣誉证书

编号：2009-2-2-1

王越群同志：

您参与完成的《关于理顺我国职业教育管理体制，推进职业教育均衡发展的提案》，被评为民进中央2009年度参政议政成果二等奖。

特予表彰

二〇〇九年一月

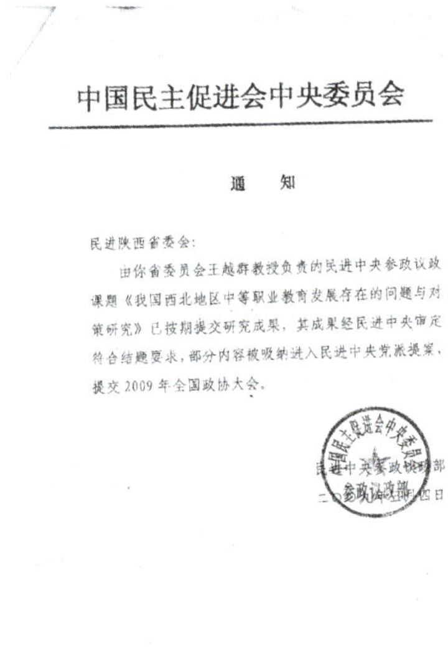

中国民主促进会中央委员会

通　　知

民进陕西省委会：

由你省委员会王越群教授负责的民进中央参政议政课题《我国西北地区中等职业教育发展存在的问题与对策研究》已按期提交研究成果，其成果经民进中央审定符合结题要求，部分内容被吸纳进入民进中央党派提案，提交2009年全国政协大会。

民进中央参政议政部

二〇〇九年[illegible]月四日

序

刘宽忍

春节过后的一天上午，越群同志来到我办公室，将他近期整理的十余年来作为省政协委员参政议政的成果汇集成册的书稿《参与者的力量——王越群参政议政成果备忘录》呈到我面前，要我写个序。

听了越群同志的介绍，我欣然答应。一是因为在国家和我省经济社会蓬勃发展取得了举世瞩目、令人振奋的成就的同时，也存在诸多的困难和问题，只有正视并及时研究和解决，才能确保各项事业健康、稳定、可持续发展。越群同志作为一名资深的省政协委员和教育专家，多年来，围绕国家和我省经济社会发展的重大问题和诸多民生事业，积极参政议政、建言献策，认真履行政协委员的职责，尤其是他能主动发挥自身专业特长，结合民进工作特点和政协委员工作需要，长期对相关问题进行深入研究和思考，直接转化为政协提案或调研报告，供政府决策参考并得到采纳，这样的研究工作与参政议政履职相结合的做法，所发挥的作用和价值值得肯定。二是越群同志作为陕西民进省直工委主委，原本是一名历史学教授，但由于对民进工作抱以满腔热情和对文化教育事业抱有至诚的热爱，长期关注和思考国家和我省改革发展中的若干重大问题，特别是文化教育、医疗卫生、经济旅游等方面的问题，并倾注大量精力和心血开展了调查、研究工作，这种基于国家和我省重大现实问题进行深入研究的精神，值得提倡。

翻开这部耗费时日的书稿，我看到了越群同志作为一名优秀的政协委员，为履行参政议政职责而付出的艰辛劳动以及对国家和我省经济社会和各项社会事业发展抱持的拳拳之心。因为从这本书的内容可以看出，书中内容涉及较为广泛的社会领域，跨度很大，对政府相关决策具有一定的参考作用，越群同志发挥了政协委员及民主党派成员的重要作用，确实令人感慨。尤其难能可贵的是，越群同志能够围绕国家和我省改革发展的重大或重要问题，注重调查研究，分别从理清现状、找准问题、提出对策建议的角度撰写提案或调研报告，并尽可能与自身专业课题研究相结合，将有的政协提案或调研报告转化为科研课题，有的作为民进中央参政议政课题获得采纳或获奖。从书中每个提案后的政府复函、媒体反响、发言摘编及获奖等方面的文字和图片说明可以看出，这些成果有的作为政府决策参考已经得到有关方面的采纳与表彰，有的作为科研成果得到认可与奖励。

总之，我认为这本凝结着越群同志心血和智慧的参政议政成果集，基本反映了他作为省政协委员认真履职、建言献策、服务政府决策的实际，达到了预期的效果。

当然，由于政协委员是兼职参政议政，所涉及的社会发展问题极其复杂而艰巨。同时，由于为决策服务的对策建议还会受特殊时空限制，书中有的问题还有进一步研究的空间，有的研究结论尚需进一步斟酌或充实调整，但这并不影响这本书的整体价值。甚至可以说，正如本书的书名一样，越群同志十余年的政协委员经历，使他作为我省经济社会改革发展中的一名参与者，充分展示了“参与者的力量”，他参政议政所提出的提案建议、发言要点、调研报告等，为政府决策所发挥的作用也是掷地有声，做到了“说了没白说”。

在《参与者的力量——王越群参政议政成果备忘录》即将付梓之际，我感到由衷的高兴，一方面向越群同志表示祝贺，并期待他在今后的政协委员履职过程中，还有更多的参政议政成果问世；另一方面，希望今后有更多的政协委员也能和越群同志一样，认真贯彻党的十九大精神，在习近平新时代中国特色社会主义思想指引下，围绕国家和我省改革发展新问题、新矛盾，多建有益之言，多献务实之策，以崇高的使命感和责任感，为国家和我省经济社会发展发挥更大的作用。

是为序。

（序作者为陕西省政协副主席、民进中央常委、民进陕西省委主委）

目　　录

中国人民政治协商会议陕西省第九届委员会

中国人民政治协商会议陕西省第十届委员会

中国人民政治协商会议陕西省第十一届委员会

中国人民政治协商会议陕西省第十二届委员会

其他部分参政议政工作成果

中国人民政治协商会议
陕西省第九届委员会

第五次会议第536号提案

关于进一步加强我省职业教育建设，增强职业教育办学内功的建议

我国的快速工业化进程迫切要求职业技术教育必须同步跟上，大力发展职业教育关乎国家社会经济的持续发展问题，是我国社会主义现代化建设的一项战略任务。建设社会主义新农村、大力发展职业技术教育是重要的举措，国家对此十分重视，要求到2007年以后，全国中等职业学校与普通高中的比例将是1:1。我省目前有各类中等职业学校167所，高等职业专科学校40余所，但据我们深入调查，我省目前职业教育的发展远远不能适应经济社会发展需要。

具体问题是：

1. 中等职业教育办学水平和能力普遍较低，尤其是县级以下职业高中或职教中心整体办学实力都不能适应我省经济社会发展的需要。据我们调查，即使地处我省市县的部分国家级、省级和市级重点职业学校，整体人才培养质量也不理想，导致学生就业后仅能从事一些低层次简单工作，用人单位所需要的高水平技工人才仍很缺乏，故而出现市场需求大但培养质量差、就业层次低级、收入低的尴尬局面，导致学生及家长对接受职业教育失去信心。近年来，很多农村职业中学招生规模日益下滑甚至难以为继的现象，就是最好的说明，对于建设社会主义新农村目标的实现带来不利影响。

2. 对我省职业教育现状调查表明，导致职业教育质量差、不能培养合格人才的主要原因有三点：

第一，各级政府特别是县以下政府及教育行政部门，对职业教育重要性的认识不到位，对职业教育投入力度不足，缺乏配套政策支持；

第二，师资队伍严重匮乏。表面上看各职业学校的师资队伍人数并不少，但调查表明，目前职业教育发展的主战场——农村中等职业学校的教师，绝大多数都是从原普通中学调入的，不能胜任职业技术教育的技能教学要求，甚至在某些省级以上重点职业中学，真正符合要求的专业教师不足20%，各职业中学对此无能为力。因为：一是职教师资培养没有一个基地来源，目前的师范专业毕业生不具备技能操作能力，其他院校专业毕业生又缺乏教育基本理论，不能胜任工作；二是现有在职教师进行外出专门培训较为困难（因受学校人员总编制的束缚）；三是培训经费得不到落实。

另外，职业学校教师的职称评审也得不到长效落实，导致职教教师老的不适应，新的进不来，形成恶性循环。

第三，实训基地建设及教师实训环节得不到落实。职业教育的核心是培养学生的实践应用与动手操作能力，所以实训实践环节至关重要。但是目前我省绝大多数市县以下中等职业学校没有固定的实训基地，在校学习中的实训教学环节几乎流于形式，很多中职学校在迫不得已的情况下，临时租用企业的设施设备应付教学。

为了改变我省农村职业教育的面貌，快速提高职业教育人才培养质量，为我省经济社会发展输送合格优秀的技能人才，我们做如下建议：

第一，省里拿出切实可行的方案，对各级政府及教育行政部门发展职业教育提出刚性任务要求，以任务的落实促进思想认识的转变，并加大对职业教育投入的力度。省里教育经费的重点应由对高校的投入转向对职业教育的投入，各市县财政拨出职教专用经费，扶持中等职教发展，切实改善职业教育的办学条件。

第二，高度重视职业教育师资队伍建设，具体建议措施包括：一是根据我省现有高等院校密集及师范院校多的优势，整合或新增一所职业技术师范学院，为解决职教师资培养问题提供基地（据了解，我国目前有5所专门为培养职教师资而设立的职业技术师范性质的院校，西北地区没有一所这样的院校，我省如果利用优势整合一所这样的院校，既可以解决我省职教师资的培养问题，又可以为西北乃至全国的职教师资培养做出贡献）。二是对我省各类职业学校师资的现状进行认真准确、实事求是的普查。为防止普查中的弄虚作假，普查结果不与学校的评估挂钩,仅作为加强职教师资队伍建设的依据,根据普查结果有针对性地制定培训计划,近期培训可由省财政统一拨款,根据不同专业需求选择若干对口院校进行培训,培训重点是解决专业教师的技能实践应用能力和水平问题,以解决当前职业教育师资力量太弱的燃眉之急,中长期则是在整合或新增职业技术示范院校基础上,解决师资培养的长效机制。三是对从事职业教育教师的职称评审等事关教师切身利益问题,予以政策倾斜,加大指标投放力度,确保职教师资成为同行中令人羡慕的职业。

第三,加强实训基地和实训室建设。具体建设包括:一是省财政与地方财政及学校自筹三结合,加大投入力度,专款专用,分期分批解决职业教育类的专业实训室建设。为防止重复建设,由省上对全省职业学校的专业重点进行定位,合理布局优化结构。二是各级教育行政部门指导、协助辖区内职业院校与企业联合建立实训基地,根据条件,定期检查,实行动态管理。

媒体反响

《陕西日报》2007年2月3日政协、人大两会专题报道:给职业教育增强内功

作为今年新增补的省政协委员,王越群委员在省政协九届五次会议期间提出,我省职业教育师资跟不上,“内力”严重不足,急需增强“内功”。王越群介绍,职业教育需要的是“双师型”的教师,即具有技师和教师的双重性,专业技术和理论二者不可缺一。他建议,职业教育的数量和质量一定要同步发展,为我省的职业教育增强“内功”,政府首先要集中财力,整合资源,建立高质量的职业教育培训基地和师范高职院校。重视师范院校学生的教育职业技能培养,可由省教育厅牵头成立教师职业技能测试中心,对合格者颁发教师资格证。尝试建立公用的实训基地,实现资源共享。职教学院要根据专业,建成一批各具特色的职业学院,培养专业化的人才。

第五次会议第609号提案

关于消除粉笔粉尘污染，改善教学环境的建议

说明：省工商局、省教育厅、省质监局分别对该提案进行了复函，其中，省质监局根据该提案，由陕西省标准化院出台了我省生产粉笔质量标准（见陕西省标准化研究院“粉笔”地方标准编制说明），唯原件因故丢失。

附：“粉笔”地方标准编制说明

“粉笔”地方标准编制说明

一、工作简况、任务来源

2007年2月，在陕西省政协九届委员会第五次会议提案中，政协委员王越群提出消除粉笔粉尘污染改善教学环境的建议提案。省质量技术监督局标准化处根据“陕西省人民政府办公厅关于办理省十届人大五次会议代表建议和省政协九届五次会议提案的通知”精神，决定制定粉笔地方标准，规范我省粉笔生产，并将该项任务落实到陕西省标准化研究院。陕西省标准化院在接受任务的同时，立即组织成立了课题小组，负责该项地方标准的制定工作。

课题工作组先后在我省户县质监局和湖北省孝感市技监局的配合下吗，对户县地区和湖北应城地区粉笔生产企业进行了深入细致的调研。在调研中我们了解到，目前应城市质量技术监督局结合当地粉笔的实际生产情况，为3家龙头企业制定了粉笔企业标准，用于规范生产，并作为产品验收、质量评定的依据。在技术标准的支撑下，应城粉笔的质量和产品竞争力得到了明显的

提升，仅黄滩粉笔有限责任公司一家企业生产的“文峰”牌粉笔，年产量即达1 500多吨，销售收入达5 000万元，出口创汇3 000万元，文峰牌粉笔也成为全国知名品牌。户县是我省的粉笔主要生产地，由于缺乏统一的产品质量标准，产品质量参差不齐，不仅形成不了经济优势和品牌优势，市场竞争力难以提高，而且很难以质量求生存，仅靠价格参与竞争，降低价格势必导致原料成本的降低，原料成本低了就难以保证产品质量，长此以往我省这项特色产业面对外省高质量的产品，竞争压力会更大。因此，应制定“粉笔”地方标准，规范产品质量，在政府政策的推动下，引导企业科学生产，提高我省粉笔质量，消除粉笔粉尘污染，从而减少劣质产品对广大教师和学生的伤害。

课题组同时深入市场，对西安市市场的粉笔批发零售情况、市场销售的黑板材质以及目前西安市大中小学校使用的黑板的材质等进行了调查，了解了相关的信息，这为后期标准技术指标的制定提供了参考。

二、编制原则、标准主要内容

粉笔生产工艺简单，一直沿用凭师傅经验传授的传统工艺，目前国内尚无机械化批量生产，还是家庭手工作坊式生产。其生产流程主要是配料，建筑石膏粉—成浆—铜模灌注成型—脱模—晾晒—手工包装。

目前，粉笔尚无统一的国家标准，编制该项地方标准时，既要规定相应的质量指标规范生产，提高产品质量，减少粉尘污染，又要考虑到生产实际情况，制定出适宜我省粉笔生产经营的产品标准。标准编写中主要参考了SN/T0955－2000《进出口粉笔检验规程》、日本国家标准JISS6009－1995“粉笔”及应城市粉笔企业标准。结合我国目前粉笔生产经营情况，对我省粉笔地方标准做出了如下规定。

（一）技术要求

1. 建筑石膏粉是粉笔生产的主要原料，产品质量的关键是原料品质的好坏，原料细度直接影响产品成型后的外观及内在质量，因此对原料细度做出了具体规定。在随机抽取的粉笔样品中，选取中等质量水平的产品对应的原料，进行过筛试验检测，经反复测定，选取了原料质量中等水平的测试指标作为标准指标，对原料进行规定。

2. 外观要求规定。在参考商检行业标准对粉笔外观提出的基本要求的基础上，采用了日本 JISS6009 - 1995《粉笔》第三章第二条要求，对粉笔内部结构质地做出了具体规定，即“内部粒度均匀、紧密，不得有硬物质和直径大于 2. 5mm 的气孔”，这一要求与原料要求相呼应，使标准要求协调统一。

3. 水分配比不当，脱模晾晒时易引起产品变形。标准对粉笔外观和笔杆弯曲做出要求，这是间接验证粉笔原料质量，验证产品是否严格按工艺配方生产。标准采用了商检行业标准，对笔杆弯曲最大限度进行了规定，即粉笔在平面上最大部位缝隙不得大于 2. 5mm。

4. 粉笔主要生产设备是铜模，铜模的规格尺寸决定了粉笔的规格尺寸。经调查测量，大部分粉笔生产企业将产品标准尺寸定为长 73mm 1. 0mm，大头直径 10 mm 0. 5mm，小头直径 8 mm 0. 5mm。如遇其他特殊形状、尺寸，生产企业可根据用户需求在合同中规定具体要求。

5. 白度指标是参考应城市企业标准制定的。这项指标是为保证书写色泽对比效果而制定的，是在应城地区几家规模较大的企业成品库中随机抽取样品，经过多次检测、对比得出数据，最终确定技术指标。

6. 为保证粉笔在书写时不易断，运输时不易碎，标准规定了抗折强度指标。商检行业标准将抗折强度按 5 个型号分别给出区域值。抗折强度指标越低，粉笔越软，粉尘随之增加。该项指标的确定，既要考虑城市学校玻璃黑板质地，还要兼顾农村木质、水泥等其他质地的黑板书写情况；既要保证书写要求，还要将粉尘污染降低到最小限度。生产企业往往是根据销路定指标，以合同为准组织生产。销往农村的粉笔抗折强度相对低些，而销往城市的粉笔该项指标相对高。标准中给出的指标是最低限标准，生产厂家可在合同中与订货方协商指标的确定。确定该项指标前，我们将我省户县生产的多批次产品就该项指标进行了试验，并参考应城企业标准，得出了最低限度要求，即 15N/cm. 22，这是商检行业标准中，HB 型号 12 N/cm - 15 N/cm 中等偏上的一项指标。

（二）试验方法

为了确保该项地方标准能够指导我省粉笔生产企业的生产，作为检验产品质量的重要依据，折强度试验方法尽可能采用了国家标准规定的方法，其试验方法具有可操作性和可重复性，书写要求的检测方法是应城市经充分论证、反复试验得出的结果，在我们的验证下得到了确认，保证了该检测方法的科学性和实用性。

检验规则中对出厂检验、形式检验、组批、抽样、合格判定做出了具体要求，确保了企业在产品出厂前把好出厂质量关。根据包装运输实际情况，标准对产品包装、标志、运输和贮存也做出了相应具体规定。

三、标准验证

标准起草制定后，们在户县多家生产企业中随机抽取了原料样品和粉笔成品样品，按标准要求在陕西省产品质量监督检验所进行了验证检验，进一步确定了技术指标，验证了试验方法的可行性和可靠性。

同时，广泛征求意见，将标准草案挂在陕西省质量技术监督局网站、陕西省标准化研究院网站，向社会公开征求意见。组织标准制定方面的专家、学校老师、企业技术人员及相关专业的专家对标准草案进行函审，最终形成报批稿。

根据专家意见对标准进行修改后，希望通过最终评审会议后按规定程序报批、发布。

中国人民政治协商会议
陕西省第十届委员会

第一次会议第 193 号提案

关于将我省二分之一的普通本科院校调整为职业本科院校的建议

一、背景

近年来，我国高等教育事业以超乎寻常的高速度发展，尤其是本科以上的在校生和毕业生猛增，2008 年预计全国高校毕业生总数将由 2007 年的 464 万人增至 532 万人。而近年来大学生就业渠道调查显示，一方面，应届毕业生进入国家公务员队伍的比例越来越小，2007 年进入国家机关的毕业生不到 1%，进入民营“三资”企业的大学生接近 32%，不能及时就业的毕业生人数逐年攀升；另一方面，一些中小型加工企业和从事第三产业的企业却招不到适合本企业的大学毕业生。因此，加快我省高校培养高技能职业教育人才速度，将是今后一个时期我省经济建设发展过程中必须高度重视的突出问题。

二、存在的问题

1. 长期以来，我国的高等教育很注重学历教育和正规化教育，致使许多原有的专科学校，甚至中等专业学校陆续经过整合，盲目改制或者升格为普通本科院校，并追求所谓的研究型院校。而新设立的职业学校和技术院校，由于基础薄弱而不能够完全按照国家制定的办学标准来规范办学行为，有的学校专业设置目的不够明确、师资力量和专业实力不强、办学经费短缺、培养的学生没有针对性目标，从而造成实用型技能人才和中高级技术工人的严重短缺。

2. 随着国民经济的快速发展，企业的用人标准也发生着深刻的变化。一方面，一些劳动密集型企业加快了现代化企业转制的速度，使得文化知识较低和没有专业技能的体力工人在快速减少，致使一些企业出现了招收技工难的局面。另一方面，毕业的大学生学历愈高就业难度愈大，而一些职业技术学院的毕业生则就业相对容易得多，特别是一些中小型加工企业更喜欢招用这类学生。根据我国未来经济建设的发展趋势，结合党的十七大提出的“构建和谐社会”“加大就业率”、努力提高低收入人群的生活水平等内容可知，非公有制经济的中小型企业和第三产业企业是发展的主要方向，而这些企业所用的职工，绝大多数都是能够解决实际问题的应用型技术人才和高级技工。

3. 陕西高校数量虽然居全国前列，但在现有的普通本科院校中，真正具有专门为各类企业培养高技能职业教育人才性质的院校几乎没有。不仅如此，更为严重的是，在近几年来的互相攀比中都在追求向所谓的“综合性”和“研究性”大学发展，对走职业高等教育之路都不感兴趣，造成了大量学生毕业后找不到工作的尴尬局面。

三、建议

结合我省高等教育和职业技术教育的实际，有针对性地组织教育专家、企业家、学生及家长代表等，在深入调研的基础上，加大我省普通本科高等院校的教育体制改革和学科设置改革的力度，大力调整普通本科高等院校的类别，建议参照国家教育战略调整中普通高中和职中的在校学生数比例为1∶1的发展方向，可以将现有的普通本科院校的50%左右调整为职业本科院校，以适应我国和我省“十一五”规划中关于大力发展职业教育的战略要求，培养出适应经济社会发展的应用性职业教育高级人才。稳妥起见，可以先在现有的普通本科院校中选择一两所进行试点，试点成功后再逐步全面铺开。

提案复函

说明：因纸质复函保存不当丢失。

分组讨论发言要点摘编

1月16日下午，第十三组委员围绕袁纯清省长所做的政府工作报告进行了认真的讨论。委员们普遍认为，报告提法新颖，特点突出，求真务实，目标明确，振奋人心。

王越群委员(陕西教育学院系主任)、张青华委员(商洛职业技术学院院长)说，报告讲得很好，提出的“六个理念”很新颖，“八大工程”也提得很具体，关键在落实。教育方面还有欠账，尤其对职业教育，应加大投资力度。对职教师资问题的建议：1. 提高职业学校教师待遇，吸收优秀人才从事职业教育工作；2. 重视职业学校教师配备，重点解决“双师型”专业教师队伍不足的问题；3. 政府统筹落实编制，成立专门的职教教学研究机构，指导职教工作；4. 单设中等职业教师评审的序列；5. 加快设置、转型、整合职业技术学校教师培训基地。在经费分配上，应支持各地学校同步发展，对贫困地区稍加倾斜。(摘自2008 年 1 月 16 日中国人民政治协商会议陕西省第十届委员会第一次会议简报第 34 期)

第一次会议第133号提案

关于我省农村小学布局调整中师资队伍建设问题的建议

一、背景

从2001年全国新的一轮大规模的农村中小学布局结构调整开展以来，部分经济较为发达的农村地区通过因地制宜、实事求是地合理调整中小学布局，集中力量改善了一批乡镇中心学校的办学条件，使合并后的中心学校实现了教育资源的整合优化，当地的教师队伍质量与教育教学水平也得以提高。但与此同时，也凸现出许多新的问题。通过对我省关中、陕南、陕北部分农村地区的教育行政部门和农村小学进行调研，发现在农村小学布局调整中，师资队伍建设中存在很多需要解决的问题。

二、存在的问题

1. 教师队伍整体超编与具体学校教师编制不足的矛盾尤为突出。调查中，教育行政部门的负责人反映，目前推行的按照师生比确定的学校编制标准比较符合城镇学校的实际，和农村学校的办学实际不符。按照国家目前规定的农村小学1∶23的教师编制标准，各个地区教师队伍总体的情况都是严重超编，但具体到各个学校的实际，则是编制不足，人手紧张。在调整过程中，普遍的做法是撤并一些村小，重点发展中心小学。而农村地区山大人稀、学龄人口相对分散，合并后的中心小学寄宿制学生大量增加，如延川县贺家湾中心小学共有学生78名，其中，寄宿学生56名，占学生总数的72%。小学寄宿制学生需要配备一定数量的生活教师和工勤人员，而现有农村学校的编制标准是按照任课教师和学生之间的比例确定的，没有生活教师和工勤人员的编制，多数学校不得不让教师们既带课，又担任生活教师。这样，教师们不仅要对学生的学习负责，还要承担起管理学生生活和保障学生人身安全的重要责任，普遍感到身心压力很大，从早到晚都无法放松，教师们根本无法进一步提高自身业务水平，学校教育教学质量的提升难以保障。

2. 富余教师的合理分流缺乏政策保障。仅从原则和方案来看，对富余人员的分流似乎公平合理，但在实际执行过程中，针对每一个人的具体情况，确是难上加难。调研发现，无论是教育行政部门的官员，还是学校领导，在谈到这个问题的时候都比较敏感。地方教育行政部门和学校领导都一致认为，富余教师分流的难点在于，国家还没有出台相应的政策解决教师分流的后顾之忧。

3. 调整后同一学校教师队伍教学水平差距比较大，而培训工作的滞后，使一些教师难以适应教育教学的需要。在农村小学布局调整过程中，随着一些教学点的撤并，大部分教师向中心小学或城区小学流动，各个学校的教师队伍进行重新整合。在此过程中，原来在教学点从事教学的大多数教师由于长期的分散教学，教育教学能力、业务水平和中心小学、城区小学教师相比，有较大差距。但由于政策支持不到位，大部分学校教师培训相对滞后，影响了教师的专业化成长，也制约学校办学质量的提高。

4. 调整后的中心小学教师队伍年龄结构、学科结构不合理，制约着农村学校办学质量的提高。布局调整后，打乱了原来中心小学教师队伍年龄比例的正常状态，使 45 岁以上大龄教师的比例达到 40% 以上，导致中心小学教师年龄结构趋于老化。特别是实施新课标之后，实践性课程、活动性课程的专任教师十分缺乏，而年龄大的村小教师 80% 以上是民转公的老同志，上课力不从心，难以胜任这类新课程。这就使学校的科学教育、艺术类教育、综合实践教育等教育教学内容无法落实，使农村孩子的素质教育明显弱于城市孩子，使教育公平的缺失落在了农村孩子的身上。教师资源配置不合理和超编的现实，严重制约着农村学校办学质量的提高

三、建议

1. 要充分考虑农村学校生源区域广、相对分散、规模较小的实际，要合理

确定编制标准,保证这些地区基础教育教学的基本需要。建议对于学生规模在800~1 000人以上的学校,可按师生比标准确定编制;对于学生规模在800人以下的学校,建议按年级、班额数来确定编制标准。针对一些偏远山区,在一定时期仍要保留一定数量教学点的实际,适当增加所在地区教师队伍的总体编制。在确定编制时,要充分考虑到布局调整后寄宿制学生大幅度增加的实际,不仅要确定任课教师的编制,还要确定生活教师、工勤人员的编制。同时,要根据实际,继续做好代课教师的清理工作,妥善安排后续事宜。坚决清理在编不在岗人员,有条件的学校可推行教职工全员聘任制,实行竞争上岗,择优聘用。

2. 采取多种形式做好村小教师的合理分流工作,妥善安置分流教师,实现教师队伍的稳定发展。建议村小教师的分流,不能一刀切地全部并入中心小学或完小,要针对村小教师的实际合理分流,建议经过一定的考核程序,对具备教学能力的,可调入中心小学或完小,不具备教学能力的可采取提前内退、转岗培训、落聘进修的办法。教育行政部门可对内退期间教师的工资标准和相关待遇做出明确规定;转岗人员上岗前必须参加转岗培训,培训合格后按新岗位套改工资执行;对落聘人员可实行第一年待岗期间发放档案工资的70%,并参加相应的培训,一年后通过竞争仍未上岗的发档案工资的50%,第三年仍落聘的予以辞退。

3. 切实做好布局调整后的教师培训工作,使教师队伍在整合中优化,提高教师的教育教学能力。建议由省教育厅部署,各级教育行政部门和各个农村中心小学或完小具体落实,针对布局调整后教师队伍水平参差不齐的状况,本着能力强者优先上岗、能力差者先培训后上岗的办法,逐步提高农村骨干教师水平,并有计划地安排好教师培训工作,加大教师的培养培训力度。上级教育行政部门要将培训经费落实到具体学校,各个学校要结合本校实际制定好培训方案。培训可分为上级骨干教师培训和校本培训两个层次。需要特别建议的是,农村学校的校本培训一定要根据学校整体发展的需要,在有关专家的协助指导下进行。通过培训逐步构建起促进农村小学教师专业成长的长效机制,使农村学校教师队伍在整合中优化,提高教育教学水平。

4. 采取积极措施,不断改善农村学校的教师队伍结构,加快推进农村学校素质教育。针对农村小学教师队伍年龄结构老化、学科结构不合理的状况，建议除实行大龄教师提前离岗或内退制度外，还应该采取具体措施：一是固定编制与流动编制相结合，由政府教育行政部门掌握一定比例的流动编制，聘任大学毕业生到师资紧缺的农村学校任教，保证农村学校能够补充高素质的新教师；二是建立新教师农村教育服务制度，将新进教师一律先安排到师资紧缺的农村学校任教；三是新进教师必须首先满足紧缺学科的要求，以利于新课程的实施，满足农村学生素质教育、全面发展的需要；四是做好对口支援工作，实行城乡学校结对、教师相互学习交流等措施，加大人事制度改革，通过竞争机制，优化、调整教师队伍结构。

提案复函

说明：陕西省教育厅对提案纸质复函保存不当丢失。

第一次会议第 136 号提案

关于加强我省农村中职师资队伍建设，增强职业教育办学实力的建议

一、背景

近年来，根据国家“十一五”发展规划，我国在教育发展战略中，将大力发展职业教育，并把迅速扩大职业教育的规模作为发展的重点。为此，国家提供大量的财力、物力用来加强职业教育基础能力建设，千方百计扩大中职教育办学规模。2006 年职教招生扩招 100 万，达到 700 多万人的规模，2007 年职教办学规模已突破 800 万人大关，中等职业教育尤其是农村职业教育工作已开始走出办学低谷，走上良性发展道路。目前，我省中等职业教育的基础能力建设已粗具规模，办学实力得到了实质性改善。陕西省在 2006 年 4 月出台了《关于大力发展职业教育的决定》之后，我省职业教育的发展确实出现了良好势头，取得了十分可喜的成绩。在基础建设、办学数量、专业设置、就业安置和办学效益等方面，都居西部 12 省(区)之首。但是，仍存在一些影响我省职业教育快速协调发展的问题，特别是由于历史的原因，我省中等职业教育尤其是农村中等职业教育仍面临着十分严峻的问题，即师资队伍的现状远远不能适应职业教育大发展的需要，师资队伍建设存在的问题已是现在乃至今后相当长时间内制约职业教育办学水平提高的瓶颈。

二、存在的问题

1. 政府对职业学校高度计划的人事编制，制约职业教育的办学质量

当前，由于政府对农村职业中学的人事管理仍然是高度的计划经济体制模式，政府对学校用人编制统得过死，导致区(县)农村中等职业学校的师资队

伍结构严重不合理，大大制约职业教育质量的提高和农村职业中学的可持续发展。如有的县（区、市）级中等职业学校或者职教中心，所需要的“双师型”专业教师数量长期达不到要求，导致农村职业中学很难实现办学质量上的突破和飞跃。

2. 历史与现实的双重原因，导致农村职业学校师资队伍的合格率太低

由于历史的原因，农村中职教育体系在20世纪80年代形成时，由于地方政府政策不重视，在师资配备上将职业中学作为普教师资的“退水渠”，年龄大的、水平差的教师调入职业学校，发展到现在此种迹象仍有，造成当前农村职业教育师资队伍建设上存在一些较大的问题。主要表现：

（1）各职业中学普遍存在文化课教师数量偏多而能承担职业教育教学任务的专业课教师不足的问题，甚至有的重点职中的专业教师的比例还不到全体教师总数的10%，

（2）由于培养渠道的限制和历史形成的双重影响，导致符合职业中学专业教育教学的第一学历合格的专业教师比例太低，几乎60%以上的专业教师都是由原来的文化课教师改行过来，教师的专业教学能力和水平达不到教育质量要求。

（3）全省没有一所为农村职业中学输送合格毕业生的职业技术师范本科学院，其他相关工科院校又缺乏教师职业教育内容，毕业生不能适应农村职业教育教学。职教师资培养院校少，导致合格的农村职业中学专业教师得不到有效补充。

（4）政府对中等职业学校的职称评审政策配套不够，多年来，在对中等职业学校专业教师的职务（职称）评审问题上，省上一直没有明确的评审标准，各地只能参照普通中学教师职称评审办法执行，严重影响专业课教师的工作积极性和创造性，使得专业教师的基本的权益得不到保障，专业教师的专业思想很不稳定。

（5）各区（县）几乎没有职业教育研究机构，有关职业教育方面的工作和业务，大都是由区（县）教育局机关职教科（股）代劳；农村职业学校教师的专业研究与交流缺乏应有的平台，严重影响农村职业学校教师的教育教学水平的提高。

(6)受编制和教师资格准入制的制约,具有专业学识的非师范类毕业生无法进入职业学校,而全省有没有一所相应的培养满足职业学校需要的职业技术师范院校。这些问题成为制约目前我省农村职业学校做强的瓶颈,严重阻碍职业教育的良性发展,直接影响着职业教育的可持续发展。

三、建议

针对农村职业学校师资现状、职业学校学生特点,建议政府采取以下对策,提升职业学校的师资水平,增强职业学校的办学实力。具体建议如下:

1. 由省教育厅负责制定政策,地方政府机构重视职业教育,提高职业学校教师待遇,吸引优秀人才从事职业教育工作,使职中教师工作成为人人羡慕的工作。

2. 高度重视职业学校师资配备,教育行政部门在对各中等职业学校进行教师配备时,要重点解决"双师型"专业教师队伍的数量不足问题,要建立职业学校教师资格准入制度,切实提高农村职业学校师资整体水平。

3. 由省政府统筹,各级政府落实编制,成立专门的职教教学研究机构,指导职业学校教育教学工作,提高农村职业学校教师的教育教学水平。

4. 加快设置或者整合专门的为职业学校培养师资的"陕西职业技术师范学院",可将具有职业教育和师范教育基础的陕西教育学院等院校直接改制为职业技术师范学院。同时,为了解决专业教师的燃眉之急,最近几年,可由政府指定几所有影响的工科院校毕业生,使其取得职教从教资格而充实职教教师队伍。

5. 上级政府部门考评区(县)教育局工作时,要将职业教育办学水平的考评实实在在列为一项重要项目,切不可使下级部门认为职业教育是当地教育工作的补充。

6. 在对教师进行专业技术人员职称评定时,必须建立独立的符合职业学校实际的专业教师职称评定体系。各级教育行政部门要采取切实可行的政策,解决好中等职业学校专业教师的专业职务(职称)评审问题。因此,政府应该出台符合中等职业学校教师情况的职称职务评审办法,以鼓励更多的专业教师热爱职业教育,形成稳定优秀的职教师资队伍。

7. 职业教育并非教育部门一家之事，要切实落实教育部门提出的“政府统筹、社会参与、部门联办”的办学原则，调动一切积极因素，全力解决职业学校师资队伍建设问题，则职业教育要做强的目标将会早日实现。

提案复函

说明：陕西省教育厅对省政协136号提案复函因故丢失。

第一次会议第674号提案

关于加快我省职业教育快速协调发展的建议

一、背景

近年来，根据国家“十一五”发展规划，我国在教育发展战略中，将大力发展职业教育，并把迅速扩大职业教育的规模作为发展的重点。自2006年4月省人民政府《关于大力发展职业教育的决定》出台以来，我省职业教育的发展出现了良好势头，取得了十分可喜的成绩。在基础建设、办学数量、专业设置、就业安置和办学效益等方面，都居西部12省(区)之首。但是，仍存在一些影响我省职业教育快速协调发展的问题。

二、存在的问题

1. 政府对职业教育管理渠道政出多门，导致职业教育发展上的严重不平衡

据调研，目前全省各类职业教育机构，既有各级政府教育部门主管的职业院校、职业中学、职业教育中心、职业中专、中等专业学校，也有各级政府劳动部门主管的技工学校、工程技术学院等，还有相关行业企业主管的行业技工学校，以及众多的民办职业教育培训机构等。由于管理上的多头性，导致在职业教育发展中，政策落实不平衡、发展情况不平衡、办学质量良莠不齐，不能达到职业教育所要求的高技能素养。

2. 政府对职业学校实行高度计划的人事编制，制约职业教育的办学质量

当前，由于政府对公办职业学校的人事管理仍然是高度的计划经济体制

模式，学校的教职工人数是政府根据很多年以前的学校办学规模而核定的，根本不能满足现实的办学需要。另外，由于政府对学校用人编制统得过死，导致区（县）公办中等职业学校的师资队伍结构严重不合理，大大制约职业教育质量的提高和学校的可持续发展。如有的县（区、市）级中等职业学校或者职教中心，所需要的大量"双师型"专业教师数量长期达不到要求，导致职业学校很难实现办学质量上的突破和飞跃。

3. 招生混乱导致职业教育生源质量存在严重问题。

由于各地在招生政策上对职业教育不重视，导致职业教育在招生时，往往受到不公平的对待，各级各类职业学校没有很好的生源，办学质量很难提升。如在中考录取顺序上，一般都是先重点高中，然后再普通高中，最后才是职业学校，这既对职业教育从源头上设置了障碍，又给进入职业学校学习的学生的心理带来很大的消极影响，严重影响学生的学习兴趣。同时，对众多公办技工学校和民办教育机构，又不允许进入招生录取程序，使得这些学校为了能够招到学生，不得不采取各种非常规手段，既造成了招生过程的极大混乱，又为社会上某些打着招生旗号进行诈骗的犯罪分子制造了机会。

三、建议

1. 政府应将对全省各类职业教育的管理纳入统一的轨道

首先，由省政府指定有关职能厅（局），成立一个职业教育管理专门机构，对目前全省所有各类职业教育机构进行统一分类归编，将原来分散在教育、劳动和行业等主管部门下的所有职业教育机构，统一进行评估，并根据每个学校的实际办学实力和发展前景，进行学校和专业设置的布局结构调整，特别是对那些条件差、没有发展前途的职业教育机构要停办，对于那些办学实力雄厚、发展前景很好的职业学校，省上应进行重点扶持和建设，使职业教育达到质量和效益的最大化。同时，对民办职业教育机构尽快出台相关政策，解决他们在征地、引资、贷款等制约发展方面的困难，促进民办职业教育健康发展。其次，由主管职业教育的教育、劳动等相关政府职能部门牵头，定期召开职业教育校（院）长联席会议，对职业教育发展中的各种问题和矛盾、解决问题的办法等，进行沟通与联系，向政府提出建议，使政府从整体上对真正影响职业教育发展的实质问题有一个准确的把握。再次，在经费保障方面，要重点解决各地（市）、区（市、县）财政不到位的问题，要树立各级党政一把手是职业教育事业发展第一责任人的意识，将能否落实职业教育配套经费作为地方党政领导干部考核晋升的重要标准之一，促使地方主要党政领导干部加大对职业教育经费落实的力度，确保职业教育正常发展。

2. 政府应根据实际办学规模，重新确定能够满足职业教育需要的教师数量

首先，政府应该根据学校办学规模和实力，重新核定各学校的人事编制。按照市场经济对职业教育人才培养规律的要求，实事求是地调整原有编制，以满足办学基本要求的专业教师数量。其次，教育行政部门在配备各中等职业学校教师时，要重点解决“双师型”专业教师队伍的数量不足问题。同时，对民办职业教育机构，重点解决规范办学的问题，将其统一纳入教育或劳动部门管理范围后，应该与公办学校一样，确保学校正常办学。

3. 加快职教师资队伍建设步伐，力争实现职业教育人才培养质量的新飞跃

首先，政府要整合本省高等师范教育和高等职业技术教育资源，快速建立省级职业教育教师培养基地，尽快调整高等教育结构，以陕西教育学院等高职师范院校为基础，快速整合建成一所或几所能够满足我省职业教育师资培养与培训、科学研究与探讨、技术推广与应用等需要的高水平省级职业技术师范本科院校。其次，各级教育行政部门要采取切实可行的政策，解决好中等职业学校专业教师的专业职务（职称）评审问题。多年来，在对中等职业学校专业教师的职务（职称）评审问题上，省上没有明确的评审标准，各地只能参照普通中学职称评审办法。因此，政府应该出台符合中等职业学校教师情况的职称职务评审办法，以鼓励更多的专业教师热爱职业教育，形成稳定优秀的职教师资队伍。

4. 规范招生和收费行为，真正将职业教育办成为国家经济社会发展培养高级专门技能人才的基地和摇篮

首先，将所有备案的中等职业学校或者技工学校纳入中招范围之内，每年由省招生办统一公布所有职业教育机构的名称，允许所有考生同时选择普通

高中或职业学校，以确保职业学校能够招收到优秀的学生。其次，规范职业教育招生的广告宣传工作，通过立法坚决纠正招生过程中的虚假欺骗行为，对职业学校、职业培训机构发布招生简章和广告必须报审批机关备案，不得发布虚假招生简章和广告，对乱发布广告骗取钱财或承诺办理非法学历证书、培训证书、职业资格证书者，限期进行整改，情况严重者将被责令停止招生，吊销办学许可证。再次，由省或市人民政府统一制定职业学校、技工学校和各种公办、民办职业教育机构的收费标准，并在官方媒体统一予以公布，接受全社会的监督；县级以上人民政府价格部门应当向社会公布包括民办职业教育机构在内的所有职业教育的收费项目和标准，职业学校和职业培训机构应当按规定收取学费，只有这样，才能确保职业教育规范办学和健康发展。

说明：1. 该提案同时为陕西省十届政协一次会议大会发言材料之五十八。
2. 该提案被陕西省政协评为优秀提案。

提案复函

说明：陕西省教育厅复函原件因故丢失。

媒体反响

西部网2008年1月22日报道：政协委员呼吁加强职业教育，补足中国制造“短板”

西部网讯（记者 刘振华 韦海 李楠 张喆） 在陕西省省长袁纯清所做的《政府工作报告》中，“建立覆盖城乡的现代职业教育体系”被排在陕西将实施的八大民生工程的第一位。1月19日，陕西省政协委员、陕西教育学院教授王越群老师做客西部网“两会”访谈室，就当前陕西省职业教育的现状和发展谈了自己的看法。

陕西职业教育存在三大问题

现在，一方面每年有大量的本科应届毕业生找不到工作，另一方面是很多企业招不到需要的人才，在这种情况下，社会上中等和高等职业教育又重新火起来，政府也越来越重视这方面的工作。但是王越群委员认为，目前陕西省的职业教育还是存在一些问题：

一是“两头热，中间冷”。对职业教育，不论是国家高层还是省委、省政府，都非常重视，现在社会上也掀起了一股职业教育的办学热，但是一些地方政府在政策的落实、资金的支持上却有些不足。

二是职业教育过去欠账太多，有些先天不足。一方面是很多职业教育学校是直接由普通中学改过来的，在教学方面擅长语文、数学等基础课程的指导，但缺乏技术类教育的经验，师资力量和实训基地严重不足；另一方面现在还有很多家长的观念没有转变过来，仍然抱着学而优则仕的念头，给职业教育的招生带来困难。

三是目前职业教育没有一个整体的统筹规划，存在多头并举的情况。现在的职业教育学校既有教育行政部门主办的，也有劳动主管部门主办的，还有大中型企业自己办的和社会上民办的。因此，职业教育存在标准不统一，难以统筹的情况。

职业教育的发展将大大提高中国国际竞争力

王越群委员建议，结合我省高等教育和职业技术教育的实际，加大我省普通本科高等院校的教育体制改革和学科设置改革的力度，大力调整普通本科高等院校的类别，参照国家教育战略调整中对普通高中和职中的在校学生数比例为1∶1的发展方向，可以将现有的普通本科院校的50%左右调整为职业本科院校。

另一方面建议政府加大对职业教育师资力量的投入，培养出众多既有普通基础教育技能，又能进行职业技能教育的老师。同时，集中资金和力量，整合资源，统筹兼顾，挑选几所有技术基础的学校建设实训基地，把钱花在刀刃上。

王越群委员说，随着高等教育的迅猛发展，目前中国的科研实力和设计能力已经不亚于国外了。现在中国产品在国际上的竞争力还不够，主要问题就是在生产环节上，生产制造技术已经成了中国产品的“短板”，而这是由技工决定的。职业教育的不断发展会向社会提供大批高质量的技术人才，必将提高中国产品在国际市场上的竞争力，让中国产品成为世界一流的产品。

第一次会议第 134 号提案

关于加强我省中小学心理健康教育辅导教师培训问题的建议

一、背景

1. 落实中小学心理健康教育辅导教师培训的政策依据

早在 1993 年中共中央、国务院颁布的《中国教育改革和发展纲要》就明确了心理教育在中小学素质教育中的地位,也为开展心理教育提供了政策依据。1999 年 4 月召开的第三届全国教育工作会议进一步明确了中小学开展心理教育的重要性和必要性。1999 年 8 月教育部又下发了《关于加强中小学心理健康教育的若干意见》。2001 年 1 月中共中央发出了《关于适应新形势 进一步加强和改进中小学德育工作的意见》,提出“中小学都要加强心理健康教育,培养学生良好的心理品质”。同年 6 月的《国务院关于基础教育改革与发展的决定》中,更明确地提出“加强中小学生的心理健康教育”。2002 年,教育部又颁发了《中小学心理健康教育指导纲要》,对学校心理健康教育工作又提出了系统具体的要求和指导。2006 年,陕西省教育厅下发了《关于加强中小学心理健康教育的实施意见》,对我省开展中小学心理健康教育工作制定了具体的实施方案。所有这些表明,中小学心理健康教育已得到政府的高度重视,也是建设社会主义和谐社会的必然要求。

2. 提升对中小学进行心理健康教育辅导的必要性

当今处在经济社会急剧转型时期,在计划经济向市场经济转变的过程中,人们的工作节奏、生活方式、价值取向、社会心理等都由于“社会震荡”产生一些变化。而中小学生正处于生长发育的关键阶段,生理与心理成熟具有不同步性，再加上社会阅历和生活经验不足，又面对观念转变、社会竞争和升学压力等问题，使得他们的心理活动较不稳定，容易产生焦虑和挫折感，发生一些人际关系、情绪稳定性、人格构建和学习适应等方面的心理问题。特别是现在的独生子女占相当比例，受到家长过多的保护，缺乏应对困难与挫折的心理准备，意志薄弱、感情脆弱，心理承受能力偏低，再加上缺乏心理卫生知识，缺乏心理调节能力，一旦面临挫折与烦恼，往往痛苦不堪，甚至极个别的会产生轻生行为。我们对陕西省中学骨干校长的调查问卷的统计结果及分析充分说明，学校迫切需要开展以发展师生心理潜能和预防、矫治心理问题为主要任务的心理健康教育。

3. 落实中小学心理健康教育师资培训工作的紧迫性

一方面中小学迫切需要心理健康教育，但另一方面中小学心理健康教育的现状却不能满足学生、学校与社会发展的需要。心理健康教育是一项专业性很强的工作，但我省中小学普遍缺乏这方面的专职教师。鉴于此，中小学心理健康教育师资培训刻不容缓，应通过培训使教师掌握心理健康教育的基本理论和技术，并取得相应的资格证书，从而有效地开展学校心理健康教育工作。教育部在《关于加强中小学心理健康教育的若干意见》中明确指出："要积极开展对从事心理健康教育教师的专业培训。要把对心理健康教育教师的培训列入当地和学校师资培训计划。通过培训，使从事心理健康教育的教师提高对心理健康教育重要性的认识，掌握进行心理健康教育所具备的知识和能力。通过培训取得证书的教师，还要有从事专职心理咨询（辅导）教师资格认证。对专业知识和实际能力达不到要求的，绝不能随意安排做专职心理咨询教师。"

二、存在的问题

1. 中小学专职心理健康教育教师队伍的数量和质量存在严重问题

我省专门从事中小学心理健康教育的教师数量严重不足，有很多还是兼职，绝大部分心理健康教育教师是半路出家，没有受过专业培训，真正具备心理健康教育专业知识与技能的人就更少，在开展心理教育课程时难免会出现这样或那样的偏差，这很难保证心理健康教育的效果。

2. 中小学校尚未设置心理健康教育教师岗位和编制

导致心理健康教育教师数量匮乏、专业水平不高的原因不难理解。每年仅有为数不多的心理专业毕业生,最终到中小学工作的寥寥无几。同时,学校没有设置心理健康教育教师岗位和编制,也没有中小学心理健康教育教师职称评定序列或将本资格证与职称评定挂钩。许多教师都无法投入此领域工作,即使是学了心理健康教育专业,也并没有在学校从事心理健康教育工作,而是转向有岗位编制和职称序列的其他工作。当前,开展心理健康教育较好的省份已将这个问题提上了议事日程,如广东省的心理健康教师编制和职称问题已得到落实。

3. 中小学心理健康教育教师培训缺乏经费支持和保障。陕西省教育厅于2007年7月委托陕西师范大学和陕西教育学院对全省标准化高中、示范初中和中心小学的200名心理健康教育教师进行了第一期的培训,收到了良好的效果。但由于政策和培训经费的原因,被迫中止了后继培训。心理健康教育是一项系统工程,如心理健康教育设施设备投入、心理健康教育教师的培训、学生心理健康教育活动的开展等,都需要相当的经费支持与保障。而目前我省中小学未设置心理健康教育专项经费,心理健康教育所需经费大多是从其他经费中"挤出来"的,常常难以确保相关工作的正常开展,极大地限制了心理健康教育的健康发展。

4. 学生心理健康教育还未纳入学校评价指标体系

目前,我省中小学心理健康教育水平并没有纳入学校评价指标体系,这不利于调动校长与教师开展心理健康教育活动的积极性。即使已开展的学校,由于没有统一的评价指标和体系,效果难以得到保证,也得不到家长、社会的认可。

三、建议

1. 对中小学专职心理健康教育教师队伍的数量和质量做出明确规定

为了进一步提高我省中小学心理健康教育水平,结合我省的实际,可以从以下两个方面着手。一是对全体中小学教师普及基本的心理学知识,以班主任为重点,把心理健康教育纳入全体教师继续教育的必修课。二是要建立一支专业化的心理健康教育教师队伍，明确规定心理健康教育辅导教师必须具有心理学专业专科以上学历或持有省级心理健康教育教师培训资格证书；通过在职培训的方式，在 3～5 年内比较快地建立起一支具有基本任职资格的心理健康教育的教师队伍。

2. 为全面落实中小学心理健康教育教师培训提供保障和政策支持

目前，我国的许多省、区、市（北京、上海、天津、内蒙古、浙江、云南等）在中小学心理健康教育方面已经取得了良好成效。借鉴它们的经验，建议由省政府或者省教育厅负责，对全面落实中小学心理健康教育教师培训问题，提供有力的保障和政策支持，具体内容有：（1）建议在中小学校设置心理健康教育教师岗位，保证编制；（2）建议陕西省开通中小学心理健康教育教师职称评定序列或将本资格证与职称评定挂钩；（3）建议陕西省各中小学在 2010 年前必须配齐 1～2 名专职的心理健康教育教师；（4）建议每年对中小学心理健康教育教师培训给予一定的经费支持和保障；（5）建议将开展学生心理健康教育纳入学校评价指标体系。

提案复函

说明：陕西省教育厅对提案纸质复函因故丢失。

第一次会议第 677 号提案

关于加强我省高校学生心理健康教育问题的建议

一、背景

在经济转轨、社会转型、竞争加剧的大背景下，高校大学生心理健康教育工作显得尤为重要。大学生是青年中知识层次较高、很有发展潜力和创造性的群体。但是，根据对我省部分高校进行调查，发现大学生心理疾病十分突出，如学生中因心理障碍而休学、退学的人数不断上升，对学生进行心理健康教育的现状不容乐观。我省是高校大省，在校大学生人数十分集中，学生心理问题更要引起高度重视。

二、存在的问题

1. 大学生冲突调适能力较差，忽视心理健康教育咨询，容易产生心理烦恼和困惑，甚至出现心理障碍，但各个学校几乎都没有把心理健康教育纳入人才培养方案体系，作为必修课进行开设，导致心理出现问题的学生人数在增加。

2. 虽然高校日益认识到加强大学生心理健康教育的重要性，但往往是雷声大雨点小，在大学生中进行心理健康教育的宣传力度不够、方法不当，心理健康教育方案不合理、难操作，实施难度加大。

3. 缺乏专业教师队伍和编制，从事心理健康教育的专业队伍力量不足，专业水平不够，各个学校几乎都把学生的心理问题错误而简单地划到了学生思想政治工作的范畴。

三、建议

1. 由省教育厅对各高等院校做出统一要求，加强对大学生进行心理冲突自我调适能力的指导，并将此项工作纳入对高校办学评价的重要指标之一。

2. 把心理健康教育课纳入所有高校所有专业的公共必修课程，系统地向大学生普及心理健康知识，解析心理异常现象，传授心理调适方法，介绍提高心理健康水平的方法和途径，从而促进大学生身心健康全面发展。

3. 加强专业师资队伍建设，特别要将心理健康教育的专业教师纳入院校专业技术教师队伍编制之中，不能简单地把学生的心理健康问题和心理障碍问题交给学生辅导员或者班主任去解决。同时，应由省上统一部署，对现有教师进行专业培训，加强心理健康教育的师资力量。

提案复函

说明：陕西省教育厅关于对省政协677号提案的纸质复函因故未保存。

媒体反响

《华商报》、华商网2008年1月18日报道：王越群：加强高校生心理健康教育

王越群（十届政协委员、陕西教育学院教授）：根据对我省部分高校调查，发现大学生心理疾病突出，学生中因心理障碍而休学、退学的人数不断上升。

我省在校大学生人数十分集中，学生心理问题更要引起足够重视。因此，建议由省教育厅对各高等院校做出统一要求，加强对大学生心理冲突自我调适能力的指导，并将此项工作纳入评价高校办学的重要指标；把心理健康教育课纳入所有高校所有专业的公共必修课程，系统地向大学生普及心理健康知识；加强专业师资队伍建设，特别要将心理健康教育的专业教师纳入专业技术教师队伍中，不能简单地把学生的心理健康和心理障碍问题交给辅导员或班主任去解决。同时，应由省上统一部署，对现有教师进行专业培训，加强心理

健康教育的师资力量。

（注:该报道2008年1月18日被搜狐网报道:代表委员献策:加强高校生心理健康教育）

第一次会议第135号提案

关于对西安市部分街巷更名和新增街巷命名的建议

西安市是十三朝古都，周、秦、汉、唐在历史上的盛世铸就了中华民族古代政治、经济、文化、军事等各方面的辉煌，这样一座历史悠久且一脉相承的城市，不仅在中国而且在全世界都是独一无二的，每一个中国人都为之自豪，更是每一个西安市民的骄傲。出于对这座城市的热爱之情，我们仅就西安市街巷的名称如何体现文化底蕴，如何与它在历史上的恢宏气度相匹配，进行讨论和思考。

我们认为，西安是一座千年古都和世界历史文化名城，对其街巷的命名，应该充分利用和挖掘历史留给西安的厚重文化资源，体现西安文化底蕴，体现深刻内涵和寓意。西安市街巷的名称应是历史与现代文明很好地结合的跨时空名称，如长安路、朱雀路、雁塔路、广济街、德福巷、甘露巷、开元商城等等，而对于那些由于历史的原因不够雅气、缺乏深厚文化寓意的名称，就可以考虑予以更换，如骡马市、木头市、案板街、大皮院，还有诸如王家坟、车家巷、梁家牌楼等带有昔日地方封建达官贵人印记的地名，以及东一路、东二路、高新一路、科技一路等没有能够充分体现西安文化内涵的道路名称。我们认为，这些都是与西安作为历史文化名城的地位不相称的。再者，随着市政建设日新月异的发展，新街道不断出现，在对这些新街道命名时，应该以体现文化底蕴为前提。这样做的意义有三点：第一，可以使市民和子孙后代置身于浓郁的中国汉唐辉煌氛围之中，使我们引以为豪的中国汉唐辉煌通过人们在日常生活中的潜移默化而得以传承。第二，能够激发出我们把西安建设得更加美好的豪情壮志，使西安更加辉煌，使之真正成为我们陕西人的骄傲。第三，可以使世界各国游人在西安感受到更加浓厚的汉唐大气，使之在赞赏、感染、陶醉之余，把西安的历史文化带回去予以宣传。这样，能够提高西安作为历史名城在世界上的知名度，甚至可以起到震撼世界的作用。最后，它还是进行热爱家乡、热爱祖国的爱国主义教育的一种好办法，可以让西安人甚至全国人从中体会到作为一名西安人和中国人的自豪。

为此，我们仅对西安市部分现存街巷更名和新增街巷命名问题做如下建议：

1. 把西安的辉煌历史、秦韵、汉赋、唐诗作为源泉，从中寻求街巷、广场、公共场所乃至楼堂馆所的名称。如司马迁路、武帝路、去病路、张骞路、太宗路、贞观路、李白路、杜甫路、杨柳陌、玄奘路、开放路、友好路、波斯路、印度路等等。

2. 这是涉及面很广的城市文化工程，必须按照办大事的程序来办。要由西安市人大立法，成立专门机构，负责西安市街巷、道路旧名称的更改和新名称的命名工作

3. 这是一项十分严肃而重要的工作，除了政府部门重视外，还需要专家和普通市民相结合，将更名和命名问题在相关媒体上广泛征求建议和意见，在经过广泛而深入的调研、讨论和科学严谨的论证之后，再正式公布。

4. 当然，街道名称的更改涉及的问题可能会更多，建议省、市共同研究这一问题。

提案复函

说明：西安市有关方面的复函原件因故丢失。

媒体反响1

《华商报》、华商网2008年1月16日报道:政协委员建议骡马市等改名以提高西安知名度(节选)

论城建,提建议:西安一些街巷应重命名

王越群(民进十届政协委员):可以考虑将西安市部分街巷更名,以及对新增街巷命名。西安市是十三朝古都,历史悠久,一脉相承,不仅在中国而且在全世界都是独一无二的,是每一个西安市民的骄傲。西安的一部分街巷,如长安路、朱雀路、雁塔路、广济街、德福巷等,能够很好地体现西安的文化底蕴。而一部分由于历史的原因缺乏深厚文化寓意的名称如骡马市、木头市、案板街、大皮院,还有诸如王家坟、车家巷、梁家牌楼等带有昔日地方封建达官贵人印记的地名,以及东一路、东二路、高新一路、科技一路等没有能够充分体现西安文化内涵的道路名称,可以考虑予以更换。王越群委员认为,这样做的意义在于:首先,可以使市民和子孙后代置身于浓郁的中国汉唐辉煌氛围之中,使我们引以为豪的中国汉唐辉煌通过人们在日常生活中的潜移默化而得以传承。其次,可以使世界游人和外宾在西安能感受到更加浓厚的汉唐大气,能够提高西安作为历史名城在世界上的知名度。

建议把西安的辉煌历史、秦韵、汉赋、唐诗作为源泉,从中寻求街巷、广场、公共场所乃至楼堂馆所的名称。如司马迁路、去病路、张骞路、贞观路、李白路、杜甫路、杨柳陌、玄奘路、友好路、波斯路等等。同时,建议西安市成立专门机构,广泛征求专家和普通市民的建议和意见。

媒体反响2

《阳光报》2008年1月17日报道：政协委员王越群回应骡马市改名：骡马市可不改

阳光讯　昨日，记者就这个问题采访了提出此提案的政协委员王越群。王越群告诉记者，作为一名教世界文化史和中国古代史的老师，他在教学中不断比较中国与西方国家历史文化的差异。在多年的比较和研究中他发现，中国的文化较西方的文化更有魅力，文化底蕴更深，更值得去发扬和传承。

对于市民及网友们提出的一些建议，王越群认为，关于更名和重命名的问题虽然已经有很多争议，但是同时也说明引起了大家的广泛关注。就网友们关于骡马市不应该改名的建议，王越群说："当时提出诸如骡马市、案板街等街名改名的建议，只是考虑到这些名字不仅带有昔日地方封建达官贵人的印记，而且听着不雅，与古代汉唐的气概也有些不太相称，所以考虑把它们淘汰。"在听完一些网友及市民的建议后，他觉得，骡马市等街名虽然听起来不雅，但是毕竟还有一定的文化底蕴，所以对这一类的街名也可以不予更改。但对于诸如东一路、东二路、高新一路、科技一路等没有充分体现西安文化内涵，与西安作为历史文化名城的地位不相称的道路名称，应该考虑更换。

同时，王越群还提出可以考虑建立地名库。按照从古到今的历史顺序，从西安历代的历史人物、事件当中挑选出一些能代表西安历史文化特色的名词，建立一个西安地名库。西安为十三朝古都，在这方面绝对具有独特的优势，而建立起来的地名库不仅可以给现在的一些地方重命名，而且随着市政建设日新月异的发展，新街道不断出现，在对这些新街道命名时，就可以选择能体现本地方文化底蕴的名字直接命名，这样就更加方便，而且像广场、公共场所乃至楼堂馆所的名称都可以从地名库里选。这样的话，西安的地名就成为独具魅力的城市名片，每一条街、每一条巷子的背后都会有一个故事，让中外游客从西安地名中就可以了解西安厚重的历史。

第一次会议第194号提案

关于政府增设技术成果转化机构，确保技术成果转化规范运行的建议

一、背景

党中央的一系列有关加强科学技术相关政策的实施，使我国专利技术成果的数量逐年上升，特别是发明专利，已占到专利技术成果的三分之一以上。专利技术成果数量增加速度，代表了一个地区、一个国家的创新意识和科技水平，以及经济发展的总趋势。自主知识产权的快速增加，表明了我国已进入了科学技术发展的最佳时期。如何将这些专利技术成果快速转化成生产力，为我国国民经济服务，政府应该制定出切实可行的对应措施加以管理。

二、存在的问题

1. 维权困难。为了更好地保护自主知识产权，国家早已颁布实施了《知识产权法》等一系列法规和政策，但在具体实施中常常遭遇尴尬。一是专利成果当事人维权意识薄弱，不能充分认识到专利成果的重要价值；二是使用专利技术成果一方法律意识较差，不重视无形资产的存在；三是专利技术成果转化成相应产品，要经过一系列的工艺改进和设计，一旦出现矛盾，鉴别困难。

2. 中介机构不规范。专利技术成果刚一公开，一些中介机构便采用国家机关的名誉，冠以颁奖、引资、推介之名向成果持有者索要中介费，致使不少专利人上当受骗，蒙受了经济、精神的双重损失，专利技术成果转化出现混乱局面，严重地干扰了专利技术成果的实效性、对接性、转化率。

三、建议

1. 可以在科学技术或知识产权主管部门增设科学技术成果转化工作处（站），建立健全技术成果正规、有序、实效运行机制。制定关于技术成果转化过程的相关法规。明确规定，只有通过国家设立的正规成果转化机构发出的信息，才属于有效信息。否则，一切均属假冒机构，不得轻信。同时，严厉打击和取缔未经政府认可的非法技术成果转化机构，净化技术成果转化市场，推进我国自主知识产权进程，使专利技术成果转化事业又快又好地发展。

2. 知识产权局要加大维权意识的教育力度。同时，制定相应的专利技术成果使用过程中有关成果鉴别的实施办法细则。支持成果持有者的合法权益，严厉打击伤害成果持有者利益的不法企业和自然人，维护《知识产权法》的尊严。

3. 为了适应经济建设的需要，科学技术和知识产权主管部门应从每年授权的专利技术成果中推荐和评选出将对当地经济、社会发挥重大作用的优秀专利技术成果，特别是关系到民生、民利的成果给予主动推介（给企业推荐、拍卖）、立项、（创业经费）支持，使其尽快实现成果转化，为经济建设服务。

提案复函

说明：该提案由省人大代表翟文俊和省政协委员王越群分别在两会上提交，省政协提案编号未查到。

媒体反响

《西安日报》2008年1月16日报道：部分政协委员提出建议措施——建言献策　促进发展（节选：增设相关机构　确保成果转化）

本报讯　我国专利技术成果数量逐年上升，特别是发明专利，已占到专利技术成果的三分之一以上。如何指导这些专利技术成果快速转化成生产力，为我国国民经济服务，省政协委员王越群建议，政府应该增设科学技术成果转化工作机构，确保技术成果转化规范运行。

为了更好地保护自主知识产权，国家早已颁布实施了《知识产权法》等一系列法规和政策，但在具体实施中常常遭遇尴尬。一是专利成果当事人维权意识薄弱，不能充分认识到专利成果的重要价值；二是使用专利技术成果一方法律意识较差，不重视无形资产的存在；三是专利技术成果转化成相应产品，要经过一系列的工艺改进和设计，一旦出现矛盾，鉴别困难。

同时，专利技术成果刚一公开，一些中介机构便采用国家机关的名誉，冠以颁奖、引资、推介之名向成果持有者索要中介费，致使不少专利人上当受骗，蒙受了经济和精神的双重损失。

在有关主管部门增设科学技术成果转化工作处（站），建立健全技术成果正规、有序、实效运行机制。制定关于技术成果转化过程的相关法规。明确规定，只有通过国家设立的正规成果转化机构发出的信息，才属于有效信息。否则，一切均属假冒机构，不得轻信。同时，严厉打击和取缔未经政府认可的非法技术成果转化机构。

第二次会议第685号提案

关于加快陕南绿色经济建设，实现陕南经济突破发展的建议

一、加快陕南绿色经济产业建设的背景

陕南地处秦巴山区，气候温和湿润，生物种群极为丰富，有重要价值的药用植物多达千余种，野生水果、山野菜、土蜂蜜等产品品种多、数量足，无污染。特别是20世纪60年代以来，党和政府号召山区种植杜仲、银杏、木瓜、桑树、核桃、柿子、板栗以及菌类植物，还有天麻、灵芝、猪苓等经济果类植物和药用植物，已形成园林化、规模化。天然野生葛根、蕨根分布广、储量大，资源极为丰富。这些植物含有治疗人类疾病的重要药用成分和健体强身的营养成分，是开发研制新医药品、功能性食品的珍贵原料，是山区人民的宝贵财富，亟待开发利用造福山区人民。近年来，秦巴山区各级政府十分重视杜仲、银杏、木瓜、柿子、板栗、桑树、葛根、蕨根等经济植物资源的开发和利用，分别在汉中市略阳县，安康市镇坪县、白河县，商州市镇安县等地建设了杜仲浸膏粉加工厂、杜仲胶厂、葛根粉厂、葛根素提取加工厂、木瓜果酒厂。生产出杜仲浸膏粉、杜仲茶、杜仲饮料、葛根淀粉、葛根黄酮、葛根素等产品，但由于种种原因，导致这些开发却没有成为实现陕南突破发展的增长点。

二、陕南秦巴山区生物资源开发存在的主要问题

1. 地处深山老林的基层干部和群众与外界交流困难，思想观念较为保守，面对丰富的天然生物资源，不知道如何开发利用。

2. 研究机构与资源、市场、企业不能紧密结合，科研机构偏重成分、药理、

药效学等理论方面的研究,研究开发的产品、市场需求没有前瞻性。有志开发生物资源的企业找不到可靠的科研依托单位,不敢冒进,或者因资金短缺、手续复杂而望而却步。

3. 受山区人文环境、自然环境的影响,引进外企、外资十分困难。有的企业进山建厂后,多因技术不成熟、设备落后、资金困难、管理不到位,生产出的产品不达标,中途夭折,影响后跟企业的介入。

4. 缺乏科学管理、综合开发利用和规范加工理念,缺乏适用性高科技生物、化工技术的介入,加工企业只涉足初级加工。产品的科技含量不高,没有前瞻性市场拉动效应,形不成名牌产品。如果不能及时从外部给予技术、销售以及管理上的帮助,秦巴山区生物资源的开发工作很有可能形成恶性循环。

5. 优惠政策落实困难。目前,省政府已将陕南列入突破发展计划,作为秦巴山区,国家在扶贫贷款、科技开发经费等方面均给予大力支持。据了解,用于陕南山区的各项优惠政策和贷款逐年增加,秦巴山区由于缺少优秀的企业管理人才和科技人才,一直确定不了项目,资金如何投入,也深感困惑。甚至有极个别企业以利用开发项目为名,套取国家的支持资金,资金到账后,不做产品或挪为他用,造成不良后果。所以亟须引进外援性企业的管理人才和科技人才,带动当地经济的发展。

三、科学开发陕南秦巴山区生物资源的几点建议

1. 政府应把秦巴山区的生物资源开发作为陕南突破发展总战略目标的重要组成部分来考虑,建立专项研发基金,对有志从事秦巴山区生物资源开发研究的研究机构或个人,给予科研经费倾斜的政策。在科研立项、成果评奖方面,一律给予优先考虑;对长期从事秦巴山区生物资源、农副产品深加工研究的单位和个人,在晋级、科研立项、成果鉴定、评奖等方面给予优惠政策扶持。帮助地方政府招商引资,从而争取世界银行和国际性组织的关注。

2. 加大科技经费投入,积极申报国家专利成果,掌握自主知识产权,以专利技术优势弥补交通不便等自然条件带来的劣势。建立精加工企业,减少运输负担。

3. 对秦巴山区主要经济植物,特别是以政府行为号召山区群众种植的杜

仲、银杏、木瓜,以及自然分布的柿子、葛根进行比较全面而科学的考察,确定其地存面积、生长状况、地存产量、开发现状,在掌握上述资料之后,在巩固森林资源保护的前提下,制定出一套既保护又开发利用的科学开发利用方案。具体重点分别是:

(1)以全国杜仲基地县——汉中市略阳县为重点,认真分析研究杜仲种植的经验,总结深加工企业存在的问题,找出制约杜仲深加工的真正原因,制定出科学的开发方案。(2)以汉中市留坝县、宁强县为主体,分析研究其银杏种植现况及制约深加工产业发展的原因,创造条件在留坝县建设银杏深加工实验基地,并总结一套合理、有序、科学开发利用银杏资源的经验,加以推广。(3)以安康市白河县为重点,通过对10万亩木瓜从人工种植到开发研制,探索秦巴山区生物资源的科学开发发展观。(4)通过对商州市所辖区域柿子资源的调查研究,弄清楚我省以及秦巴山区柿子的品质、质量、营养价值和年产量。建立试验基地,总结山区柿子及野生水果的保鲜、贮存、综合开发利用的经验,加以推广应用。(5)选择商州市的山阳县、安康市的镇坪县、汉中市的镇巴县为葛根发展和加工重点,通过综合调研与论证,制定出葛根综合开发的新思路、新工艺、新政策,使葛根产业步入良性循环的科学轨道。

4. 制定《秦巴山区生物资源保护、开发、利用条例》,用于指导秦巴山区资源开发企业,合理、有序、科学地开发,避免无序、不规范的恶性事件上演。

5. 在秦巴山区生物资源考察的基础上,探讨建立汉中、安康、商洛、宝鸡四市的生物资源协作机构,统一规划秦巴山区生物资源的开发方案,避免重复开发、相互争夺资源的不良现象出现。

6. 高度重视汉中市人工仿生态模拟饲养大鲵技术成果的产业化开发。我国二类保护动物大鲵,据初步调查统计,汉中全市已发展养殖户5 000多家,繁殖场500多个,养殖大鲵已达40万尾,去年繁殖幼鲵15万尾以上,今年有望突破40万尾。目前,这项新技术已获得国家发明专利。建议省政府指定相关厅局制定出切实可行的扶持政策加以管理和引导,使其成为山区农民群众的又一致富途径。同时,也为我国人工普及饲养大鲵做出富有成效的贡献。

7. 系统规划,科学布局,在陕南三市设立相关植物产业研发机构,如在汉中市设立以杜仲、葛根开发为主体的"生物化工医药研发中心",在安康市设立以木瓜开发为主体的“药食两用特色果品研发中心”,在商州市设立以柿子、银杏为主体的“观光农业研发中心”。并以此为平台和龙头,把秦巴山区建设成国家级的天然绿色乐园和山区社会主义新农村模式的典范。

提案复函

陕西省发展和改革委员会对省政协十届二次会议第685号提案的复函

王越群委员:

您提出的《关于加快陕南绿色经济建设 实现陕南经济突破发展的建议》的提案收悉。现就有关建议答复如下:

您提出了科学开发陕南秦巴山区生物资源的建议。为了充分发挥陕南秦巴山区生物资源优势,推动陕南经济发展,省政府2003年制定了《关于加快陕南中药产业发展的意见》(陕政发〔2003〕28号),并转发了省发改委《陕南中药产业发展规划》(陕政办〔2003〕55号),2006年省委、省政府又下发了《关于陕南突破发展的意见》(陕办发〔2006〕33号),意见和规划对陕南生物资源开发利用提供了重要指导。依据意见和规划,我们利用中药产业发展资金和陕南发展专项资金累计3.37亿元,支持了中药产业和绿色食品产业200余个项目建设,对陕南生物资源开发起到了积极促进作用。2008年陕南中药、生猪、茶叶、蚕桑四大主要绿色产业产值达到146亿元,比2006年翻了近一番。

2007年省政府制定了《陕西省秦岭生态环境保护条例》,并经人大11月24日审议通过,2008年1月1日已正式实施。为落实条例,目前我委正在牵头编制完善《陕西省秦岭生态环境保护总体规划》,其中将对陕南生物资源开发利用提出具体的规范和指导。

今后我们将进一步加强对秦巴山区生物资源开发利用等的深度研究,通过编制绿色产业发展规划,加大工作协调指导力度,不断完善发展思路,在杜仲、银杏、木瓜、柿子、葛根、大鲵等优势资源开发上,更多地通过支持规模化深加工项目建设,引导产业发展,鼓励引进外部资金,不断做强做大陕南绿色产业。非常赞同进行优势资源开发研究，但要更多地通过市场化方式，以企业为主进行研究、开发、产业化，使研究成果尽快地进入生产领域，取得经济效益。政府将根据开发出的产品，从项目角度给予扶持。同时，秦巴山区各市应加强生物资源开发利用的信息沟通和交流，确保生物资源开发的规范、有序。

非常感谢您对我省陕南突破发展工作的关心和对我们工作的支持。

二〇〇九年三月二十三日

媒体反响

华商网2010年1月24日报道：省政协委员09年提案更加关注民生，质量明显提高（节选）

提案紧扣中心工作。有62件提案围绕落实科学发展观，建设节约型社会，发展我省地方经济、县域经济、民营企业和抓好招商引资等我省的中心工作提出了意见、建议。这些意见和建议，分析问题有依据，符合我省的实际情况。如民盟陕西省委员会提出的《关于建设榆林煤炭国家生态工业示范园区的建议》、冯国贤委员提出的《以创新促进陕西经济实现跨越式发展》、王越群委员提出的《关于加快陕南绿色经济建设 实现陕南经济突破发展的建议》、杨达夫委员提出的《关于切实推进陕澳合作的提案》、林耀明委员提出的《关于应对海峡两岸“大三通”后出现的发展契机与机遇的建议》等。有15件提案围绕社会主义新农村建设等方面提出了意见建议。如奚耕思委员提出的《关于有效节约建设用地搞好陕西新农村建设的建议》、民进陕西省委员会提出的《新农村精神文明建设工作中面临的问题及建议》等。这些提案围绕我省的中心工作，积极出谋划策，提出意见建议。

分组讨论要点摘编

1月12日下午，第十三组委员围绕马中平主席所做的政协常委会工作报告和李晓东副主席所做的关于提案工作情况的报告进行了讨论,会议气氛热烈。讨论中委员们畅所欲言,充分表达了自己的看法。王越群委员说:马中平主席的报告严谨、客观,突出了团结、民主两大主题。本届政协工作重点突出,发挥了各民主党派的参政作用;增强了民族和谐,加强了宗教工作;广泛联系各界群众,化解矛盾、理顺关系、凝聚人心;进一步促进与海内外同胞的联系、联谊。李晓东副主席的报告,简明扼要地介绍了政协一年来的提案工作及落实、承办委员提案的工作情况。提案工作为促进陕西经济社会发展起到积极作用。(摘自2009年1月12日中国人民政治协商会议陕西省第十届委员会第二次会议简报第14期)

第二次会议第684号提案

陕西民间美术资源产业化开发存在问题与对策建议

一、陕西民间美术资源与产业化开发的简况

根据“中国非物质文化遗产名录数据系统”公布的资料，在陕西民间美术资源中，被列为国家级保护项目的有安塞剪纸的开发。这些开发在很大程度上起着推动全省民间美术事业发展的重要作用。但是，不容置疑的是，整体上讲，陕西民间美术资源的产业化开发还存在很多问题，需要认真对待和加以解决。凤翔木版年画、黄陵面花等5个项目还没有被列入省级保护项目。被列为省级保护项目的有高陵扎花、定边剪纸、西秦刺绣、宝鸡社火脸谱、澄城刺绣、华县皮影雕刻、绥德石雕、黄陵面花等18项。在这些民间美术资源中，也有一些进行产业化开发比较成功的项目和著名艺人，如胡新民对凤翔泥塑的开发，汪天喜、薛宏权对华县皮影雕刻的开发，李秀芳、王西安、侯雪昭对西秦刺绣、澄城刺绣的开发。

二、陕西民间美术资源产业化开发存在的突出问题

民间美术项目的传承正在趋于断代，项目开发后劲不足。主要表现在四个方面：

(1)现代化进程的加快，使乡村生活方式急剧改变，传统民俗快速消退，相关文化随即消失。如仅仅十多年间，年画这一民间美术形式就很快退出了人们的生活领域。可以说，现在陕西很多民间美术资源正在走向灭亡。

(2)大批农民进城或外出打工，很多民间美术项目的传承人都已年迈体

弱,导致项目无人传承而逐渐断线。如在陕西省公布的全省第一批非物质文化遗产项目传承人中,民间美术只有10个项目20个传承人。没有了传承人,也就没有了民间艺术的生命。

(3)全省诸多的民间美术艺人,绝大多数还是靠传统的农业生产维持生计,他们只在农闲时才从事创作与制作,在当前民俗日益走向消失的情况下,这些艺人继续创作和开发的基础也就不复存在。

(4)厚重的民间美术资源不能及时转化为优质的艺术产品和商品。特别是在产业化开发中,更多有眼光、有实力、有魄力的投资者的介入太少,基层文化管理部门人员、资金、设备、条件的严重不足,政府相关部门职能发挥的不够充分,以及领军艺人综合素质、能力、实力的严重缺陷等,都是民间美术资源不能转化为艺术商品而走向市场的重要原因。

三、民间美术资源低水平无序开发

主要表现在三个方面:

(1)民间的美术创作者大都是普通农民,很少有接受过严格专业培养和训练的艺人,如凤翔六营村虽然家家都在生产泥塑,但重复现象非常严重,缺乏真正的艺术美感和时代感。

(2)传统民间美术作品过分受“民间性”的影响,很难打入国内外艺术市场和人们的生活领域。他们制作产品所使用的材料大都是身边的劣质自然物,制作的技术含量太低,与现代商品的要求差距较大。

(3)缺乏严格的统一管理和产品质量监督,产品开发生产无序,经营混乱,恶性竞争和粗制滥造现象非常严重。对此,政府有关部门的管理措施和质量监督又不到位,导致民间美术资源的开发缺乏良好的发展环境。

四、很多民间美术产品与市场需求不相适应

主要表现在三个方面:

(1)在大批民间美术资源开发过程中,面对变化多端的现代审美市场,没有足够的准备和积累,许多技艺高超的民间艺人在商品社会中找不到自己位置,许多传衍数百年的民艺名品遭到市场无情的拒绝。

(2)商品化的时尚审美的强势冲击,瓦解着传统艺人的自信,他们被迫放弃自己原有的艺术特质,导致许多传统美术资源迅速瓦解,走向消亡。

(3)大多数民间美术产品的销售还局限于通过举办展览和文化馆、工作室等方式走向市场,没有形成庞大的规模销售,没有形成集约化、产业化、链条化、规模化开发效应,没有特别知名品牌产品通过现代企业方式进行运作。

五、对陕西民间美术资源产业化开发的几点建议

第一,建议在省文化厅和各市(县)文化局设立"民间艺术管理处"和"民间艺术研发中心"等权威管理与研发机构。一方面把相关专家学者调动起来,帮助民间美术艺人完成现代文明冲击下的时代转型;另一方面把民间美术引入科研开发领域,从产品生产的材料到工艺过程进行全面研究,把民间美术资源变成高品质的艺术商品或生活装饰品,实现从文化价值到经济价值的转变。同时,通过统一管理,将全省民间美术项目的开发者和领军艺人组织起来,相互交流,形成合力,有序生产,打造品牌,实现规模效益,使民间美术资源产业化开发健康发展。

第二,建议成立专门的省级民间艺术人才培训机构,解决民间美术传承人断代和人才匮乏问题。一是有针对性地培养高水平民间美术专家,迅速解决后继乏人的问题;二是培养一批高级民间美术产品开发专家队伍,形成强有力的高水平艺人和专家结合的民间美术系列产品的研发人才队伍,确保我省民间美术资源产业化开发的健康持续发展。

第三,在提高民间美术艺术品位、拓宽市场、形成产业方面有 4 点具体建议:一是建议政府及文化部门,继续做好宣传引导工作,并组织有关专家开展研讨,提高民间美术产品的艺术品位;二是建议政府或企业对品牌产品和项目通过组团方式到全国和世界各地进行巡回展销,提高陕西民间美术的知名度,大力拓宽经营市场;三是建议建立全省统一的政策支持、工商税务保护与监督、市场预测、市场开发、市场营销、市场评估的操作平台,规范开发环境,解决开发难题,确保产业开发的健康发展;四是建议继续加大招商引资的力度,特别是地方政府要充分发挥职能,通过吸引外来资金或投资,真正实现民间美术资源开发的产业化,真正把文化资源变成带动社会经济发展的重要财富。

提案复函

陕西省文化厅对省政协十届二次会议第684号提案的复函

（陕文函〔2009〕79号）

尊敬的王越群委员：

关于《陕西民间美术资源产业化开发存在问题与对策建议》提案收悉。首先感谢您对我省非物质文化遗产保护工作的关注和支持。现就有关内容答复如下：

民间美术保护开发利用是非物质文化遗产保护工作中的一项重要内容，近几年来，党中央、国务院十分重视非物质文化遗产保护工作。2005年以来，国务院相继出台了两个重要文件，确立了非物质文化遗产保护的工作方针、目标任务、工作机制，并决定每年6月第二个周六为我国“文化遗产日”。成立了领导和保护机构。2006年5月和2008年6月，国务院公布了第一批、第二批国家级非物质文化遗产名录。文化部颁发了《国家非物质文化遗产保护与管理暂行办法》，规范了国家级非物质文化遗产名录的保护与管理。同时，建立了国家级传承人队伍和4个文化生态保护试验区。出台了保护政策，推动了保护工作发展。我省在非物质文化遗产保护方面主要做了以下工作：

（一）深入开展非物质文化遗产普查工作

2006年5月，省文化厅印发了《陕西省非物质文化遗产普查工作实施方案》，根据文化部的部署，对全省非物质文化遗产普查工作进行了全面安排。同年8月，省文化厅在西安举办了全省非物质文化遗产普查培训班。从2006年8月至2007年6月底，对10个地市进行了全部培训，培训干部600余人。2006年11月，省文化厅委托省艺术馆在陇县开展了为期一月的非物质文化遗产普查试点。2007年3月，转发了试点的做法和经验。10月，省文化厅开展了普查督导工作。2008年11月，省文化厅在定边县召开了普查工作汇报会。2009年2月，省文化厅在洋县召开了全省非物质文化遗产普查现场会，会议进一步明确了普查验收工作的内容、方法、时间和要求,推广了“洋县模式”。会后,各市、县按照会议要求,大规模、高质量地开展了非物质文化遗产普查工作。从5月5日开始,省文化厅组成4个检查验收组进行了全面检查验收。据初步统计,全省县一级下乡普查18 802天,调查民间艺人70 219人;普查到的非物质文化遗产项目线索38 416条,对其中8 513个项目进行了深入调查,收集实物(含作品)60 432件,拍摄照片166 260张,拍摄视频资料3 336.2小时,录制音频资料2 033.1小时,基本达到了“家底清、现状明、记事会、质量高”的普查要求。

(二)加快建立非物质文化遗产名录体系

建立非物质文化遗产名录体系,是非物质文化遗产保护工作的基础。名录项目既是保护的对象,又明确了保护的重点。2006年,国务院公布的第一批国家级非物质文化遗产保护名录中,我省24个项目名列其中。2006年4月,经省政府同意,省文化厅印发了《陕西省非物质文化遗产代表作申报评定暂行办法》(陕文社〔2006〕17号)。2007年5月以来,省政府分两次公布了第一批、第二批陕西省非物质文化遗产名录共291项。同时,省文化厅在收到的90个申报国家级项目中,推荐78个项目申报第二批国家级非物质文化遗产名录,有27项入选。目前,我省共有51个项目进入国家级名录。10个地市已全部公布市级名录,共有市级名录项目395项(含省级145项)。县一级(107个县、区、市)名录2232项。2008年,是联合国教科文组织评选第四批人类口头和非物质文化遗产代表作的一年。我省推荐了西安鼓乐、中国剪纸两个项目申报,已通过初选,能否入选,今年9月公布最终结果。

(三)命名传承人,积极建立有效的传承机制

2007年7月,经省政府法制办公室审核,省政府同意,省文化厅印发了《陕西省非物质文化遗产代表性传承人认定与管理暂行办法》,对传承人应具备的条件、认定评审的程序、传承人的待遇和责任等都做了明确规定,成为今后做好传承人工作的基本的政策依据。通过评审、公示、联席会审批,2008年6月,省文化厅在第三个国家“文化遗产日”期间公布了167人为第一批陕西省非物

质文化遗产项目代表性传承人,其中国家级代表性传承人49人。同时确定,从2008年开始,每年由省财政给每个省级传承人补助4 000元,用于传习活动。这一举措,对于提升民间艺人的社会地位,建立和完善传承人传习制度,鼓励支持他们开展各种传习活动起到了积极的推动作用。

(四)加强重点项目保护,探索保护的内容和形式

在开展非物质文化遗产重点项目保护中,我们首先从进入第一批国家名录的24个项目入手,同时,做好我省进入中国民族民间文化保护工程试点项目(西安鼓乐、耀州窑陶瓷工艺、延川小呈村黄河原生态文化)的保护和指导工作。在国家名录项目保护方面,2007年初,省文化厅与13个项目保护责任单位签订了保护资金使用协议。2008年12月,省文化厅又与8个项目保护责任单位签订了保护资金使用协议(今年任务),明确了每个项目保护工作的具体内容、完成任务的时限、资金的使用计划、项目责任人等,并要求完成任务后项目保护单位要向省文化厅写出保护工作情况报告,省文化厅对项目保护责任单位工作进行检查,严防保护经费的挪用或乱用。2008年安排的13个项目,工作的内容仅限于项目普查、资料搜集、传承人补助等,从保护的角度看,这仅仅是开始,属于起步和探索阶段,今后应探索一个项目一个模式、一个方法、一个政策。加强了对西安鼓乐、耀州窑陶瓷工艺、延川小呈村黄河原生态文化的调研指导。同时,我们十分关心支持民间力量参与保护工作。如支持民营企业家王勇超建设西安关中民俗艺术博物院,支持建立洛川民俗博物馆,支持凤翔县六营村(泥塑)、长安区北张村(造纸)、华县梁堡村(皮影)等一批非物质文化遗产项目特色村从保护、利用的角度逐步建立起文化生态村和文化生态保护区。

在保护工作的实践中,我们还注意及时总结经验并予以推广。如西安鼓乐在保护中注意发挥专家和艺人两个积极性的经验;安塞腰鼓进体育课,剪纸进手工课,农民画进美术课,民歌进音乐课的"四进课堂"经验;紫阳民歌出一本集子,制一套光盘,产生一批研究成果,培养一批队伍,打造一台精品节目的"五个一"工程经验;华县皮影保护的"政府引导、社会参与、自愿学艺、考核奖励"的经验;凤翔县建立民俗苑保护凤翔泥塑的经验等。通过典型经验的宣传

推广,达到以点带面、典型示范的作用。

(五)开展重大活动,努力营造保护工作氛围

开展非物质文化遗产保护工作,离不开领导的重视、政策的支持、群众的关心、社会各界的关注,这就要求我们努力营造保护工作的社会氛围。这几年,我们主要通过举办大型非物质文化遗产活动和媒体的宣传营造保护工作氛围。2006 年,我们举办了陕西省民俗文化展演周。在第一个文化遗产日期间,举办了一个广场演出、一个剧场演出、一个研讨活动。在 2007 年第二个文化遗产日期间,组团参加全国庆祝活动,举办了陕西省非物质文化遗产保护成果展览,举办了庆祝第二个文化遗产日非物质文化遗产专题文艺晚会。2008 年第三个文化遗产日期间,在西安召开了全省非物质文化遗产保护工作会议,举办了全省非物质文化遗产保护高峰论坛。今年第四个文化遗产日期间,举办了陕西省非物质文化遗产传统技艺大展和深入保护讲坛。现在,我省每年以文化遗产日为载体,省、市、县都举办丰富多彩的庆祝活动。与此同时,我们积极组织项目参加全国的非物质文化遗产展示活动,2007 年,在第一届中国成都国际非物质文化遗产节上,展示了宣传了 145 个省级名录项目;组织 5 个项目赴京参加中国非物质文化遗产项目大展,受到温家宝总理等中央领导好评。去年奥运期间,在京举办的中国故事"陕西祥云小屋"非遗项目展,受到奥组委高度评价,获得"最佳设计奖"和"最受欢迎小屋"奖。今年元月,组织 5 个项目的 12 名国家级传承人赴京参加"中国非物质文化遗产技艺大展",受到中央领导和观众的好评。

2008 年底,还编辑出版了《首批陕西省非物质文化遗产代表作名录图典》和《陕西省非物质文化遗产保护高峰论坛论文集》,对扩大社会宣传和深入做好保护工作发挥了积极作用。

(六)落实措施,为推进保护工作创造条件

从 2004 年开始,我省的非物质文化遗产保护工作不断推进。当年 3 月,省政府常务会议决定,一是以省政府名义召开全省优秀民族民间文化工作会。二是成立组织领导协调机构。三是每年省财政安排 100 万元用于保护工作,

2008年增加至400万元，今年又增至500万元。四是建立了陕西省非物质文化遗产保护工作联席会议制度。五是成立了陕西省非物质文化遗产保护工作专家评审委员会，专家委员会的成立为我省非物质文化遗产保护工作提供了强大的智力支持和坚实的指导力量。六是2007年3月，经省编办批准，在省艺术馆加挂了陕西省非物质文化遗产保护中心的牌子，保护中心正式成立。10个地市也都经编制部门批准成立了市级保护中心。在经费投入方面，西安、咸阳、宝鸡、渭南、榆林、延安等市财政每年都安排一定的专项经费。全省35%的县财政每年也列入了一定的专项经费（其他市、县都是临时申请）。为开展非物质文化遗产保护工作提供了一定的保障。

2008年"5·12"大地震之后，省文化厅积极进行了灾后非物质文化遗产受损情况实地调研、灾后非遗保护规划制定、资金申报等工作。经过努力，宁强、略阳等县被列为羌文化保护实验区，为4个受灾县争取到中央非遗恢复重建资金2500万元，已于近日下达。

近期非物质文化遗产保护重点工作：

1. 今年9月前，是申报第三批国家级非物质文化遗产名录的时间，目前我们正在组织进行申报培训和各市的申报工作，拟推荐一批项目申报第三批国家非物质文化遗产名录。

2. 对全省非物质文化遗产普查验收工作进行总结，表彰先进，做好后续工作和迎接文化部验收的准备工作，力争在全国获得优秀成绩和奖励。

3. 做好我省羌族文化生态保护实验区工作，印发《陕西省古籍普查工作方案》，组织开展全省古籍普查工作。

4. 运用非物质文化遗产资源，加强民间文化艺术之乡建设，打造特色群众文化品牌，命名一批非遗保护示范基地和示范单位，培育一批文化产业项目，实现文化资源向经济资源的转化。

5. 争取增加非物质文化遗产保护专项资金。与省财政厅沟通汇报，今年下半年争取再新增部分资金，以做好非物质文化遗产的深入保护工作。

全省非物质文化遗产保护工作是一项长期的任务，也是一项全新的事业，需要各级党委、政府的重视，也需要全社会的关注与支持。我们将继续努力工作，稳步推进，循序渐进，力求成效，努力提高工作质量和水平。

再次感谢您对我省非物质文化遗产保护工作的支持和关注,您所关注的问题,正是我们积极努力的方向,期望您今后继续关注和支持我们的工作,提出更多好的建议和意见!

二〇〇九年六月二十六日

成果反响

1. 提案成果收入中国社会科学出版社 2009 年 3 月出版的《陕西蓝皮书:陕西文化发展报告》。

2. 提案成果收入三秦出版社 2009 年 1 月出版的《陕西 2008 文化产业发展研讨会报告集》。

第二次会议第604号提案

关于设立"陕西省创业研究培训基地"的建议

一、背景与前提

调研表明,2007年全省"普九"任务基本完成后,农村中小学虽然在硬件设施和办学条件方面发生了很大变化,但在教师队伍建设等软件方面仍然存在一些亟待解决的困难和问题。截至2007年底,全省农村小学有教职工14.59万人,其中专任教师13.66万人,学历合格率为98.85%,师生比为1:15.36;农村初中专任教师7.99万人,学历合格率为96.52%,师生比为1:16.65;农村高中专任教师1.35万人,学历合格率为86.86%,师生比为1:17.96。根据调研可以看出,我省基础教育中小学教师队伍建设经过努力,学历达标任务逐渐完成。但是,与此相反的是,教师的学历与实际工作能力之间还有相当大的差距,未来对教师的培训任务将十分繁重,而教师培训的关键是培训基地的建设。因此,大力加强中小学教师培训基地建设,特别是加强省级教师培训基地的建设刻不容缓,因为一方面省级教师培训基地承担全省中小学教师骨干教师和校长的培训任务,是为全省基础教育培养领军师资的源头和平台,并对全省各市、县的教师培训具有示范和引领作用。另一方面省级教师培训基地还承担着市、县级中小学教师培训的任务,是全省中小学教师培训的"母机"。

二、存在的问题

1. 从全省来说,随着各市级教育学院与当地师范院校的陆续合并,使原来形成的省、市、县三级教师培训模式和功能大大削弱，使多年来积累起来的中小学教师培训资源和经验迅速完全消失，导致很多市、县的教师培训工作无法开展。目前，全省市级教育学院仅有宝鸡教育学院一所，其余均被并入当地师范学院，合并后的市级教育学院升格为省属驻地院校，在行政和业务上均于各市脱钩，各市也因此没有专项的中小学教师培训基地建设投入，各市的教师培训任务根本不能落到实处。还有，全省原有的107个县级教师进修学校，绝大多数都已经名存实亡，而且培训质量非常差，受训教师和学校都十分反感和失望，严重影响了基础教育事业的发展和质量提升。有关政府职能部门设想的以培训养培训来促进教师培训基地建设的想法是完全不现实的。相反，调研表明，作为省级教师培训基地的陕西教育学院的教师培训质量，多年来一直受到各地培训学校和教师的高度肯定和称赞。所以，在这种情况下，特别需要大力加强国家和省上唯一定位为我省省级教师培训基地的陕西教育学院的建设。

2. 政府对全省唯一一个省级教师培训基地——陕西教育学院的建设的投入严重不足，严重制约着对教师培训任务的完成。多年来，省上对陕西教育学院这样唯一的省级教师培训基地，没有专门经费拨款用于培训基地建设，导致培训条件落后，培训装备设施落后，培训场地狭小，培训工作步履艰难，难以承担更多的教师培训的任务来，根本无法满足高层次的教师培训要求，与本身所处的地位完全不相符合。甚至某些条件还落后于有的中小学校，没有对中小学的师资队伍、现代技术运用等建设方面，形成带动和示范效应。

3. 没有重视省级教师培训基地——陕西教育学院在培训研究方面的投入。教师培训工作的质量必须有相应的研究成果做支撑，当然这也必须要有省上相应的人、财、物的投入做保障。但是，现实的情况却恰恰相反，教师培训研究没有专门的经费投入、没有人员编制和物质保障来做支撑。即使有相关的研究，也是与培训工作相脱节的研究，没有实现省级教师培训基地“研训一体化”的目标。

4. 省级教师培训基地的培训资源开发远远不够，培训资源十分匮乏。近年来，专门的教师培训基地建设的概念逐步削弱，省上也没有专门的投入把陕西教育学院打造成唯一的中小学教师培训性质的专业培训基地，用于专门的教师培训教材资料非常少,特别是适应信息化的视频、音频教材几乎没有独立开发,大大影响了培训质量和效果。没有建立一个以陕西教育学院为资源中心的全省性的教师培训信息化、网络化平台

5. 承担教师培训任务的培训者队伍对承担的教学任务专业化程度普遍还不够理想。如前所述,承担中小学教师在职培训任务的有关高等师范院校、县教师进修学校等,除了陕西教育学院受到肯定外,其余市、县级的培训存在着培训师资力量不足、培训方式只注重讲授及理论与实践脱节的现象,培训手段单一,整体办学条件和办学水平难以适应新形势下农村教师培训内容与层次的需要,难以实现更新教师教育理念和提高教育教学能力的愿望。即使那些承担了一定培训任务的非教师培训专门基地的其他相关高等院校,由于他们的关注点和工作重心并不是中小学教师培训,并且缺乏培训经验,因此,培训的针对性不强,培训的效果普遍不够理想。

三、对策与建议

1. 根据教师培训工作的专业化特点,加大对省教育厅直属的教师培训基地——陕西教育学院关于培训基地建设的专项经费投入,设立单列的教师培训基地建设经费,进行重点建设,如用于培训基地培训条件建设、培训装备设施建设、培训场所的建设,以承担更多的教师培训的任务,满足高层次的教师培训要求和实现更为先进的远程、网络等方式的培训需要,真正形成对全省中小学的师资队伍建设和现代技术运用等建设的带动和示范效应。

2. 为了确保培训质量,建议减少或取消非专门的教师培训基地的相关高等院校承担教师培训任务,加大对全省唯一一所省教育厅直属教师培训基地——陕西教育学院教师培训任务或培训项目的倾斜力度。调研表明,目前陕西教育学院承担的教师培训任务仅仅有 2 000 余人次,既与中小学师资队伍建设的形势要求不相符合,又对省级培训基地优质的培训资源造成浪费。根据调研,省上应该让该基地每年承担中小学各学科专业教师 3 000 余人以上的培训任务。

3. 坚持对农村中小学教师实行免费培训的原则,通过集中培训和远程网络培训相结合的方法,快速扩大培训受众面,确保教育教学质量的提升。随着

国家对基础教育投入力度的加强,教师培训的免费趋势越来越明显,减轻教师负担的政策对我们陕西这个经济相对落后的西部省份,特别是减轻占全省教师数量60%以上的农村教师负担,显得尤为重要。而集中经费和财力投入打造陕西教育学院这个唯一省级教师培训基地,既是把有限的财力投入效益最大化的体现,也是发挥省级教师培训基地在全省范围内高质量教师培训示范作用的必然之路。

4. 重视省级教师培训基地——陕西教育学院在培训研究方面的投入。建议省上投入相应的人、财、物来支撑教师培训方面的研究和资源开发。改变目前研究与培训相脱节的状况。同时,加快培训资源的开发速度,有针对性地进行专门的教师培训教材的开发,特别是加快视频、音频教材的开发力度,并以陕西教育学院为资源中心,建立一个全省性的教师培训信息化、网络化平台。

5. 加大省级教师培训基地——陕西教育学院培训者队伍建设的力度。一方面在经费投入上对教师队伍建设单列倾斜,确保有一流的专业教师来完成一流的培训任务。另一方面,省教育厅制定相应的培训者队伍建设规划和政策,其中重点打造陕西教育学院承担师训任务的专业教师队伍,使之形成能够满足全省中小学各类教师培训的优秀培训者团队,确保我省中小学教师培训事业的健康快速发展。

提案复函

陕西省教育厅对省政协十届二次会议第604号提案的复函

(陕教函〔2009〕93号)

王越群等委员:

你们提出的《关于设立“陕西省创业培训基地”的建议》的提案收悉。现答复如下:

为了加强教师培训基地建设,按照“新理念引领、新思路规划、新内容提升、新技术支撑、新模式运转、新机制保障”的指导思想,省教育厅提出了加强省、市、县三级教师培训网络建设的工作思路，即充分发挥以陕西师范大学为龙头，陕西教育学院和陕西省小教中心为两翼的教师继续教育功能，利用各市师范院校（含教育学院）的便利条件和分布在各地的培训网点，促进“人网”“天网”“地网”及其他教育资源的优化整合，共建共享优质教师教育课程资源，做好全省教师的培训工作。同时，提出了加强县级教师教育机构建设的实施意见，建设“多功能、大服务”的县级教师教育中心。以教师教育的资源整合为突破口，采取“一个机构，多个牌子”的办法，积极推进县级教师进修学校与县教研室、县电教中心等相关教育资源的整合，初步形成了在现代信息技术环境下优质、高效的教师终身学习平台。目前，全省独立设置的县级教师进修学校有 54 所，与教研、电教等部门实行资源整合的有 45 所。近年来，省教育厅先后验收命名了西安、宝鸡、渭南、安康等地 12 所省级示范性县（区）级教师进修学校，逐步形成了合理布局、分工明确、优势互补的农村教师培训机构网络体系，提高了基层培训机构的培训能力。

“十五”以来，我省中小学教师全员培训与省级骨干教师培训的任务顺利完成，以及新课程的顺利实施与深入推进，都得益于各级教育行政部门和各级教师培训机构的大力支持和扎实认真的工作。正如你们所言，各省、市、县师资培训院校或转制，或与相关普通院校合并，专门化的师资培训基地确实已所剩无几。职前职后一体化，其目的在于强化师资培训工作，提高师资培训质量。然而，在许多地方表现出的实际效果却是，培训基地数量减少、培训职能降低、培训资源流失。这种情况如果不采取有力措施加以改善，将会大大影响我们的教师教育工作，尤其是会影响农村教师队伍建设的质量和进程。针对这种情况，我省对教师培训任务和培训机构职能定位重新进行了梳理，明确省、市级教师培训任务均由当地师范高校承担，县级教师培训任务则以县级教师进修学校为主，除西安外国语大学承担英语教师培训任务外，其他非专门教师培训基地均被清理。

为了进一步做好我省中小学教师培训工作，省教育厅将 2009 年作为“农村教师队伍建设年”，将开展包括“加大培训基地建设力度”等一系列活动，重点建设一批省级教师培训基地，要求各市重点建设 1 ~ 2 所市级教师培训基地，各县建设好县级教师进修学校，积极创建“省级示范性县（区）级教师进修学校”。另外,省教育厅拟请省政府下发《关于进一步加强中小学教师队伍建设的意见》,计划从现在起到2013年,用5年时间,在制度建设、机制创新、培养培训、基地建设、资金保障、督导评估等方面实现突破,努力建设一支素质良好、数量充足、结构优化、布局合理的高水平中小学教师队伍。其中主要的一条就是完善培养培训体系,加强培训基地建设,创新教师教育模式,全面提升教师队伍整体素质和业务水平。同时,鼓励并支持普通师范院校积极参与教师培训,形成多元化教师培训体系。省教育厅将对建设好的教师培训基地给予一定的经费和硬件支持。

关于提案中提到的“在研究方面投入和资源开发的问题”,省教育厅将利用5年时间,构建我省省、市、县三级专家服务体系,设立中小学教师队伍建设专家指导委员会,加强政策研究和专业指导,为政府决策和教师专业发展提供支持。另外,将积极发挥包括陕西师范大学、陕西教育学院、陕西省电化教育馆等单位在开发音(视)频教材方面的作用,建立健全我省教师资源开发平台,共享优质教育资源。

关于提案中的其他问题,我厅正在积极组织落实,随着各项措施逐步落实和到位,我们相信这些问题会得到妥善的解决。

感谢你们对我省教育事业的关注和支持!

二〇〇九年四月九日

媒体反响

《各界导报》2009年1月13日报道:王越群委员建议:设立“创业研究培训基地”

2009年我省不仅继续面临着城镇失业人员的就业压力,还面临着24.9万大学毕业生就业和数十万返乡农民工等待就业的巨大压力。省政协委员、陕西教育学院教授王越群建议设立“陕西省创业研究培训基地”。我省第十一次党代会提出了“全民创业、家庭创业、自主创业”的要求,并紧急采取了一系列做好“全民创业、促进就业”工作的措施。王越群认为,全省全民创业带动就业工作中存在诸多必须加以解决的问题,主要见表现在:财政资金投入不足,创业培训师资短缺,创业研究力量单薄,专业性、本土性、前沿性和实用性的创业研究极缺,培训质量不高,效果欠佳,培训内容和培训方式有待改进等。

为更好地落实国务院《关于促进以创业带动就业工作的指导意见》中关于强化创业培训、提高创业能力的政策要求,王越群建议由省人大授权省政府拿出专项预算经费,依托某所拥有成人培训经验、组织基础和学术团队优势的省属高校,设立一个开放式的创业促进标志性工程——陕西省创业研究培训基地,作为“官产学研紧密结合”的窗口和“全民创业促进新模式”的载体。

在王越群看来,作为省内第一家标志性、示范性公立创业研究培训基地,其具体作用:一是承担陕西省创业政策研究课题,负责为省政府有关重大决策提供科学依据;二是针对我省创业培训的实际需要,组织开展一系列本土化的应用研究,组织创业研究成果的出版、传播,为提高我省创业培训的质量服务;三是承担全省的创业教育师资培训和各类实用创业培训。

王越群说,“陕西省创业研究培训基地”设立后,将立即可以在营造创业氛围、优化创业环境、加大培训力度、增强培训效果等方面发挥重要作用。

第三次会议第550号提案

关于加强我省高校师范专业学生教师职业技能培养的建议

一、背景

1. 教育大计，育人为本，教育的关键在教师，教师的能力在于知识和技能的有机统一。因此，对师范生进行教师职业技能培养具有十分重要的意义。

2. 陕西具有师范性质的院校有十多所之多，每年培养的师范类专业的毕业生在走向教师工作岗位时，必须具备相应的教师职业基本技能。

3. 近年来，高校不断扩招后各个师范类院校的在校生人数急剧增长，尤其是大量高职类师范院校的学生数量的膨胀，使得对学生进行教师职业技能培养工作刻不容缓。

4. 近年来，高校的升格与合并使得原来在全省各个地（市）设立的近20所中等师范学校的教师职业技能培养的优势不复存在。地方师范院校升格为本科院校后，对学生的教师职业技能培养重视不够，使得加强对学生进行教师职业技能培养工作具有很强的针对性。

二、存在的问题

1. 高校师范在校生普遍缺乏基本的教师技能。我省师范院校集中，每年都有大量的毕业生走向教师岗位，他们在上岗前只要取得教师资格证就可以达到标准。而取得教师资格证的考试则是偏重理论部分的考察，而没有系统的职业技能达标方面的要求，省上也没有一个专门对教师职业技能达标测试进行鉴定的权威机构，导致师范类院校的学生只有专业知识而始终缺乏教师职业技能的不正常现象。据调研，现在的师范类院校的本专科生普遍缺乏诸如三笔字、简笔画、乐理知识、教师口语、教师教学基本能力等方面的能力，比以前的师范学生素质大大降低。

2. 师范院校对师范专业学生的教师职业技能培养普遍重视不够。根据调研，在我省具有师范性质的十多所院校中，虽然有极个别院校对师范类专业学生提出了教师职业技能要求，但在实际教育过程中，并没有认真制定技能达标标准，绝大部分院校甚至没有针对此问题对学生提出任何要求，导致学生在校期间没有对教师职业技能问题引起任何重视，从而导致毕业生在走上教师工作岗位后，因缺乏教师职业技能基本能力而被迫自行"补课"。

3. 高校毕业生在一线教师岗位上对教师技能的缺乏，影响教育质量的提高。根据调研，目前教育行政部门、中小学校的领导和教师特别是青年教师，在工作中虽然都深深地认识到一问题的重要性，但由于问题积累太多，导致从师范院校毕业上岗的新青年教师，尤其是条件差的农村学校的青年教师，在这方面的问题更加突出，使本来就十分脆弱的农村中小学基础教育更是雪上加霜，成为影响素质教育目标实现的一个重要因素。

三、建议

1. 由教育厅统一制定《陕西省高等师范院校学生教师基本技能与能力基本标准》，作为全省所有师范院校学生专业技能达标的依据，并作为一定学分记入学业成绩，与毕业证直接挂钩。

2. 在所有高等院校的师范专业均开设传统的三笔字、简笔画，以及多媒体课件制作等课程，加强学生的师范技能基础。

3. 定期举办全省高等院校师范专业学生教师技能大赛，形成良好的教师技能提升的氛围，带动全省高等院校师范专业学生教师技能的快速提高。

4. 加强针对高校师范专业学生技能的师资队伍建设，特别要加强书法和绘画课程的师资队伍建设。

提案复函

陕西省教育厅对省政协十届三次会议第550号提案的复函

(陕教函〔2010〕203号)

王越群委员:

您提出的《关于加强我省高校师范专业学生教师职业技能培养的建议》的提案收悉。现答复如下:

师范类学生和教师的培养及专业发展是当前教育研究的热点问题,也是国内高师教育所面临的严峻问题。近年来,我厅以提高师范类大学生的科学素质为主要目标,以课程体系与教学内容为中心,不断深化师范类教育教学改革。同时,为了使青年教师能更好地适应现代教学的发展,我们从多方面着手抓好青年教师的培养培训工作。省教育厅统一组织了高等教育学、教育心理学、教育政策法规和教师职业道德四门理论课考试和教育教学能力测试,从理论和实践两方面检验青年教师的教育教学能力。我厅还于2007年下发了《陕西省高等学校青年教师教育教学能力培训指导意见(试行)》,指导各高校做好青年教师教育教学能力培养工作。

根据您的建议,下一步,我们将着力在以下几个方面开展工作:

一、引导高等师范院校高度重视教学环节

把讲普通话和口语表达技能、书写规范字和书面表达技能、教学工作技能、班主任工作技能等教师必备的职业技能列为高师学生的培养目标和必修课程。从省级层面进一步加强教育实习基地建设,探索高校与中小学共同培育新型师资的新途径。

二、督促高等师范院校强化师范生教师职业技能和职业道德的培养与训练

严格按照国家的有关规定和新时期教师职业技能的实际需要开设相关课

程。大力改革教育学、心理学、教材教法等传统师范课程的教学内容和教学方法,突出师范生的教师基本素质和教学能力训练。在切实加强师范生“三字一话”(毛笔字、钢笔字、粉笔字、普通话)基本技能培养的基础上,积极开设现代教育技术课程,确保每一个师范生都能熟练地掌握和应用现代教育技术。在深入调研的基础上,逐步在我省高等院校的师范专业开设传统的三笔字、简笔画课程。同时,要求加强对师范生的教师职业道德养成教育,开展多种形式的社会实践活动,帮助师范生认识教育、了解教育、热爱教育,培养良好的个人品德、健康的生活习惯、优良的团队精神和求真务实、敬业奉献的职业素养。

三、加强和改进师范专业的实践教学

要求凡举办教师教育的学校,必须建立与其培养规模和培养层次相适应的稳定的教育实习基地,并安排相应的教育实习经费,统一组织总时间不得少于2个月的教育见习和教育实习。并要求教育见习和实习期间要安排高水平的教师进行现场指导和管理,严格考核,实习成绩不合格的不能毕业。市、县(区)教育行政部门要选择一批条件好的中小学校作为当地师范生的见习、实习基地,并给予适当投入。同时,要求被评为省、市示范性的中小学至少成为一所师范类高校的教育实习基地。被确定为教育实习基地的学校应提供必要的条件和便利,选派工作责任心强、经验丰富的教师担任实习指导教师,积极配合高等院校做好教育实习工作,切实保证教育实习的质量和效果。

感谢您对我省教育工作的关心和支持。

分组讨论发言要点摘编

1月24日下午,各位委员围绕常委会工作报告和提案工作报告进行分组讨论。马中平主席参加了第七组的讨论,张伟、张生朝、周一波、王晓安、李晓东副主席也分别参加了分组讨论。现将各位委员发言简报如下:

王越群委员:两个报告语言平实、简洁,在落实科学发展观背景下,各项工作逐渐向平实发展。报告涉及政协各个领域,工作成绩突出。2010年工作安排中心突出、任务艰巨,需要广大委员努力工作。提案工作报告比较客观,对委员提案答复等方面年年有进步。建议政协在支持专委会创造性开展工作的同时,能有效发挥专委会作用;建议多界别、多行业委员结合,发挥政协委员的整体优势和专委会的优势,集中力量提一些提案;建议政协加强监督,提高提案所提问题的解决率;建议政协出台相关界定提案质量的措施和办法;建议政协完善工作机制,为政协委员履行职责提供更多的条件和措施。(摘自2010年1月24日中国人民政治协商会议第十届陕西省委员会第三次会议简报第2期)

1月25日下午,各位委员围绕省政府工作报告、国民经济和社会发展计划报告、财政预算报告进行分组讨论。马中平主席参加了第五组的讨论,张伟、张生朝、周一波、刘新文、王晓安李晓东,李冬玉、李进权副主席也分别参加了讨论。现将第十三、十四、十五、十六组委员发言简报如下:

王越群委员:上午听取了袁省长报告,整个报告听了以后很令人振奋,感觉到我们在落实科学发展观方面取得了很大成绩。报告内容非常实在客观,重点突出,低调。2009年的工作十个方面,只用了报告的三分之一篇幅来写,突出了我们不表功的特点。大量的篇幅放在2010年的工作安排部署上,新一年工作任务提得很实在,工作安排实事求是,对历史机遇与挑战的分析认识很清楚。报告措辞很谨慎,用词很准确、很明晰、很到位。报告里面对于一些老问题论述不够,比如教育问题。报告中提出的有些数据还有待考虑,比如就业率的数字。建议新一年加强新农村建设。(摘自2010年1月25日中国人民政治协商会议第十届陕西省委员会第三次会议简报第6期)

1月26日上午,各位委员围绕省政协常委会工作报告和省政府工作报告等进行联组讨论。委员们就各自所关心和了解的问题,特别是我省经济社会发展有关问题,广泛发表意见,积极建言献策。现将委员发言简报如下:

王越群委员:昨天袁省长的工作报告振奋人心,特别是在教育方面取得了很大的成绩。就我们的国情和省情来说,我认为,义务教育要达到均衡发展,关键和重点是农村义务教育的发展,而农村义务教育发展的重点则是中小学师资队伍的建设和发展问题。制约我省农村中小学师资队伍建设的主要问题是进口渠道不畅、总体数量不足、培养平台不够、培训能力不强、知识结构不合理、人才留不住和教育思想不新7个问题。建议我省进一步加强农村中小学师资队伍建设,一是强化政府职能化管理体制;二是支持一所院校,搭建两个平台;三是坚持以人为本,关心教师成长;四是落实特殊政策,鼓励人才留住。(摘自2010年1月26日中国人民政治协商会议第十届陕西省委员会第三次会议简报第7期)

第三次会议第486号提案

关于进一步加强我省农村中小学师资队伍建设,促进义务教育“均衡发展”的建议

联名提案人信息:李艳秋(中国国民党革命委员会陕西省委员会)、李志民(教育界)、王超(陕西省青年联合会)、董家蕙(中国民主促进会陕西省委员会)、高继承(中国民主促进会陕西省委员会)、张志强(经济界)、丁文锋(教育界)、王毅红(教育界)、李华(无党派人士)、邓方安(中国民主促进会陕西省委员会)、刘宽忍(文化艺术界)

一、背景

新任教育部部长袁贵仁说,各地要把均衡发展作为义务教育的重中之重,努力实现2012年义务教育区域内初步均衡,2020年区域内基本均衡的新目标。袁贵仁部长着重提到义务教育的“均衡发展”问题,抓住了未来中国义务教育和教育改革的大方向。这也说明我国基础教育发展中存在着严重的不均衡问题。我省也和全国一样,由于长期城市与农村教育资源分配不公等原因,导致教育发展的不均衡问题非常严重。

二、存在的主要问题

1. 政府教育行政部门管理存在的问题

一是农村中小学教师进出口渠道仍然不畅通,“以县为主”的管理体制仍然没有得到落实。调研表明,农村中小学教师流动仍然不畅,由人事部门执行的“凡进必考”制度使农村中小学教师补充困难,通过对商洛地区连续两年的

调研表明,有的农村边远地方甚至几年都无法补充一名新教师。

二是农村中小学教师队伍的编制不合理,导致教师数量严重不足,培养院校定位不明确。在全省所有的师范院校中,没有一所本科师范院校明确定位为农村中小学培养合格教师,从而导致教师总体数量的不足,特别是边远地区的中小学还严重存在大量带课人员的情况,亟待予以补充。但由于受现行教师管理体制的限制和制约,全省所有学校很难真正形成能进能出的良性用人机制,即使中小学有空编也很难得到及时补充。其中,特别缺少系统接受本科师范教育的地理、生物和小学外语、体育、美术、音乐、信息技术等专业的教师。

三是由于长期欠账太多,导致农村中小学教师培训工作的开展不能满足农村义务教育发展需要。近两年来,虽然省上对中学教师培训工作有可很大的加强,培训任务和接受培训的教师人数都比以前有了很大的改变。但是政府对省级教师培训基地的建设一直投入严重不足,极大地制约着对教师培训任务的完成和质量的提高。多年来,省财政没有专门经费拨款用于省级教师培训基地建设,导致培训条件落后、培训装备设施落后、培训场地狭小,培训工作步履艰难,难以承担更多的教师培训任务,根本无法满足高层次的教师培训要求,没有在中小学的师资队伍、现代技术运用等建设方面形成带动和示范效应。另外,培训者队伍素质不高,很多培训流于形式。调查中发现,地方的教研室、教师进修学校以及电教馆等机构与人员,在教师培训方面发挥的作用有限。区、县教师培训机构长期被当作“养老院”的现象比较严重,领导、教师、设备老化现象突出,人员专业水平有限、条件差、资金缺乏、组织管理不够完善。培训缺乏前期调研与科学设计,培训的系统整体性不够,缺少后续性,有重复培训现象,培训时间过短。部分培训活动目标不明确,培训内容理论过多,忽视实践环节,内容枯燥,忽视了城乡差异,缺少农村特色,与教师的教学实际脱节,不实用,学校条件跟不上,纸上谈兵,缺乏实效性与针对性。

2. 农村中小学教师自身存在的问题

一是教师队伍的学历结构不合理,“教非所学”和“学非所用”的情况较为普遍。调研表明,在我省大部分农村中小学,第一学历为中师水平的教师仍占33.83%,大专学历的占26.37%,本科学历及以上的仅占39.8%,学历达标与能力达标反差较大,教师教非所学的问题十分突出。再加上各级教师培训质量普遍偏低等原因，造成大部分农村教师学历表面上虽然达标，但实际所任学科的教学能力并没有得到同步提高。

二是教师的职称与学科结构存在较为严重的问题。调研表明，我省农村中小学教师的职称结构两头过小，中学高级占8.62%，中学三级占2.71%；教师队伍的学科结构不合理，农村学校音、体、美、信息技术、心理健康教育等学科专业教师缺编现象普遍存在。

三是农村教师特别是骨干教师流失严重。农村边远艰苦地区由于工作、学习、生活条件差，各级政府还没有建立有效的调控激励机制，骨干教师流失严重已成为当前农村中小学十分突出的问题。新的工资制度实行后，农村教师待遇与城市和经济发达地区同级同类教师相比，差距越来越大，造成骨干教师流失。

四是大部分农村中小学教师的现代教育理论知识和教育思想观念落后，不能适应教育发展的形势需要。调研表明，我省农村大多数中小学教师对教育理论知识、先进的教育思想、新课改理念缺乏系统的了解；如有73.5%的教师对教育学、心理学和学科教学法理论没有系统的了解；79.85%的教师没有全面系统地把握和理解先进的教育思想、新课改理念；20%的教师对当今国内外教育发展及趋势不甚了解或根本不了解。农村中小学校长普遍反映，由于广大农村教师工作生活条件差、学习机会少，因此，先进的教育信息闭塞，教育思想观念落后，需要“理论洗脑”。

五是相当一些农村中小学教师不能适应新课程改革的教学能力和现代教育技术的需要。调研表明，在我省中小学教师中，只有13.79%的教师能很好地适应新课程改革所需要的教学技能和能力，绝大多数表示不能很好地适应。因此，农村中小学教师教学手段的信息化、现代化与能力水平亟待加强和提高。

三、建议

鉴于我省农村中小学教师队伍存在着诸多有待深化解决的问题，特别是这些问题不仅严重影响了广大农村中小学教学工作，而且在某种程度上来说，已经成为制约我省社会经济发展和科教兴陕战略任务实现的因素之一。所以，加强农村中小学师资队伍建设，已经到了刻不容缓的时刻。为此，我们提出以下建议与对策：

1. 建议政府教育行政主管部门进一步加强管理，深化农村中小学教师管理体制

一是要及时解决数量不足的问题，建立符合农村中小学教育教学实际需要的教师补员新机制，真正解决农村学校教师结构不合理、优秀教师进不来的问题。

二是建议按照城市、县镇和农村中小学分别制定编制标准，具体应该是，县以上的中小学校，按照学生人数设置教师编制；县以下中小学校，按班额设置教师编制。

2. 建议省政府加快支持陕西教育学院实现由成人师范院校向普通师范本科院校的改制，实现农村中小学教师培养与培训相结合的职前职后一体化的教师教育体制

一是要充分发挥我省省级中学教师教育培训基地——陕西教育学院在为农村基础教育服务中的重要作用，进一步强化其作为农村中小学教师培训基地的地位，并进行重点建设，确保财力、物力和人力的投入，保证农村中小学教师培训质量的不断提高。

二是加快支持陕西教育学院实现由成人师范院校改制为普通师范本科院校，确保农村中小学教师培养工作进行，使缺编的农村中学教师得到及时补充和充实。根据目前陕西教育学院与省教育厅和教育部沟通的信息表明，可以将陕西教育学院改制为专门为我省农村中小学培养合格教师的普通本科师范院校。而且目前全国已经有广东、湖北、安徽、河南、江苏等省的教育学院完成了改制为普通本科院校的工作，教育部对省级教育学院的改制工作也已经有了比较明确的政策，非常有利于陕西教育学院的改制工作。同时，陕西教育学院为此投入了 3 亿多，初步完成了新校区建设工作，基本达到了教育部普通本科设置的标准，为此付出了对年的努力。因此，亟待得到省政府的大力支持，特别是在落实支持新校区建设资金和帮助完成前期建设还贷等方面给予大力倾斜。

3. 制定农村中小学特设岗位教师的安置政策，保证农村义务教育的基本队伍的稳定

根据以人为本的原则，解决三年服务期满后特设岗位教师的问题是事关教育事业持续发展的重要问题。

一是落实省级四厅局下发的关于做好特设岗位教师招聘工作的有关文件精神，鼓励他们服务期满后继续留在农村从事教育工作，将其转为国家正式教师。

二是对其中确实不愿再从事教育工作的人员，在报考公务员和其他事业单位工作人员时应给予优惠。

三是对于特设岗位教师中少数确实不具备从事教师职业条件的人员，要按照相关规定解除聘用合同，鼓励其转行从事其他职业并做好思想工作。

（注：该提案被陕西省政协评为优秀提案）

提案复函

陕西省教育厅对省政协十届三次会议第486号提案的复函

（陕教函〔2010〕124号）

教师分布城乡不均衡，学历水平、职务结构城乡不均衡，学科结构不均衡的现象在我国一些地方特别是中西部不发达地区确实存在。各级教育行政部门对此高度重视，并且已经着手解决这一问题。推进义务教育均衡发展，其中一个重点就是加强教师队伍建设。在中央和地方各级政府的努力下，义务教育教师队伍结构和整体素质正在发生积极变化，中青年教师成为主体，具有本专科学历教师成为新增教师的主体。从学历水平和职务结构看，城乡教师的差距正在缩小。省教育厅于2008年启动，2009年正式开展的以“农村教师队伍建设年”为主题的系列培训活动取得显著成绩。今后，我们将从以下几方面进一步加强教师队伍建设：

一、不断完善加强中小学教师队伍建设的政策

在深入调研、多方论证的基础上，结合我省教育改革发展与教师队伍建设工作实际，省教育厅代省政府起草了《陕西省人民政府关于加强中小学教师队伍建设的意见》，已经省政府 2009 年第 31 次常务会议原则通过，省教育厅将据此配套制定详细的实施方案，切实加强全省中小学教师队伍建设。

现行中小学教师编制执行的是“国办发〔2001〕74 号”文件确定的标准。基础教育课程改革的全面实施和农村中小学校布局调整工作力度的不断加大，对教师队伍结构也提出了许多新的要求。我们考虑对农村中小学教师编制根据实际情况进行调整，考虑增编因素，实行动态管理。尤其是针对许多农村地区“超编缺岗”的现象，研究制定合理的分流、退出政策，将不能胜任教学工作的教师转岗、内退，及时补充新的优秀人才进入教学岗位，合理解决“总量超编与结构性缺编”的问题，确保开齐开足课程，优化农村中小学教师队伍结构。

二、大力开展多种形式的农村教师培训活动

为加强中小学教师培训与队伍建设工作，省教育厅成立了陕西省中小学教师队伍建设专家指导委员会，建立了中小学教师培训专家库，并与陕西师范大学共建教师教育创新实验区 3 个。我们拟通过强化政策指导，充分发挥培训基地和中小学名师示范培训和辐射引领作用，激励和督促各地多途径开展中小学教师学历提升教育和全员培训。据统计，2009 年我省共培训中小学教师 11.98 万人次。其中，“阳光师训”项目实行送教上门、免费培训，创新了培训模式，受到广大农村中小学教师的普遍欢迎和一致好评，共培训农村中小学教师 60 000 人。此举对缩小城乡教育差距，促进义务教育均衡发展作用重大。

2010 年，省教育厅将扎实开展中小学教师培训，认真总结推广“农村教师队伍建设年”工作经验，加强省、市教师培训基地建设，按照“小实体、多功能、大服务”的原则加强县级教师培训基地建设，健全省、市、县、校联动分层次培训的工作机制。省教育厅一向重视培训基地硬件建设，中小学师资培训经费中设有专门的基地建设费，2009 年下拨全省 4 个培训基地共计 380 万经费用

于基地自身建设，其中60%拨付给陕西教育学院，2010年培训经费将会进一步增加。

三、努力创新中小学教师补充机制

结合贯彻落实省政府即将出台的《关于加强中小学教师队伍建设的意见》，我省将探索实行新的“省级统筹，公开招聘”中小学教师用人制度。2009年，经与省财政、人事、编制部门协调，我们进一步扩大了农村学校特设岗位计划和农村学校教育硕士师资的培养范围和规模，全年共为农村中小学校补充教师1 803人。下一步，省教育厅将继续扩大特岗教师和农村学校教育硕士招聘规模，将“农村硕师计划”与“特岗计划”紧密结合，凡国家级贫困县新进教师，一律纳入“特岗计划”管理。

四、进一步强化保障措施

下一步，我们将进一步理顺并落实教师队伍由各级教育行政部门主管的归口管理制度，实行中小学教师“以县为主，县管校用”的管理体制，由县级教育行政部门实行统一管理、统一聘用和调配。全面落实教师绩效工资，并在绩效工资分配上适当向农村艰苦地区一线骨干教师倾斜，努力改善农村教师的工作和生活条件，切实提高农村教师待遇，大力表彰对农村基础教育做出突出贡献的教师。将农村教师队伍建设工作纳入年度教育督导的重要内容，开展专项督导检查。

二〇一〇年四月十二日

媒体反响

新华网2010年1月20日报道：教育：公平与均衡是重点（节选）

“‘十二五’期间，国家财政性教育经费支出将占到国内生产总值4%。”10

月20日,温家宝总理在全国政协十一届十一次常委会议上谈到关于"十二五"期间加大教育投入时这样表述。

有专家认为,财力投入是基础,机制创新是动力,人才是发展的根本,用足用好是标准。只有把上述几点完善到"十二五"规划当中,落实到未来五年的发展进程上,中国的教育才能迎来质的提升。

方向:应建立教育问责机制

· 重视避免办教育的"同质化"问题

· 把有限的资金集中用到该用的地方

· 要建立切合实际、科学的教育评价体系

· 从机制入手,革除目前的不合理因素

"教育公平的主要责任在于政府。"陕西省政协委员、陕西教育学院教育科学研究院院长王越群认为,均衡发展、公平发展是教育事业发展的一个永恒追求目标。他建议,制定"十二五"教育规划一定要搞清楚政府、学校、社会需要做什么,重视避免办教育的"同质化"问题。

同时,在制定"十二五"教育发展规划时,对"十一五"教育发展"欠账"问题不要回避,只有摸清家底才可能科学制定规划。教育的问责制是我国教育发展长期存在的问题,也是制约教育发展的软肋,制定规划时要把这一问题纳入其中。

第三次会议第250号提案

关于用财政资金支持开展“全省‘村官’创业能力培训”的建议

一、背景

2010年，“就业难”仍将是困扰我省百姓的最现实、最紧迫的重大民生课题之一。陕西省第十一次党代会提出了“全民创业、家庭创业、自主创业”的要求，采取了“做好全民创业促就业工作”的一系列措施，省政府正在实施的“民生八大工程”包含了对各级政府“新增就业岗位”的考核指标。与我省面临的巨大就业压力相比，与国务院《关于促进以创业带动就业工作的指导意见》(〔2008〕111号文件)的要求相比，我省“全民创业”和“以创业带动就业”工作力度还不够到位，实际效果远未达到预期目标，亟待进一步采取有效措施。

创业具有带动就业的倍增效应，是最积极的就业。当前，我省基层干部普遍渴望掌握创业知识、提高创业能力、激发创业行动。实施“全省村官创业能力培训工程”是解决广大农村地区农民就业出路的治本之策，对贯彻落实省委、省政府“全民创业”和“以创业带动就业”的战略部署将起到“四两拨千斤”的重要作用。

二、用财政资金支持开展“全省‘村官’创业能力培训”的必要性与可能性

第一，必要性。

1. 实施“全省村官创业能力培训工程”是缓解就业压力、稳定“村官”队

伍,使大学生"村官"队伍"留得住、干得好"的重要举措。

当前,我省村官人数已达到5万之众,他们肩负着带领广大农民创业致富的使命,但自身拥有的创业知识和创业能力普遍较弱,迫切需要接受正规化、专业化和针对性的创业培训。按照省委部署,我省大学生"村官"总数三年内将达到1.64万人。实施"全省'村官'的创业能力培训工程"不仅体现了党和政府"改善民生"的使命与职能,而且直接关系到大学生"村官"队伍能否"留得住、干得好",关系到村级政权巩固和新农村建设进程等战略大局,理应给予公共财力保障。

2. 实施"全省'村官'创业能力培训工程"是贯彻国务院《关于促进以创业带动就业工作的指导意见》和落实省委、省政府"以创业带动就业"战略部署的必然要求。

国务院《关于促进以创业带动就业工作的指导意见》明确要求各级政府"加强创业培训,提高创业能力"。省委、省政府提出的"全民创业"和"以创业带动就业"需要尽快落实到基层,而村官队伍正是"全民创业"能否在全省广大农村地区得以实施的关键所在。"全省'村官'创业能力培训工程"将使16 000多名"村官"在两年内得到正规化、专业化的创业能力培训,并扩大我省"以创业带动就业"工作的群众基础,对促进"全民创业"将发挥"四两拨千斤"的重要作用。

3. 实施"全省'村官'创业能力培训工程"是保持基层干部队伍先进性、巩固基层政权的有效手段,更是促进农民致富和加快全省新农村建设步伐的重要途径。

"村官"队伍创业知识多寡、创业能力大小、创业动机强弱和创业成功率高低,都直接关系到农民增收致富的快慢和新农村建设的进展。客观现状却是,长期以来由于缺乏统一部署和资金保障,全省"村官"的创业能力培训还是一片空白,有待省财政采取果断措施。

世界著名跨国公司和一大批优秀企业早就在实践中发现,"员工培训是投入产出率最高的投资"。同理,"村官"创业能力培训必定是最合算、最明智、最符合基层干部愿望和需要的公共投资。

第二，可行性。

1.“陕西省创业研究培训基地”为实施“全省‘村官’创业能力培训工程”提供了可靠载体。

“陕西省创业研究培训基地”是根据国务院《关于促进以创业带动就业工作的指导意见》(国办发〔2008〕111号文件)和陕西省人民政府《关于进一步做好全民创业促就业工作的指导意见》(陕政发〔2007〕55号文件)精神，由省教育厅、省人力资源和社会保障厅批准设立的省级“创业研究培训基地”，其主要职责是承担陕西省创业研究课题，承担全省各类实用创业培训。迄今为止，设立在陕西教育学院的“陕西省创业研究培训基地”已完成6期共1 095名“西安市大学生自主创业培训”，学员对培训效果的满意率一直维持在90%以上。

2. 陕西教育学院现有的软硬件条件完全可以满足“全省‘村官’创业能力培训工程”的实施需要。

陕西教育学院创建于1956年，是陕西省人民政府直属、教育厅主管的一所高等师范类成人本科院校，先后为陕西省培养培训过十余万名基础教育骨干教师和教育行政管理干部，现已形成师训、干训和创业培训三足鼎立的办学特色新格局。

自2009年秋季长安新校区投入使用之后，陕西教育学院决定将位于西安小寨的老校区主要用于各类培训，现已投资建成了相对完善的服务于培训学员的住宿、饮食和教学硬件设施，组建了一支敢于开拓创新的创业培训管理团队，开发了具有针对性、本土性和专业性优势的“村官”创业培训师资队伍、培训模块和配套教材，为承担“全省‘村官’创业能力培训工程”奠定了软硬件基础。参加培训的“村官”将系统学习“创业者必备心理品质”“创业成败规律”“创业中的工商法规与办理程序”“农村创业机会分析”“创业扶持政策解读”“创业资金筹措技法”“创业前期财务管理”“‘创业计划书’内容框架与创作要领”“实用营销技法”等课程，并有机会听取创业明星现身说法和接受团队拓展训练。

2009年12月，省委组织部经过严格考察，已决定委托陕西教育学院承办2010年“全省大学生‘村官’创业能力示范培训班”，这为陕西教育学院和“陕西省创业研究培训基地”进一步承担“全省‘村官’创业能力培训工程”铺平了道路。大学生“村官”是“全省‘村官’创业能力培训工程”的首批受益者，但创业能力培训工程最终应覆盖我省依法选举产生的全体原籍“村官”。

三、具体建议

根据以上分析，并根据此项工作的重要意义，建议省财政按照每人 2 000 元的标准，列出专项资金预算，支持实施覆盖全省每一个行政村的“陕西省‘村官’创业能力培训工程”。按照现行部门职责分工，可由省委组织部牵头，省人力资源和社会保障厅协助，主要依托设立在陕西教育学院的“陕西省创业研究培训基地”，在未来两年内对全省 16 000 多个行政村的大学生“村官”和原籍“村官”进行一次创业能力培训。

提案复函 1

陕西省财政厅对省政协十届三次会议第 250 号提案的复函

（陕财办案〔2010〕61 号）

王越群委员：

陕西教育学院的“陕西省创业研究培训基地”，在未来两年内将对全省 16 000多个行政村的大学生“村官”和原籍“村官”进行一次创业能力轮训。

您提出的“建议省财政按照每人 2000 元的标准，列出专项资金预算，支持实施覆盖每一个行政村的‘陕西省村官创业能力培训工程’。按照现行部门职责分工，可由省委组织部牵头，省人力资源和社会保障厅协助，主要依托设立在陕西教育学院的‘陕西省创业研究培训基地’，在未来两年内对全省 16 000 多个行政村的大学生‘村官’和原籍‘村官’进行一次创业能力轮训”的建议很好，具有很好的参考价值，符合当前的趋势。在此，对您认真地履行职责，积极地参政议政，共谋改革大计的主人翁精神表示诚挚的敬意和感谢。

近年来，省财政每年安排专项经费用于大学生“村官”培训。一是加强大学生“村官”综合性能力培训。充分利用国家级杨凌现代农业示范区的优势，在西北农林科技大学连续举办了3期大学生“村官”示范培训班，使他们对“三农”有了全方位的了解，开阔了眼界和思路，增强了他们创业的信心和能力。二是加强女大学生“村官”能力培训。在省委党校举办了女大学生“村官”培训班，培训女大学生“村官”，使女大学生“村官”对女性自身优势有了明确认识，增强了带领农民群众建设新农村的信心和决心。三是加强大学生“村官”创业能力培训。省委组织部依托陕西教育学院建立大学生“村官”创业培训基地，第一批选择了具有创业潜能的大学生“村官”，对他们进行创业培训，提高了他们的创业能力，激发了创业热情。

同时，省财政2010年安排经费5 000万元，设立了高校毕业生创业基金。高校毕业生申请的创业贷款在贷款期限内不计息，所产生的银行手续费、担保费在创业基金中列支，大学生不再支付，对鼓励大学生创业将起到积极的作用。

此外，按照省委的安排部署，从2007年12月开始，计划“十一五”期间将全省5万名村官全部轮训一遍，其中省财政每年安排专项经费在西北农林科技大学对新农村建设示范村党支部书记（村委会主任）进行培训，帮助“村官”们解决在新农村建设实践中遇到的新问题，培训中包含了创业能力培训的内容，深受广大农村基层干部的欢迎。

根据您的建议，我们将以下几方面做起，切实加强全省‘村官’创业能力培训工作。

您在省政协十届三次会议上提出的《关于用财政资金支持开展“全省‘村官’创业能力培训”的建议》收悉，现就财政方面的问题答复如下：

一是按照目前分级负担的财政体制，以及财力和事权相匹配的原则，省财政重点保障新农村建设示范党支部书记（村委会主任）和大学生“村官”创业省级示范培训经费，以点带面，来推动全省“村官”的创业能力培训。

二是我们将积极督促市、县财政安排必要的经费，同时充分发挥各市、县的积极性，各市、县应围绕本地区位优势、产业优势选项目，结合实际，因地制宜，保证全省“村官”创业能力培训工作的针对性和实用性。

提案复函2

陕西省人力资源和社会保障厅对省政协十届三次会议第250号提案的复函

（陕人社函〔2010〕264号）

王越群委员：

你在省政协十届三次会议上的《关于用财政资金支持开展“全省‘村官’创业能力培训”的建议》(第250号)提案收悉,感谢你对我省就业和创业工作的支持,现对你提案中的有关问题答复如下:

我省是一个经济欠发达的省份,相比而言我省就业形势更加严峻。在当前企业吸纳就业有限的情况下,发挥创业带动就业作用显得尤为重要。近年来,我省各级人力资源社会保障部门都把创业带动就业作为当前促进就业的重要工作来抓,认真贯彻党的十七大提出的“促进以创业带动就业战略”和陕西省委十一次党代会提出的“全民创业、家庭创业、自主创业”的方针,省政府和相关部门先后出台了一系列支持促进创业的政策和措施,取得了一定成效。在2007年12月份省政府还举办了首届创业博览会,展示了全省创业成果,宣传了创业政策,营造了创业氛围。特别是2009年,为应对国际金融危机的影响,我省扶持创业的力度进一步加大,扶持创业的群体也从过去的下岗失业人员扩大到未就业的大中专毕业生、返乡农民工等群体,并全面落实有利于劳动者创业的税收优惠、小额贷款、资金补贴、场地安排、创业培训等各项扶持政策。去年我省开展创业培训4.2万人,新增小额担保贷款已达17.06亿元,扶持个人创业2.9万人,带动就业8.7万人。去年全年城镇新增就业38.87万人,超额完成了全年目标任务,确保我省就业形势的基本稳定。可以看出,其中很大一部分是通过个人自主创业和创业带动就业实现的。

当然,我省目前创业促就业工作还存在一定的问题,如劳动者的创业意识不强、创业能力不足、金融支持力度还不够,一些政策措施落实也不到位。特别是创业方面城乡发展还不平衡,农民创业仍然是我省的薄弱环节。针对这一问题,您在省政协十届三次会议提案中建议在全省实施“‘村官’创业能力培训工程”,确实是一个很好建议,对我们的工作有很好的指导和借鉴意义。

党的十七大提出了“统筹城乡发展,推进社会主义新农村建设”的重大历史任务。缩小城乡差距,提高农民收入,实现农民富裕奔小康在我省仍然是一项长期而艰巨的任务。通过职业培训提高农民技能水平,使一部分人实现转移就业是增加农民收入的一种重要方式。但若能引导农村一部分能人在当地创业,在促进农村经济发展的同时,使农民工能就近就地实现就业是一种更加积极的就业方式和致富途径。但当前农村有创业知识、创业意识、创业能力和创业愿望的人还很缺乏,制约了农民创业和农村经济的发展,迫切需要我们培养和扶持一批农村创业致富带头人。近几年,我省通过政策扶持鼓励大学生到基层就业,为农村行政村配备了一大批大学生“村官”,他们有知识、有胆识,是最有潜力的创业群体和推动创业的群体,但依然存在着创业经验和创业能力不强的问题,如果能对他们进行一定创业知识和创业能力的培训,再加以政策扶持,使他们能成为农村致富带头人,必将为我省农村经济发展和农民增收发挥更大的作用。

去年,为了充分利用我省高校教育和人才资源,我厅与陕西省教育学院共同成立了集创业研究、创业培训、创业孵化于一体的“陕西省创业培训研究基地”,重点对大学生开展创业培训、创业指导和创业孵化。去年已经举办了6期,对1 000多名大学生进行了创业培训,有的已经顺利申请到小额贷款并成功开业,在促进大学生创业方面成绩显著。去年12月,省委组织部还委托陕西省创业培训研究基地开展了一期“大学生‘村官’创业能力示范培训班”,对大学生“村官”创业能力的培训进行了一次有益的探索,取得了良好成效,深受大学生“村官”欢迎和好评。陕西省教育学院有一批很好的教师队伍,而且还有很好的设施、设备等教学资源,通过一年来我厅与教育学院的共同努力,陕西省创业培训研究基地已逐步形成了一支有实力、有经验的创业培训与研究团队,是我省扶持各类人员创业的一个很好的平台,完全能够在我省创业工作中发挥更大的作用。

总之,充分发挥“陕西省创业培训研究基地”这个平台的作用,实施“‘村官’创业能力培训工程”,通过几年的时间对我省农村“村官”进行针对性、专业化的创业培训,培养一批农村创业带头人不仅非常必要,而且现实可行,作为人力资源和社会保障部门我们将大力支持这项工作。由于这项工作涉及组织部门和财政部门,我厅将积极主动地与这两个部门进行沟通协调,明确政策、落实资金,争取使您这一很好的提案能尽快实施,使我省创业促就业工作能够得到全面均衡发展。

二〇一〇年四月十九日

媒体反响

《各界导报》2010年1月27日报道：王越群：开展“全省‘村官’创业能力培训”

今年，就业难仍将是困扰我省百姓最紧迫的重大民生课题之一。我认为实施“全省‘村官’创业能力培训工程，是解决广大农村地区农民就业出路的治本之策”。提起目前的就业现状，省政协委员王越群感慨颇多。

在今年的省政协十届三次会议上，王越群委员提交题为《关于用财政资金支持开展“全省‘村官’创业能力培训”的建议》的提案。他分析，当前我省“村官”人数已达到五万之众，他们肩负着带领广大农民创业致富的使命，但自身拥有的创业知识和创业能力普遍较弱，迫切需要接受正规化、专业化和针对性的创业培训。按照省委部署，我省大学生“村官”总数三年内将达到1.64万元。实施“全省‘村官’的创业能力培训工程”，不仅体现了党和政府“改善民生”的使命和职能，而且直接关系到大学生“村官”队伍能否“留得住、干得好”，关系到村级政权巩固和新农村建设进程等战略大局，理应给与公共财力保障。

我越群告诉记者，实施“全省‘村官’创业能力培训工程”，有其必然具体的积极意义，是缓解就业压力、稳定“村官”队伍，使大学生村官队伍留得住、干得好和保持基层干部队先进性、巩固基层政权的有效手段，更是促进农村致富和加快全省新农村建设步伐的重要途径。

针对这些问题，王越群建议：省财政按照每人2 000元的标准，列出专项资金预算，支持实施覆盖全省每个行政村的“陕西省‘村官’创业能力培训工程”。按照现行部门职责分工可由省委组织部牵头，省人力资源与社会保障厅协助，主要依托设立在陕西教育学院的“陕西省创业研究培训基地”，在未来两年内对全省16 000多个行政村的大学生“村官”和原籍“村官”进行一次创业能力轮训。

第三次会议第 248 号提案

关于加强我省基础教育业余培训机构规范办学建议

基础教育业余培训机构是指经教育行政部门批准的涉及基础教育领域的各类非全日制教育机构，既有专门的民办高考和中考补习学校，也有专门的民办文化教育培训学校，还有专门的青少年特长培训学校，如中小学生的作文、书画、音乐、体育、英语等培训机构。

一、我省基础教育业余培训机构的基本情况

对西安、咸阳、宝鸡、杨凌、汉中、安康和商洛 6 市(区)的调研表明，目前这些市(区)经政府教育行政主管部门注册合法的业余培训机构共约 919 所，在校学生约 23 万人。其中，办学规模最大、办学条件相对成熟也最具代表性的西安市，截至 2009 年 2 月 19 日，全市民办文化教育培训学校达 617 所。其中，全日制中高考补习学校 60 所，外语培训学校 167 所，计算机培训学校 73 所，艺术培训学校 75 所，青少年文化教育培训学校 108 所，职业技能培训学校 52 所，其他培训学校 82 所；各类学校在校生总计 14.9 万人，校均 241.49 人；年培训人数 21.5 万人，校均 348.46 人；校均建筑面积 467.7 平方米，固定资产 1.7 亿元，校均 27.6 万元；教育教学设施设备总值 9593.2 万元，校均 15.5 万元；图书 31 万册，校均 502.43 册。

二、我省基础教育业余培训机构办学存在的问题

1. 师资队伍普遍不稳。调查表明，在全省范围内，绝大部分基础教育业余培训机构普遍缺乏内部完善的人力资源管理制度体系，教师的整体素质普遍

不高,水平参差不齐。

2. 办学条件普遍较差。各培训机构大都投入不足,教学设备简陋,活动场所狭小,安全隐患较多,环境卫生较差,图书资料缺乏,管理制度简单,档案资料缺失。因此,办学质量受到严重制约。同时,由于有的培训机构片面追求经济效益和眼前利益,不努力改善办学条件,造成片面追求经济利益,随意扩大办学规模,着眼于低层次竞争,而没有从可持续发展的高度和角度丰富学校内涵,提升学校实力和竞争力。

3. 招生收费普遍缺乏约束。调研表明,由于政府相关职能部门对基础教育业余培训机构管理不到位,缺乏系统、规范、严格的管理措施,加上政府没有在此领域有相应的经费投入,各培训机构都是靠收取学费来保障正常运转。这样,就导致这些培训机构在收费方面没有统一的标准,各培训机构自行制定收费标准,很多培训机构的收费失去控制而又没有任何约束。

4. 办学行为普遍缺乏规范。调研表明,在全省各市所批准成立的基础教育业余培训机构中,对办学类型、招生范围和培训内容都有严格的规定,而且不允许开设与中小学正常课程教学相冲突的培训课程,如中小学课程同步补习班、奥数班等等。但是,有些培训机构以盈利为目的,抱着侥幸心理,顶风违纪。

5. 不法机构或个人非法培训屡禁不止。近年来,为了规范基础教育业余培训机构的办学行为,全省各市教育行政主管部门都能按照省教育厅的有关规定和要求,严禁中小学校举办任何形式的补习班、培训班,严禁中小学校教师在课余进行任何形式的有偿家教服务,力求减轻学生课业负担和家庭经济负担。从实际情况看,由于开办各种中小学课程辅导或培训班都是在晚上、双休日、节假日等时间,加上学生家长一味追求孩子考试成绩的倾向十分普遍,以及重点名校招生暗地里变相单独考试等现象的普遍存在,除了导致正规的业余培训机构超范围违规办班外,还大量存在各种非法机构或个人开办的课程"培训班""辅导班""家教中心""奥数、奥语班",不仅增加了学生的课业负担,影响了学生的身体健康,而且增加了家长的经济负担;或者利用各种关系,私自开设课程同步补习班,导致学生把学校功课作业当副业,把大量时间和精力耗费在所谓的课外补课上。由于以上两种现象的存在均因具有很强的社会需求基础，所以不仅是一个无法取缔和解决的难题，而且也严重扰乱了正常的教育教学秩序。

6. 公办高中的高考补习侵占他人受教育权现象严重。按照我国目前的高考制度，每年都有大量的高考落榜生选择复读重考。这样，有的县的普通高中都普遍开设有高三补习班，并安排大量的优秀骨干教师进行教学。这些复读生在来年的高考中被录取，均挤占了应届考生的录取指标，这在高等教育资源有限的情况下，实际上挤占了应届生的受教育权，侵占了应届生享受优质资源和及时接受高等教育的机会，造成了高考的公平性和竞争的不公平性的矛盾。

三、对策和建议

1. 各级政府继续加大对基础教育的投入力度，全面加强薄弱校的硬件和软件建设，逐步解决中小学“择校热”的问题，以及解决优质教育资源相对短缺和人民群众对优质教育资源需求相对较大的矛盾，从根本上解决义务教育全面、协调、均衡、可持续均衡发展的问题。

2. 积极探索建立长效机制，特别是要进一步理顺管理渠道，各级教育行政主管部门要做出统一规定，将基础教育业余培训机构纳入同一类管理机构中，以利上下级工作的衔接。

3. 继续加强持续性的宣传引导。特别是要对广大家长及时宣传新时期的教育法规、政策，提高全社会对基础教育业余培训教育的认识，让更多的人了解、支持基础教育业余培训教育，为基础教育业余培训的发展营造良好的社会环境，力求做到家喻户晓、深入人心，做到有令必行、有禁必止，确保政令畅通。

4. 继续加大对违规违法行为查处的力度，特别是要加大督查力度，对群众举报的办学机构及学校违规宣传、违规办班行为，一经查实，迅速处理。

5. 重新进行各培训机构的办学资格认定，特别是要建立淘汰机制，尽快出台《陕西省基础教育业余培训机构设置标准》。各培训机构必须按照办学的设置标准规范办学，特别是在硬件条件和场地校舍等方面，必须达到相应的刚性要求。

提案复函

陕西省教育厅对省政协十届三次会议第248号提案的复函

（陕教函〔2010〕154号）

王越群委员：

您提出的《关于加强我省基础教育业余培训机构规范办学建议》提案收悉。现答复如下：

近年来，伴随基础教育新课改的推广与实施，与基础教育有关的各类业余培训机构也不断发展壮大。目前，我省基础教育业余培训机构主要由社会力量举办，学校大都实行董事会、理事会或其他决策机构领导下的校长负责制。您对我省基础教育业余培训机构的基本情况非常熟悉，也分析了存在的问题，提出了对策和意见，对我们的工作具有重要的启发意义。

一、关于认定基础教育业余培训机构的办学资格

《陕西省民办教育促进条例》第六条规定："设立民办学校应当具备法律、法规规定的条件，民办学校的设置标准，参照同级同类公办学校的设置标准执行。本省审批权限范围内的民办学校的具体设置标准，由省教育行政部门依据法律、法规和国家有关规定制定。小学、幼儿园、各类文化教育培训学校，由县（市、区）教育行政部门审批。"民办社会文化类培训学校与经济和文化的发展密切相关，我省十一市（区）经济和文化发展水平差异较大，因此，省教育厅2005年下发了《关于印发民办学校设置标准的通知》（陕教发〔2005〕2号），将设置从事其他文化教育培训的民办学校的标准和设立审批办法，交由各市教育行政部门根据实际情况自行制定。2006年起，西安、咸阳、宝鸡、渭南、铜川、杨凌示范区等市（区）都制定了民办学校管理办法或培训学校设置标准，如《西安市设立审批民办学校暂行规定》《西安市民办非学历文化教育学校设置标准（暂行）》《咸阳市民办非全日制培训机构设置标准》《宝鸡市民办培训类学校设置标准》《铜川市民办文化教育培训学校设置标准》《杨凌区民办教育

机构管理办法(试行)》等,对办学申报条件、申报程序、审批权限及责任做了明确规定。审批过程坚持公开、公正的原则,做到了透明、规范。

二、关于规范基础教育业余培训机构的管理渠道

我省各级教育行政部门基本都能按照《民办教育促进法》《民办教育促进法实施条例》《陕西省民办教育促进条例》所赋予的行政管理职责,依法行使相应的管理职责。各地市基本理顺了对基础教育业余培训机构的审批管理权限,逐级审批,一般均为市、县两级教育行政部门审批的社会力量办学单位,审批程序较为规范,确保了培训机构办学秩序的正常进行。同时,各地市都能按照"积极鼓励、大力支持、正确引导、依法管理"的方针,严格按照"谁审批,谁负责"和"属地管理"的原则,加强管理工作,在一定程度上,确保了基础教育业余培训机构的正常发展。

三、关于加强基础教育业余培训机构的宣传引导

省教育厅和各市教育局都能采取多种形式向社会广泛宣传《民办教育促进法》《陕西省民办教育促进条例》《义务教育法》和《未成年人保护法》等相关法律法规和政策,让广大的基础教育业余培训机构法人代表懂法、守法,如采取办展板、讲座、电视、报刊报道等形式,大力宣传相关法律、法规和政策,增强全社会对基础教育业余培训教育的认识,为基础教育业余培训机构的健康发展营造良好的社会氛围。

四、关于基础教育业余培训机构违规违法行为的查处

根据《陕西省民办教育促进条例》的规定,各类文化教育培训学校,由县(市、区)教育行政部门审批和管理;以职业技能为主的职业资格培训、职业技能培训学校,由县级以上劳动和社会保障行政部门按照各自的权限审批和管理。每年,各级教育行政部门、劳动和社会保障行政部门除在招生期间加大对民办学校虚假招生简章广告的查处,在年底开展对民办学校的年度检查外,还与其他部门联合开展民办教育专项清理整顿工作,加大了对违规违法办学行为的查处力度。如 2008 年,针对寒暑假各种私自办班、办学的行为,宝鸡市教

育局联合宝鸡市劳动和社会保障局、公安局制定印发了《关于治理整顿非法办学的通知》,采取明察暗访、全面检查、向租赁房单位和群众宣传,对违法办学者下发整改(停办)通知书等形式,开展了对非法办学的专项治理整顿工作,进一步净化了办学环境。2009 年 3 月,为了摸清我省民办基础教育业余培训教育的现状,省教育厅组织人力赴各市对业余培训机构办学及管理情况进行专题调研,为制定我省民办业余培训教育相关管理措施提供依据。

不可否认,基础教育业余培训机构的管理涉及面广,需要教育、物价、工商等方面的共同配合才能完成。如 2009 年初,西安市开展的对社会反映强烈的"奥数""奥语"等非法违规办学的查处,就是由"七部门"联合开展进行的。但是在日常管理中,这一艰巨任务却只由教育行政主管部门独自负责,对违规行为的查处确实存在一些困难。

今后我们将根据您的建议,继续建立健全对民办培训机构的扶持和规范政策,使我省培训辅导机构更加规范。

感谢您对我省民办教育事业的关心和支持!

二〇一〇年四月十二日

成果反响

1. 该提案前期研究成果《陕西省基础教育业余培训机构规范化管理对策研究》被省教育厅评为 2009 年陕西省基础教育优秀教学成果文本类一等奖。

2. 该成果前期研究成果《关于我省民办文化教育培训机构办学存在问题与对策研究》被立为民进陕西省委 2009 年度参政议政课题。

第三次会议第 206 号提案

关于将"'荔北战役'烈士陵园"建设成红色文化及爱国教育基地的建议

联名提案人信息:李艳秋(中国国民党革命委员会陕西省委员会)、高继承(中国民主促进会陕西省委员会)、刘宽忍(文化艺术界)、张志强(经济界)、王超(陕西省青年联合会)、李志民(教育界)、李华(无党派人士)

一、背景及现状

闻名中国近代战争史的"荔北战役"发生在陕西省大荔县户家乡大壕营村北一带。1948 年 8 月"澄合战役"后,国民党西安"绥靖"公署主任胡宗南为阻止西北野战军南下潼关再出西府(西安以西泾渭两河之间地区),以第 17、第 38、第 36 军驻守大荔县城及其以北地区,第 76、第 90 军驻守蒲城,第 1 军、第 76 军第 24 师、第 65 军分别驻守耀县、富平、兴平,第 57 军驻守彬县、礼泉,第 69 军驻守潼关、灵宝,第 27 军驻守洛南、商县。西北野战军司令员兼政治委员彭德怀根据中共中央军委关于秋季攻势作战的统一部署,并配合中原野战军解放郑州和华北军区部队发起"太原战役",决心集中第 1、第 2、第 3、第 4、第 6 纵队共 6 万余人发起"荔北战役",人民解放军西北野战军在陕西省大荔县北部地区对国民党军的进攻战役。

10 月 5 日,西北野战军 5 个纵队 6 万余人从澄城、合阳地区出发。6 日拂晓首先攻击永丰镇、韦庄镇、寺前镇地区的国民党第 17 军,至黄昏,歼其第 48 师大部,该军军部率第 12 师向西南突围逃脱。西北野战军除以第 4 纵队继续围攻永丰镇守军一个团外,主力于 7 日展转而进攻位于宜川附近的第 38 军,歼其一个团。,第 2、第 3 纵队在追击中再歼其一部。7 日晚,第 4 纵队全歼永丰镇守军一个团,第6纵队乘胜直逼大荔县城郊。在此期间,胡宗南从耀县、兴平等地调集第1、第65军等部,连同原在蒲城、大荔地区的部队共13个师约9万人,对西北野战军进行反扑。11日,第65、第1、第36军主力共6个师由大荔分左右两路向北进攻,黄昏,第65军进至汉村、李家坡,大壕营一带,企图在大荔北部地区与西北野战军决战。12日拂晓,西北野战军乘第65军进抵胭脂山、汉村、李家坡、大壕营一线立足未稳之际,集中第1、第2、第3、第6纵队发起攻击,至16时,在李家坡歼其一个团又两个营。此时,鉴于胡宗南后续部队即将到达,西北野战军遂改变决心,于当日黄昏停止进攻,部队逐步北撤。16、17日胡宗南部占领澄城、合阳,即停止前进。在这次闻名中国战争史的"荔北战役"中,西北野战军伤亡9 600余人,歼灭胡宗南部25 360人,其中争取国民党军地方保安部队1 100余人起义,俘敌11 050人,毙伤13 200人。

2005年,大荔县开始了修缮荔北战役烈士陵园工作。将原葬于尧头、坡底、白马等处的烈士遗骨迁葬于大壕营烈士陵园。并举行了隆重的遗骨安葬仪式。2006年5月,大荔县委、县人民政府再次对陵园进行了扩建和整修,面积由原来的5亩扩大到12亩,并修建了100余平方米的展厅,将烈士生前的遗物,如军帽、弹夹、弹壳、小刀等陈列于此。同时,用白色花岗岩重新塑造了14. 8米(寓意1948年发生的战役)高的纪念碑。纪念碑坐北向南。碑的正面为"荔北战役"简介,背面是烈士英名录,东西两侧是英烈们浴血奋战的场面和欢庆胜利的浮雕。全国人大原常委会副委员长廖汉生题写的碑文"荔北战役革命烈士永垂不朽"用鎏金大字镌刻在纪念碑上。2007年,在清明节到来之前,大荔县又对陵园进行了整修和绿化,在陵园内新栽了雪松、刺柏、樱花等树木,对陵园的祭奠场所铺设了地砖,陵园的围墙和门楼也重新修建。半个多世纪以来,在革命先烈用鲜血染红的这片土地上,大荔人民将永远缅怀先烈,将此定为青少年革命传统教育基地,让人们永远牢记革命先烈. 继承先烈遗志,用荔北战役的革命精神建设美好家园。

二、存在的问题

虽然"荔北战役"烈士陵园及烈士纪念碑已经建成,大荔县委、县人民政府也给予了很重要的重视和投入,但总体来说,与"荔北战役"在中国近代历史上的重要意义和烈士们长眠此地的忠魂对我们现在每个人的教育意义相比较，陵园的规模和周边环境等，都非常不能不尽人意。其中，主要存在以下问题：

1. 陵园内的文物数量很少，文物征集工作几乎没有进行，园内文物陈列缺乏系统性、系列性，条件设施很简陋，与陵园应有的地位存在着非常巨大的差距。

2. 陵园维护和人员素质与陵园应有的地位有着巨大的落差。目前，该陵园只有西大壕村的一名没有文化的农民看护着（微薄的工资由大荔县民政局支付），除此之外，再没有其他维护修缮费用，根本没有形成郁郁葱葱、幽静高雅的陵园园林环境，从某种意义上说，是对烈士英灵的不尊重。

3. 经费投入严重不足，导致陵园所在地西大壕村经常承担一些额外的经费开支，不仅没有给村上带来红色旅游的收入带动，反而增加了村上的负担。自从陵园开始建设时对通往陵园的道路进行了简单的硬化外，再也没有专项经费投入来整体改善整个陵园周边的环境。

4. 与烈士陵园应有的地位相比，省、市、县等各级党委和政府对西大壕村的建设与投入没有引起足够的重视，使该村的村容村貌显得还很落后。到目前为止，该村不仅凌乱分散，而且没有一个很好的发展规划，由于村上经济来源有限，村上的村部建设仍然得不到落实。该村的这种面貌，与陵园所在地应有的地位来说极不相配。

5. 对“荔北战役”以及烈士陵园宣传开发不够，导致人们对中国近代历史上具有十分重要作用的荔北战役的历史地位缺乏足够的认识和重视，甚至使得与此相关的潜在的文化产业资源不能得到应有的开发和利用。同时，使得陵园的教育功能十分有限，仅仅停留在几十年一贯制的每年清明节周围中小学生扫墓活动。虽然中共大荔县委将此陵园作为党员教育基地，但由于人们普遍在思想上重视不够，因此，其所发挥的效应非常有限。

三、建议

1. 组织人力加强“荔北战役”陵园文物内挖掘，通过多种方法加快文物征集工作，尽快完善园内文物陈列的系统性、系列性，投入必要的经费改善园内条件和设施，尽快提升陵园应有的地位，发挥陵园应有的教育作用。

2. 加快陵园内外的绿化，力争在短期内进款使陵园形成郁郁葱葱、幽静高雅的陵园园林环境，让烈士能够在九泉之下安息。

3. 由省上划拨专项经费全方位改善陵园所在地西大壕村的基础设施，除了对通往陵园的道路进行了简单的硬化外，还要通过专项经费投入来整体改善整个陵园周边的环境，提升陵园的品位。

4. 省、市、县等各级党委和政府都要对西大壕村的建设与投入引起足够的重视，使该村的村容村貌很快得到提升。同时，帮助该村系统规划村子建设，建议将该村作为红色文化试点村进行高品位建设，特别是要通过各种办法，帮助该村发展经济，使之成为红色文化建设和经济发展的示范村，使之与烈士陵园所在地应有的地位相匹配。

5. 加大对“荔北战役”以及烈士陵园的宣传与开发，使人们对荔北战役的历史地位有足够的认识和重视，使得陵园真正成为红色文化和爱国主义的教育的示范基地，使之在我省爱国主义教育和社会主义新农村建设中，发挥巨大的的作用。

提案复函

陕西省委宣传部对省十届政协第三次会议提案的复函

（文件号略）

说明：该提案由中共陕西省委宣传部复函，对相关情况进行了说明，并转呈中共大荔县委宣传部落实提案提出的有关事项。纸质复函因故丢失。

第四次会议第558号提案

关于将家庭教育纳入我省规范教育体系的几点建议

一、背景

随着经济的发展和人民生活水平的不断提高，家庭内部的关注点更多地转移到孩子身上。但对于怎样教育孩子以适应将来社会发展的需要和接受各种挑战，已成为包括家长在内的教育者迫切需要解决的问题。同时，随着社会结构变化以及劳动力迁移的加快，也出现了单亲家庭、重组家庭、流动家庭、留守家庭等多种类型的家庭，从而使家庭教育面临诸多新的问题需要解决。

为了帮助家长和学校共同做好孩子的教育工作，全省各地、区、市、县的妇联都建有家庭教育方面的学会、研究会，也有多种家庭教育报纸杂志，各中小学几乎都开办了家长学校，建立了家庭教育工作网络和社会服务体系。许多地方还建立了家庭教育试验研究基地。妇联、教育部门、关工委、民政等部门都做了许多工作，有些社区也开设了家庭教育指导中心或儿童活动中心等，显示出国家和社会各界对家庭教育的重视。另外，很多学校通过家长学校定期组织学生家长听取专家讲课或辅导，在很大程度上促进了我省家庭教育作用的发挥。

二、存在的问题

1. 家庭、学校、社会对孩子们的价值观教育不一致，导致家庭教育效果不佳

学校是成功教育，家庭是望子成龙，社会是培养有用的人才。学校、家庭

和社会不同的教育价值取向，使家长、老师、孩子都很困惑，甚至感到无所适从，导致学生在学校学习是一套，回家听到的是另一套，看到的社会又有不同。于是，便出现思想品德课的教科书仅仅成为考试用的工具，而不是孩子们成长过程中的精神营养。因此，如何面对现实，建立家庭、学校、社会共同认知的正确的家庭教育理念迫在眉睫。

2. 缺乏专门的家长学校来保障家庭教育的科学性和有效性

现在虽然很多学校都开设有家长学校，但大多仅仅是一种形式，一般只是在定期召开学生家长会上发挥一些作用，对家长的培训则没有系统的支撑。虽然有很多中小学的家长学校开设有关于家庭教育方面的讲座，但什么时间讲、讲什么，都带有很大的随意性，家长只能被动地接受学校的安排，缺乏针对性，因此，实效并不明显。

3. 家庭教育图书资料鱼龙混杂，大大影响家庭教育效果

目前，教育家长的资料很多，有真正价值的并不多。有些资料有明显的问题，误导父母和孩子，甚至造成家教的困扰。许多家长“饥不择食”，盲目购买各种教子书籍和资料，不仅为那些谋取私利的人提供了机会，而且损害了真正的家庭教育的信誉。

4. 家庭教育没有纳入教育体制范围之内，处于正规教育的边缘

现在，我国的家庭教育都没有纳入正规的教育范围之内，教育行政部门没有专门主管家庭教育方面的职能部门，政府把家庭教育变成妇联、关工委等机构的事情。由于不是专门的教育行政部门主管，游离于教育体系之外，因此，尽管也做了很多工作，但所取得的效果却有待评估。有的社区虽然也积极介入，但收效甚微。国家虽然也已经设立了“家庭教育指导师”培训及评级，但是，却从一开始就已经呈现盈利的趋势。

5. 个别非家教机构以盈利为目的，借机从事盈利活动

目前，社会上既有针对学龄前儿童开设的以盈利为目的的家教机构，也有利用寒暑假从事各种有偿来家庭教育服务活动的现象。虽然有些机构或活动在一定意义上满足了家长的需要，为家庭教育提供了一定的服务，甚至也有一些效果，但是与此同时，也出现了以此为平台，来重点出售所谓的家教书籍或光碟，或收取高额听课费，谋取利益的现象，失去了家庭教育的真正意义。

三、对策建议

1. 建立政府主导的规范的家庭教育学校。

充分发挥家庭教育学会、研究会在家庭教育中的主渠道作用，加大家庭教育的人力财力的投入，由政府投入建立规范的家长学校，借助妇联、关工委办好“家长学校”，发挥“家长学校”的真正作用，建立“家长学校”及其教师的评估方法，以提升家长学校的质量。将家庭教育纳入国家和省上的教育体系中去，真正实现教育质量和效果的全覆盖。

2. 加强家庭教育图书市场和家庭教育队伍的管理

加强对各种家教报纸和杂志的管理和评比，选出高质量的家长学校教材和图书资料，帮助家长正确开展家庭教育。同时，规范图书音像出版渠道，扩大优质家庭教育资料。同时，建立专业教育家介入家庭教育的保障机制。

3. 积极开展中小学生家长的培训

由政府教育行政部门负责，依托专业家庭教育机构，有计划、分类别地对家长进行培训。培训采取由政府买单，专门机构负责实施，学生家长免费听课的思路进行，将家庭教育纳入教育体制范围之内。

4. 规范营利性家庭教育机构行为

明确政府相关部门对各类家庭教育机构的管理，规范营利性家庭教育机构的行为，使之在主管部门的支持与帮助下，开展科学合理、充满真爱的亲子活动、讲座、营会等真正的家庭教育活动。同时，力争多开设一些非营利性家庭教育机构，以满足广大家长对家庭教育的需求，使家庭教育走向健康的发展道路。

提案复函

陕西省教育厅对省政协十届四次会议第558号提案的复函

（陕教函〔2011〕276号）

王越群委员：

您提出的《关于将家庭教育纳入我省规范教育体系的几点建议》的提案收悉，现答复如下：

家庭是未成年人接受思想道德教育的第一课堂，父母是孩子的第一任老师。省教育厅一直相当重视家庭教育工作，积极配合省文明办、省妇联等有关厅局做好这项工作。以家庭为基础，发挥家庭教育在未成年人思想道德建设中的特殊重要作用。

2006年8月，省教育厅配合省文明委及时向各市教育行政部门转发了《陕西省精神文明建设指导委员会关于构建学校、家庭、社会“三位一体”教育网络，加强未成年人思想道德建设的实施意见》，为发挥综合育人的优势，全面提高我省未成年人思想道德素质，提出了实施意见。

一、我们要求学校要把德育工作向家庭辐射、向社会延伸

各中小学校都要建立完善家访制度、建立家长委员会，采取多种形式加强学校同家长的联系与沟通，请家长为学校管理和德育工作献计献策，同时加强对家庭教育的指导，实现学校家庭互动，保证学校教育与家庭教育的连贯和延续。学校每学期至少召开两次家长委员会议，举办两期家庭教育专题讲座，通报学校教育教学情况，听取家长的意见和建议。

二、以家庭为基础，发挥家庭教育在未成年人思想道德建设中的特殊重要作用

近年来重点做了以下四方面的工作：

一是引导家长履行好教育子女的义务，以良好的品行修养给未成年人做

出表率。教育家长以身作则,从细微处做起,规范自己的言行,以良好的言行举止、生活习惯、品行修养给孩子做出榜样;努力营造良好的家庭教育氛围,使未成年人在健康向上、温馨和睦的家庭环境中成人成才。

引导家长积极配合学校、社区、村镇基层组织的教育活动,加强对子女思想道德品质和文明行为的教育和培养。针对子女出现的心理障碍、不良行为等问题,主动寻求学校和社会有关方面的帮助,共同努力,积极消除。

二是大力发展家庭教育,积极实施百万家长教育工程。要求各级教育部门配合妇联等组织和部门依托和利用学校、机关、企业、社会等各方面资源,创办学校、社区、机关、企业、农村等形式多样的家长学校和家庭教育指导中心,广泛开展家庭教育宣传,普及家庭教育知识,帮助和引导家长树立正确的家庭教育观念,掌握科学的家庭教育方法,提高科学教育子女的能力。重点加强和普及社区、农村家庭教育。工作中进一步明确了分工,妇联全面负责家庭教育和家长学校的指导和推进工作,教育部门着重抓好学校的家长学校建设,民政部门负责督导社区的家长学校建设,工会着力抓好企业家长学校建设。

三是加强家庭教育宣传,形成良好的家庭教育社会氛围。积极配合宣传部门充分运用新闻媒体和互联网等大众传媒,面向社会广泛开展家庭教育宣传,普及家庭教育知识,推广家庭教育的成功经验,形成全社会重视家庭教育、参与家庭教育、推动家庭教育的良好社会氛围。

四是关心职工、居民的家庭教育问题。我们呼吁党政机关、企事业单位和社区、村镇等城乡基层单位,要关心职工、居民的家庭教育问题,教育引导职工、居民重视对子女特别是学龄前儿童的思想启蒙和道德品质培养,支持子女参与道德实践活动。建议把家庭教育的情况作为评选文明职工、文明家庭的重要内容。特别要关心单亲家庭、困难家庭、流动人口家庭的未成年子女教育,为他们提供指导和帮助。

三、积极开展示范家长学校创建工作

2006 年 3 月,省教育厅通过调查研究,经逐级评审,命名了西安市第 55 中学家长学校等 826 所学校为“陕西省示范家长学校”,有效地推进了家庭教育、家长学校的发展。

开办好家长学校是一项艰巨的工作，需要社会各方面的互相配合、齐心合力，才能取得成效。今后，我们将根据您的建议，积极争取各级党委、政府和相关部门的关心与支持，积极配合妇联等部门，把家长学校办好、办实。努力培养一代有理想、有道德、有文化、有纪律的德智体美全面发展的社会主义建设者和接班人。

感谢您对我省教育事业的关心和支持。

二〇一一年四月二十九日

媒体反响

《陕西日报》2011 年 1 月 20 日报道：成立政府主导的规范的家庭教育学校

怎样教育孩子适应将来社会发展的需要和接受各种挑战，已成为包括家长在内的教育者迫切需要解决的问题。同时，随着社会结构变化以及劳动力迁移的加快，也出现了单亲家庭、重组家庭、流动家庭、留守家庭等多种类型的家庭，从而使家庭教育面临诸如价值观教育不一致、缺乏专门的家长学校来保证家庭教育的科学性等问题。对此，政协委员王越群提出，应成立政府主导的规范的家庭教育学校，以此充分发挥家庭教育学会、研究会在家庭教育中的主渠道作用，加大家庭教育的人力、财力投入，由政府投入建立规范的家长学校，借助妇联、关工委的力量办好家长学校，将家庭教育纳入国家和省上的教育体系中，真正实现教育质量和效果的全覆盖。此外，不断加强家庭教育图书市场和家庭教育队伍的管理，并积极开展中小学生家长培训，同时进一步规范营利性家庭教育机构行为。

第四次会议第 182 号提案

关于全面加强我省学前教育，促进教育公平发展的若干建议

一、问题提出的背景

《国家中长期教育改革和发展规划纲要（2010—2020 年》和陕西省贯彻《国家中长期教育改革和发展规划纲要（2010—2020 年）》实施意见，以及国务院《关于当前发展学前教育的若干意见》等，都对大力发展学前教育与给予高度重视，省委、省政府也高度重视学前教育工作，并有非常具体的部署和安排，努力构建现代化基础教育新体系，大力发展多种形式的学前教育和儿童早期教育，逐步形成以公办幼儿园为骨干和示范，以社会力量兴办幼儿园为主体，公办与民办相结合的学前教育发展格局。但是，与新的格局要求相比，当前和今后的学前教育仍然存在很多需要解决的问题。

二、我省学前教育存在的主要问题

1. 对学前教育政策支持的投入指向存在简单化倾向

根据国家和我省的具体实际，当前和今后政府对学前教育的投入将是非常大的。但是在投入指向上，却存在着简单化的倾向。如在我省的实施意见中，基本都是对国家规划纲要中的要求的简单移植，但是当前农村人口向城市集中而导致农村儿童数量大量减少和城市接受学前教育的儿童数量的大量增加。而国家和省上关于加强学前教育的问题，都是重点加强农村学前教育。当然，应该加强农村学前教育，但不能搞一刀切，必须根据农村儿童数量现状来决定建园数量和规模。另外，在财政支持学前教育发展问题上，没有明确对

民办幼儿园的支持问题。如民办幼儿教师的编制标准及工资筹措渠道，这个问题制约了学前教育事业的发展。

2. 学前教育发展不协调、不均衡

我省学前教育发展水平与社会需求的矛盾与全市情况一致，存在幼儿园布局不尽合理，优质学前教育资源供给相对不足，公办幼儿园数量少，不能满足人民群众对优质教育资源的需求。农村幼儿园数量太少，布局结构缺乏规划。

3. 办园水平差别明显

全省由于各地经济社会发展水平和基础不同，因此，学前教育的办园水平也千差万别。高水平幼儿园数量太少，存在大量未入类的幼儿园。教育部门、其他部门、民办的幼儿园在办园规模、办园条件、办园水平、教育质量等方面均存在一些差距。

4. 师资结构不合理，队伍不稳定

调研表明，在全省幼儿园教职员工中，公办园普遍缺编，外聘人员约占在园教职工总数的一半。30 岁至 40 岁以上的教师占多数，年轻教师少。而民办园，绝大多数的教师年龄处在 20 岁至 30 岁之间，经验丰富成熟的教师少。大部分民办园教师学历层次不高，待遇低，导致制教师队伍不稳定，个别园存在幼儿教师无证上岗的情况。

5. 卫生、安全、优化园内及周边环境应继续加强

少数民办园卫生保健、安全工作人员配备缺位，个别城中村幼儿园办园条件不能完全达到国家规定标准，社区的文化、绿化和美化程度不高，周边环境不尽如人意，在一定程度上影响着幼儿园的教育质量和社会形象。

三、对策建议

1. 明确学前教育的地位和作用，将学前教育分阶段逐步纳入义务教育体系

《国家中长期教育改革与发展规划纲要(2010—2020 年)》《国务院关于当前发展学前教育的若干意见》明确指出，要“把发展学前教育摆在更加重要的位置”。将学前教育纳入免费义务教育是学前教育事业发展的必然趋势。建

议省上在这方面积极探索，省、市、县财政对示范园和达到各级一、二类的幼儿园采取不同的方式每年给予一定的奖励或补偿。

2. 落实我省学前教育发展规划，加快公办园建设与发展

坚持学前教育的基础性、普惠性、公益性。根据我区学前教育的需求情况，制定发展规划，积极扩大3～6岁儿童受教育面，以“逐步建立以社区为基础、以示范性幼儿园为中心、多种形式学前教育相结合的学前教育服务网络，为0～6岁儿童和家长提供学前教育咨询与服务”为目标，发展多样化的学前教育。

大力发展公办园。一是政府加大投入新建、改建、扩建一批公办幼儿园。三年内各街办至少建一所公办园，或对现有的街办园，按照办园标准进行改扩建，使之成为公办园。二是做好幼儿园规划布点工作，以保证学前教育服务网络的建设落到实处。三是制定特殊的政策为流动人口和低收入家庭的儿童提供早期教育服务，以满足社会的不同需求。四是在落实农村幼儿园建设过程中，要根据实际情况进行投入，避免一方面建园，一方面没有儿童入园的现象发生。

3. 建立配套幼儿园建设和管理制度

建议将学前教育建设纳入政府工作议程，采取包括财政投入、银行贷款、争取企业或个人投资等多渠道筹措资金，建设高标准幼儿园园舍。规划建设及国土部门要把新建、扩建幼儿园用地纳入规划，按照中小学用地办法进行办理，实行优先安排。在旧城改造、新区建设和实施农居工程时，应根据上级有关文件要求，规划建设与居住人口相适应的公建配套幼儿园，并做到与其他建筑设施同步设计、同步施工、同步验收、同步交付使用。在出让商品房土地和安排经济适用房及农居房土地时，应根据学前教育设施布点规划，以教育用地划拨或作为土地竞拍的前置条件安排好幼儿园的用地。公建配套幼儿园由教育行政部门负责办理幼儿园产权登记手续。任何单位和个人均不得擅自将配套幼儿园以出租、委托、承包等形式交付其他组织和个人承办；已出租、委托、承包的，由区政府牵头限期收回，用于学前教育。

4. 切实完善学前教育经费保障机制

要建立投入保障机制，落实财政性学前教育事业经费，把学前教育经费列

入同级财政性教育经费预算,2011年省财政性学前教育经费占同级财政性教育经费的比例力争达到2%以上,并做到逐步提高。要设立学前教育发展基金,每年安排一定数额的资金,重点用于公办幼儿园的建设和扶持优秀民办幼儿园发展、幼儿园升级奖励和特殊困难儿童的入园教育资助等。

健全幼儿园收费制度,公办幼儿园和利用国有资产由社会力量举办的幼儿园保教费实行政府指导价,由县物价、教育、财政部门按生均教育成本与办园等级确定收费标准,实行收费许可制度。民办幼儿园根据教育成本、居民承受能力和财政拨款水平等因素,确定收费标准,报县教育、物价和财政部门备案后执行,并要实行收费公示制度。

5. 不断完善学前教育管理机制

改革公办园的管理体制和经营模式,实行园长负责制,引入企办、民办园先进的管理模式和良好的运行机制,激发公办幼儿园办园活力,使财政投入、政策支持与办园质量、承担任务挂钩。同时,在公办园中引进灵活的用人机制,实行岗位聘用制,按岗定酬、按劳取酬。

加大对已被办园单位剥离自营的企办园及民办园的指导和帮扶力度,调动社会力量参与办园,鼓励有资质的社会公益团体、基金会、事业法人等组织来承办非营利性的幼儿园,鼓励集团化办园,尝试"名园+新园""名园+弱园""名园+民园"的办园模式,促进全区学前教育协调发展。

6. 采取有效措施,保障幼儿教师权益,稳定师资队伍

一是根据《陕西省人民政府关于大力发展学前教育的意见》,核定公办幼儿园机构和教师编制。按照省劳动、人事部门颁发的幼儿园编制标准,由编制、教育部门共同核定各幼儿园编制数,配足配齐保教人员;给予上等级民办幼儿园派驻公办教师。每年要安排一定数量的事业编制,对符合条件的学前教育专业优秀毕业生和优秀在岗幼儿园教师,经公开招聘转为事业编制。

二是依法落实幼儿园教师地位和待遇,切实维护幼儿教师权益。完善幼儿教师工资保障机制。保障幼儿教师在评聘、评优、进修培训、社会保险等方面和中小学教师具有同等地位。

三是提高幼师专业毕业生的教师资格持证率。对于在岗幼儿园教师,必须限期取得幼儿园教师资格,方可继续从事幼儿教育工作。同时要制定和完

善幼教师资队伍的培养和培训规划,继续推行"三名工程",把幼儿教师的培训继续纳入全省中小学教师继续教育规划,建立健全教师培训制度,采取多种形式加强在职教师的业务培训,使之与我区学前教育事业的发展相适应。有计划地选拔、培养一批优秀园长和优秀幼儿教师,评选名园长、名教师,打造一支优秀的学前教育管理队伍和师资队伍。

7. 加强监督,提高学前教育保教质量

一是规范办园行为。坚持每年对幼儿园开办情况进行年检,切实加强对所审批设立的幼儿园的监督管理。等级评定实行分等评估、动态管理的原则,把等级评定工作的重心转移到幼儿成长、教师发展、质量提高上,关注幼儿终生有益发展的因素和幼儿园可持续发展的有效工作。加强幼儿园准入管理,对办园条件差、办园行为不规范的幼儿园要限期整改,对拒绝整改或整治不力的幼儿园依法予以取缔。

二是提高保教质量。加强对学前教育机构的业务指导,坚决纠正和防止学前教育"小学化"倾向。幼儿园要认真贯彻实施《幼儿园工作规程》,坚持以人为本,落实儿童利益优先的原则,遵循儿童身心发展规律,面向全体儿童,关注个性差异,坚持教育和保育相结合,实施德、智、体、美全面教育,促进儿童身心健康和谐发展。

三是完善家、园、社会三位一体大教育系统。各幼儿园要密切联系家长,对家长及时给予科学指导,同时充分挖掘家、园、社区教育资源,积极探索幼儿早期教育的形式和途径,将学前教育推向社区和家庭,形成三效合一的大教育系统。

四是积极发挥骨干园示范作用。要积极发挥示范幼儿园的示范作用,使其成为我区幼儿园的教育科研、教师培训、信息资源和家庭教育指导的骨干力量。带动全区中、小、弱幼儿园在办园条件、办园质量方面上等级、上水平。要进一步推进幼儿园上等级创建工作,扩大骨干优质园数量,力争在 2015 年之前上等级幼儿园招生覆盖率达到 80% 以上。

五是加大无证园取缔力度。各级政府硬成立专门工作领导小组,教育、规划、建设、卫生、物价、财政、公安、安监、工商、街办等部门相互配合进行综合治理,采用取缔与引导相结合的办法,切实解决好无证园大量存在的问题,在依法取缔无证园的同时，肯定无证园开办者的积极性，鼓励他们积极改善办学条件，成为有证合法园。

提案复函

陕西省教育厅对省政协十届四次会议第182号提案的复函

（陕教函〔2011〕266号）

王越群委员：

您提出的《关于全面加强我省学前教育 促进教育公平发展的建议》收悉。现答复如下：

一、从长远来看，将学前教育纳入义务教育，应该是教育改革与发展的大方向。但是现在将学前教育纳入义务教育的时机还不成熟，面临着法律、投入等一系列问题。《中华人民共和国义务教育法》规定：国家实行九年义务教育制度。将学前教育纳入义务教育，目前还缺乏法律和政策依据。因此，根据我省实际，《陕西省人民政府关于大力发展学前教育的意见》（陕政发〔2010〕51号，以下简称《意见》）提出，从2011年秋季开始，逐步实施学前一年免费教育，到2015年，全省实现学前一年免费教育。鼓励有条件的地方率先实施学前三年免费教育。

二、关于您在提案中提到的“落实我省学前教育发展规划，加快公办园建设与发展”的建议，我省已经制定了《陕西省学前教育三年行动计划（2011—2013年）》，将学前教育纳入城镇和社会主义新农村建设总体规划，通过新建、改扩建、购买服务等方式，大力推动县、乡公办幼儿园和城镇小区配套幼儿园建设，建成105所县（区）城标准化幼儿园和1 000所公办乡镇中心幼儿园。按照大村独办、小村联办的原则，鼓励农村集体和个人举办幼儿园，使幼儿园（班）覆盖全部行政村。充分满足广大适龄幼儿包括进城务工人员随迁子女接受学前教育的需求。

三、关于“建立配套幼儿园建设和管理体制”的建议，《意见》提出，城镇小区没有配套幼儿园的,应根据居住区规划和居住人口规模,按照国家有关规定配套建设幼儿园。新建小区配套幼儿园要与小区同步规划、同步建设、同步交付使用。未按规定安排配套幼儿园建设的小区规划不予审批。城镇小区配套幼儿园作为公共教育资源由当地政府统筹安排,举办公办幼儿园或委托办成普惠性民办幼儿园。新建、改扩建幼儿园建设用地,应按照公益事业用地办理,实行优先安排,并按照中小学建设的有关规定减免相关费用。

四、关于"切实完善学前教育经费保障机制"的建议,《意见》提出:各级政府要安排专门资金,每年新增教育经费要向学前教育倾斜,财政性学前教育经费在同级财政性教育经费中要占合理比例。从 2011 年起,省上每年安排 2 亿元学前教育经费,其中省级预算内计划投资和省财政专项资金各 1 亿元,用于支持城乡幼儿园建设和学前一年免费教育。省上实行以奖代补,每新建一所乡镇中心幼儿园奖励 50 万元,改扩建一所奖励 30 万元。县(区)政府对规模较大、办园行为规范、保教质量较高的民办幼儿园给予一定的奖励;对办园行为规范、收费不足以维持正常运转的规模较小的民办幼儿园,要给予适当补助。建立学前教育资助制度,免除烈士子女、残疾儿童和孤儿的保教费,对农村家庭经济困难和城镇低保家庭子女予以资助。

省教育厅将会同省物价局、省财政厅根据城乡经济社会发展水平、办园成本和群众承受能力,按照非义务教育阶段家庭合理分担教育成本的原则,对现行的公办幼儿园收费标准进行调整,进一步加强对幼儿园收费行为和经费使用情况的监督。完善备案程序,认真做好民办幼儿园收费管理工作。

五、关于"不断完善学前教育管理体制"和"提高学前教育保教质量"的建议,我们要求各级教育行政部门要严格执行幼儿园准入制度。省教育厅制定幼儿园办园标准,对幼儿园实行分级管理、分类指导。县级教育行政部门负责审批和管理各类幼儿园,建立幼儿园信息管理系统,实行动态监管。完善和落实幼儿园年检工作制度,并向社会公布年检结果。对未取得办园许可证和未办理登记注册手续的幼儿园,要全面排查,督促整改。

在工作中我们将积极推进幼儿园教育改革,全面实施素质教育。坚持以游戏为基本活动,保教结合,寓教于乐,全面提高保教质量,防止和纠正幼儿园教育"小学化"倾向。积极探索 0 ~ 3 岁早期教育,促进托幼一体化发展。建立幼儿园保教质量评估监管体系、幼儿园教师指导用书审定制度。加强对幼儿园玩教具、幼儿图书的配备与指导。配备专职学前教育研究人员,加强对学前教育教学实验和科研的管理和指导。

六、关于“采取有效措施,保障幼儿教师权益,稳定师资队伍”的建议,我们将严格执行幼儿教师专业标准,健全幼儿教师资格准入制度,严把入口关。由省编制部门商教育、财政部门合理确定教师配备比例,核定公办幼儿园教职工编制,配足配齐幼儿园教职工,并根据生源变化情况及时予以调整。从2011年起,根据实际需要,由省教育厅负责,会同省人力资源和社会保障厅每年面向全省公开招聘一定数量具有教师资格的大专以上毕业生,经过专业培训后,充实到幼儿教师队伍。公办幼儿园中具有教师资格、目前尚未纳入编制管理的教师,可参加省上组织的幼儿教师公开招聘考试,在同等条件下优先录用。对中小学因布局结构调整等原因需重新聘用的教师,可进行转岗培训,调整补充到幼儿教师队伍。拓宽幼儿教师培养渠道,扩大高等学校学前教育专业招生规模,为普及学前教育培养足够数量的合格教师。

同时,我们将建立幼儿园园长、教师培训体系,从2011年起,每年培训5 000名,5年内对所有园长、教师完成一轮培训。鼓励和支持教师参加学历培训,不断提高幼儿教师学历层次。目前,此项工作正在推进之中。

在今后的工作中,我们将依法落实幼儿教师地位和待遇,切实维护幼儿教师权益。完善幼儿教师工资保障机制,保障幼儿教师在进修培训、评选先进、专业技术职务评聘、工资、社会保险等方面与当地中小学教师具有同等地位。

感谢您对我省学前教育事业的关心和支持。

二〇一一年四月二十九日

第四次会议第 172 号提案

关于转变我省文化产业发展方式的建议

一、提案理由

陕西省文化产业现状与发展目标相比存在较大差距，主要表现为文化产业聚集度不高，经济效益有待提升，高端人才紧缺，粗放式经营较多，具有国内、国际竞争力的文化企业数量极少，总体发展水平较为落后。陕西省文化产业要快速发展，必须实现文化产业集约化、内涵化、高端化，只有加快文化产业发展方式转变，才是推动文化产业实现跨越式发展的必然要求。

二、建议内容

1. 把握文化产业扩张化发展趋势，注重集群发展

以资本、业务、生产经营等为纽带，采取联合、重组、兼并、收购等多种形式，突破地域、行业限制，实现产业联系密切的文化企业及相关机构的聚集，是当前文化产业扩张化发展的主要表现。提升文化产业聚集度，促进其集群扩张发展，建议抓好以下几项工作：

一是加强系统内部资源整合。在文化企业内部实行集约化运作，避免出现系统内同质资源、同质产品恶性竞争的局面。

二是开展行业整合。探索建立适应文化产业特点的投融资体系，建立文化产业发展基金、创业投资基金、风险投资基金等，在具备整合条件的行业加大资源整合力度，完善产业链条，壮大产业规模。

三是实行跨地区、跨行业整合。通过文化与旅游、媒体与出版、文化与科技的结合等，建设一批高起点、规模化、有水准和符合未来产业发展方向的文化产

业示范基地和实验示范园区。

2. 把握文化产业全球化发展趋势,注重外向拓展

当前,各种文化资源在全球范围内加速流动,各国纷纷实施“走出去”战略,占领国外市场与空间,参与国际分工与竞争,提升国际竞争力和市场应变力。陕西省文化产业发展应顺应这一趋势,实现由注重国内市场向注重国内和国际两个市场转变,提高产业外向度和文化产品输出能力。应积极寻求我国文化与国际文化市场的最佳对接口,以特色文化为依托,以特色文化产品为载体,把握国际市场规则,明确重点目标市场,做好文化交流项目、文化产品和服务的推介与营销,形成全方位开放、合作、交流的格局。应积极推进文化产品和思想观念的对外传播,着力提高陕西省文化产业的国际竞争力、文化产品的国际影响力。

3. 把握文化产业内涵化发展趋势,注重要素驱动

当前,创意、内容、科技等要素已经成为文化产业发展的新引擎、新动力。这是文化产业内涵化发展的主要表现。推动文化产业持续快速发展,既需要机制创新,又需要要素驱动。为此,应加大发展文化创意产业的力度,不断以文化创意改造和提升传统产业,加强文化创意与文化产品的融合,培育新的文化创意产业业态,始终站在文化产业发展的制高点;努力创作更多既传承优秀传统美德,又具有新的时代内涵的高质量文化产品;以网络化、数字化技术装备文化产业,以高科技为载体包装文化产品,推进文化产业和文化产品与现代科技有机融合。

4. 把握文化产业高端化发展趋势,注重人才集聚

文化产业是知识密集型产业,需要高素质的管理型人才、国际型人才、创新型人才和新兴产业人才。应加大人才培养力度,实施文化产业领军人才工程,设立培养培训专项资金,建立健全培养机制,打造一支素质高、业务精、能力强的文化产业领军人才队伍。积极引进当前亟须的理论研究、文艺创作、文化科技、文化管理、文化运营等优秀人才,建立和完善适合人才特点的柔性引进机制,确立知识、技术和管理等生产要素参与分配的原则,探索生产要素入股和期权分配制度,营造良好的人才生态环境、人才发展环境和人才创业环境。

提案复函

陕西省文化厅对省政协十届四次会议第 172 号提案的复函

（陕文函〔2011〕56 号）

尊敬的王越群委员：

您提出的《关于转变我省文化产业发展方式的建议》的提案收悉。首先，感谢您在百忙之中关注陕西文化产业发展。根据文化厅职能，经认真研究，现就提案中有关内容答复如下：

近年来，随着省委省政府制定的一系列促进文化产业发展的政策和措施逐步落实，我省依托优势文化资源，文化产业发展势头良好，产业规模不断扩大，2009 年，我省文化产业实现增加值 226.64 亿元，占 GDP 的比重达到 2.77%。去年召开的党的十七届五中全会明确提出，“十二五”期间，要推动文化产业成为国民经济的支柱型产业。就目前而言，我省文化产业还存在着总量还不够大，产业集中度不高，科技含量较低，知名品牌偏少，政策法规体系不健全，经营管理、文化创意人才短缺等问题，文化产业要真正成为国民经济的支柱产业，还需要从以下几方面入手，加快发展。

一是加强规划，政策引导。我省制定的《陕西省“十二五”发展规划》中，明确提出了建设文化强省的任务目标，将文化产业作为支柱产业之一，纳入经济社会发展的主要指标，并从今年开始，将各市文化产业发展目标列入省委省政府年度目标责任考核内容，分解到年度加以落实。确定了“十二五”期间规划建设的十大特色文化园区和 15 个重点文化产业项目，使之能够成为我省文化产业发展的重要支撑。同时，今年省文化厅将牵头进行文化产业的调查研究工作，力争在此基础上形成省委省政府关于加快发展文化产业的意见，从政策、投融资、人才等方面加大对文化产业发展的引导和扶持。

二是加强文化产业园区基地建设，发挥重大项目带动作用。加强对文化产业园区和基地建设的统筹规划，促进资源合理配置和产业分工，对符合规划的园区和基地，在基础设施建设、土地使用、税收政策等方面给予支持，打造浐灞生态文化园、宝鸡周秦文化产业园区、西安高新区动漫产业文化园区、曲江文化产业园区、临潼秦文化产业聚集区、大明宫国家遗址公园产业区、汉城遗址文化产业区、楼观台道文化园区、法门寺佛文化园区和延安中国革命圣地陕北文化风情园等十大主题文化产业园。实施重大项目带动战略，建设西安文艺路演艺基地、陕西动漫创意基地、陕北红色演艺基地、陕西数字出版基地、西安印刷包装基地、西部影视制作基地、西北出版物物流配送基地、西安文物及艺术品交易基地等八大现代文化产业基地，为文化企业提供技术、信息、交易、展示平台，为文化产业规模化、集约化、专业化发展创造条件、奠定基础，提升产业集中度和创新能力。同时，以文化企业为主体，充分调动社会各方面力量，加快组织实施一批成熟度高、成长性好，具有先导性、示范性和产业拉动作用的重大工程和重点项目。

三是加强科技支撑，发展新兴文化业态。依托我省资源、科技和教育优势，充分发挥科技对文化产业发展的支撑作用，运用数字、影像、网络等高新技术，创新文化生产和传播方式，促进文化创意、动漫、数字立体电影、数字出版等新兴文化业态发展。发展移动多媒体广播电视、移动广播影视、数字多媒体广播、手机广播电视，开发移动文化信息服务、数字娱乐产品等业务，为各种便携显示终端提供内容服务。推进下一代广播电视网络建设，发挥第三代移动通信网络、宽带光纤接入网络等网络基础设施作用，促进互联互通和资源共享，推进宽带通信网、数字电视网、下一代互联网三网融合。大力培育和发展软件设计、电子出版、网络游戏、卡通制作等产业，加强动漫游戏研发、制作、运营和衍生产品的开发，提升附加值，延伸产业链。发展纸质有声读物、电子书、手机报和网络出版物等新兴新闻出版业态，发展高新技术印刷。加大行业整合力度，推动跨行业的强强联合，催生强势企业和知名品牌。加快对传统产业的改造，加强核心技术研发，运用高新技术改造提升传统演艺、娱乐、电影等设施和技术。

四是加大政府投入和金融支持，增强产业发展后劲。加强国家文化产业项目资金的申报和争取。同时，设立文化产业发展专项资金，省文化厅和省财政厅正在着手制定文化产业项目扶持办法，加大对文化产业的投入和重点项目的扶持力度，通过贷款贴息、项目补贴、补充资本金等方式，支持文化产业园区和基地建设，支持文化产业重点项目及跨区域整合，支持国有控股文化企业股份制改造，支持文化产业基础设施建设，支持新产品、新技术研发。落实中国人民银行等九部门《关于金融支持文化产业振兴和发展繁荣的指导意见》和我省《关于金融支持陕西文化产业做大做强的指导意见》，开发适合文化产业特点的信贷产品，加大有效信贷投放，完善授信模式，合理确定贷款期限和利率，鼓励和引导文化企业面向资本市场融资，扩大文化企业的直接融资规模，促进金融资本、社会资本与文化资源的对接，充分发挥地方银行的作用，参照中央有关部委的做法，争取与西安商业银行、陕西信合、长安银行等签署支持陕西文化产业发展的合作协议。积极搭建文化企业招商引资的有效平台，创造条件，鼓励和扶持民营文化企业举办或参与各类文化、经济展会，支持民营文化企业参与政府举办的各类文化艺术节庆活动。

五是加强基础性工作，为文化产业发展提供强有力保障。加强对文化产业工作的领导和统筹协调，省政府建立由相关领导负责，有关部门参加的文化产业工作联席会议制度，对影响整体的文化布局、文化政策、文化项目、文化活动等进行组织、协调。进一步转变政府职能，建立适应文化产业发展要求的宏观管理体制。进一步理顺对新兴文化业态的管理体制。实施精品发展战略，加强“大戏、大片、大剧、大作”的策划和创作，创立特色优势品牌，对文化企业在项目立项、产品制作、宣传推介、表彰奖励等方面予以扶持。培养文化产业人才，着力加强领军人物和各类专门人才的培养，建立健全业务培训和继续教育，培养懂文化、善创意、会经营的高端复合型人才和各类操作型、技能型、实用型人才。鼓励和支持优秀拔尖人才脱颖而出，吸引财经、金融、科技等领域的优秀人才进入文化产业领域。支持和鼓励有条件的高等学校整合资源，开展文化事业、文化产业人才培养和重大理论、现实问题研究，发挥我厅与长安大学共建的陕西省文化产业人才培训基地，与西安建筑科技大学共建的陕西省文化产业研究中心作用，为文化产业发展提供强有力的人才保障。

加快文化产业发展工作是一项长期的任务，需要各级党委、政府和各有关部门的重视，也需要全社会的关注和支持，我们将继续努力工作，努力提高工作质量和水平，促进文化产业的发展。

期望您今后继续关注和支持我们的工作，提出更多更好的建议和意见。

第四次会议第134号提案(重点提案)

关于重视大学生就业工作，破解我省高校毕业生就业难的建议

一、基本背景

随着高校扩招带来的毕业高峰的到来,大学生就业面临的压力也与日俱增。在日益严峻的就业形势下,党和国家以及省委、省政府果断采取了一系列促进大学生就业的有效政策和措施。2005年9月1日,中共陕西省委办公厅、陕西省人民政府办公厅根据《中共中央办公厅国务院办公厅印发〈关于引导和鼓励高校毕业生面向基层就业的意见〉的通知》(中办发〔2005〕18号)精神,结合我省实际,提出了《陕西省关于引导和鼓励高校毕业生面向基层就业政策》。2006年3月6日,陕西省发展和改革委员会、陕西省人事厅、陕西省教育厅又提出了《关于做好2006年陕西普通高校毕业生就业工作的意见》(陕教生〔2006〕5号)。2007年,在就业压力继续加大的情况下,省委、省政府又出台了《关于切实做好2007年全省普通高等学校毕业生就业工作实施意见》。2008年,陕西省人民政府办公厅又首次启动大规模选聘高校毕业生到村任职,选聘2 000名高校毕业生当“村官”的工作。2009年2月28日,陕西省人民政府又根据《国务院办公厅关于加强普通高等学校毕业生就业工作的通知》(国办发〔2009〕3号)精神,提出了《关于促进普通高等学校毕业生就业工作的实施意见》,进一步出台了更加有利于高校毕业生就业的一系列优惠和扶持政策。同年5月,为扶持高校毕业生自主创业,陕西省工商局出台了《关于积极扶持高校毕业生自主创业和灵活就业的意见》,对高校毕业生创业和就业给予大幅度的优惠、减免和扶持。

二、我省大学生就业存在的主要问题

1. 今后就业压力继续增加

目前，全省共有普通高校 77 所，成人高校 19 所，独立学院 12 所；有 3 所高校进入"985 工程"，8 所高校进入国家"211 工程"，分别居全国第 2 位和第 4 位。各类高等教育在学人数 120.96 万人，再加上每年不能就业或者重新就业沉淀下来的 4 万余毕业生，以及农村劳动力和城镇就业困难人员"三峰叠加"态势，严重影响我省今后的高校毕业生就业率，高校毕业生面临的就业形势仍十分严峻。

2. 就业率存在虚假繁荣

如果仅从表面统计数字看，连续几年来，我省甚至全国其他各省高校毕业生的签约率或就业率都比较高。但是调研表明，这种高数据的背后存在着很大的虚假繁荣现象。

(1)由于就业率既是反映大学生就业情况的指标，也是衡量高校工作、评估办学质量的重要指标，因此，许多高校难免有弄虚作假，玩数字游戏的现象。

(2)有的院校为了提高就业率，强迫毕业生在没有找到工作的情况下，随便找一个单位在就业协议上盖章。

(3)从学历层次、毕业生专业对口情况及就业稳定性程度等方面来看，问题和矛盾也十分突出。实际访谈表明，大部分高职院校的学生多在一些个体或中小型私企从事很不稳定的低层次工作，工资待遇也很低，导致大部分毕业生都没有长远的打算，辞工现象十分普遍。调研数据显示，大学毕业生半年内离职率约为 38%，3 年内平均更换两个工作单位。

3. 就业去向分布不均

调研表明，毕业生就业的结构性矛盾与性别差异十分明显，工科专业毕业生比较紧俏，一些特色专业签约率已达到 90% 以上，文科、经济管理类专业就业困难，女生的就业难度远远大于男生。如据陕西省社保厅提供的志丹县调研资料显示，由于该县企业用工特殊，男大学生全部在能源企业自主就业，但是尚有相当数量女生无法就业。

4. 私企就业成功率低

调研表明，不管是省内还是省外，有相当一部分私营企业的用工制度极不合理，如不与员工签订劳动合同，没有社会保险、养老保险、公积金等最基本的社会保障。另外，起薪较低、升幅空间小，罚款制度苛刻等，也让大学生难以接受，结果导致大学生多次跳槽和用人单位对大学生产生戒备或拒绝心理。

5. 省外就业人数减少

调研显示，我省高校毕业生有超过70%的人选择在本省就业，其中选择西安的人高达50.3%，仅有25%的人愿意选择去省外就业。这与前些年的“一江春水向东流”，潮水般选择东南沿海城市就业的现象形成鲜明对比，这表明我省高校毕业生就业压力将继续有增无减。

6. 政府统筹协调不到位

目前，我省已经建立了由人社部门牵头，教育等有关部门配合的高校毕业生就业工作机制。但是调研发现，对这一重要工作，有的部门既没有认识到长期性和艰巨性，存在被动应付的现象，部门之间又缺乏协调一致的配合精神，工作推动很不平衡，全省高校毕业生就业工作组织领导体系、责任考核机制、部门协调机制建立还不够理想。比如，很严肃的统计数据，同一个内容，有时工商、教育、劳动、人事、统计等不同部门的统计结果不尽一致，说明各有关部门的统筹协调不够统一。

7. 政策落实不到位

一是财政支持不完整。近年来，尽管我省为了促进大学生就业在财政上给予很大的支持和保障，但在高校毕业生创业方面，还存在缺乏对大学生创业贷款的后续支持，使大学生创业的资金链无法形成的问题。另外，在促进大学生就业创业的相关政策补贴方面也有做得不到位的地方

二是就业见习难实施。为了促进高校毕业生就业，缓解就业压力，陕西省决定在全省范围内实施高校毕业生“个十百”就业见习计划。但是调研显示，由于补贴少、见习时间短、见习岗位层次低等原因，导致我省实施高校毕业生就业见习计划的情况并不理想。有的单位只有30%左右的见习者能坚持完成全程的见习工作，有的甚至只工作了不到一周的时间就离开见习岗位。

三是创业贷款门槛高。近年来，为了提高大学生就业能力，提高就业创业能力，我省先后出台了很多相应的扶持和优惠政策，在一定程度上起到了促进作用。但是在财政支持问题上，又设置了不符合实际的门槛和条件，令有意自主创

业的大学生只能望而却步。调研表明,对于毕业只有1~2年的大学生创业者来说,能够达到或满足贷款条件者很少。

四是"应急"之策缺乏长效机制。为了扩大就业面,陕西省有关方面纷纷搭建就业平台,如政府买单购买公益岗位、鼓励高校毕业生到中小企业和非公企业就业、取消城市落户限制政策、按要求签订劳动合同、引导高校毕业生到城乡基层就业、设立就业见习基地。但是调研表明,由于以上促进高校毕业生就业的政策措施多为"应急"之策,某些政策缺乏系统性和系列性,没有形成长效机制,导致毕业生对后续发展存有后顾之忧。

五是公益岗位数量不足。由于我省是高教大省,在校大学生近100万人,2010年高校毕业生人数26.5万人,比去年增加了10%,就业任务非常艰巨,高校毕业生就业所面临的形势仍然十分严峻。因此,面对日益庞大的大学生就业队伍,政府所设置的公益岗位远远不能真正起到缓解就业压力的作用

8. 高校就业指导课形同虚设

目前,绝大多数高校都开设了就业指导课或职业生涯规划课。但是,由于绝大多数学生对该课程的开设并无多大兴趣,从事课程教学的教师大多数是辅导员或思想品德课教师,课程开设的随意性较大,缺乏系统性,没有起到帮助学生打破陈旧落后的就业择业观念的作用,无法达到就业指导的实际效果,成为制约大学生就业工作发展的症结之一。

9. 培养模式保守滞后

近年来,高等教育规模快速发展,为我国经济社会的可持续发展以及高等教育自身的改革发展做出了巨大贡献。但是,由于受教育观念、学校政策和制度环境、师资水平、课程设置和教学方法等方面的制约,我省相当一些高校在学科建设和专业人才培养模式的改革上,还存在着陈旧保守的现象,不能适应社会对人才培养的需要,从而严重制约着学生的就业创业能力,严重影响了高就业目标的实现。

三、对策建议

1. 加强统筹,进一步形成合力,完善高校毕业生就业工作机制

进一步强化省人力资源保障部门在就业工作中的牵头地位,切实履行牵头责任,制定逐级夯实任务,加强对高校毕业生就业工作的总体统筹和协调。教育

部门和高校负责毕业生离校前的就业指导和服务工作。同时,要发挥工会、共青团、妇联、工商联、残联以及社会各界在促进高校毕业生就业中的积极作用。

2. 加强宣传,真正让高校毕业生就业工作的政策措施深入人心

在陕西省政府办公厅颁布的《关于促进普通高等学校毕业生就业工作的实施意见》中,增加关于宣传方面的内容,对各级政府、新闻媒体、企事业单位、高等院校等,提出明确要求,形成全社会都重视高校毕业生工作和高校毕业生政策宣传无死角的良好氛围。

3. 拓展岗位,进一步扩大高校毕业生就业渠道和领域

一是大力开发基层社会管理和公共服务岗位。重点组织落实好“选聘高校毕业生到村任职”“大学生志愿服务西部计划”“农村基层人才队伍振兴计划”“农村义务教育阶段学校教师特设岗位计划”4 个基层就业项目,并适当提高相应的待遇。二是大力开发高等院校和科研院所见习公益岗位,设立“专家教授研究项目见习岗”。三是大力支持非公有制中小企业接收我省高校应届毕业生就业,对积极聘用高校毕业生的非公有制中小企业,政府给予适当的照顾。

4. 创业引领,努力提高高校毕业生创业成功率

一是遴选“陕西省省级标准化示范创业培训基地”,重点加强创业培训基地与研究机构建设。重点遴选 1 ~3 个“省级标准化示范创业培训基地”。

二是遴选“陕西省企业家创业示范带头人”,引领大学生创业。凡经过创业培训自主创业获得批准的高校毕业生,可根据自己的创业需要进行选择,并给予创业示范带头人适当的补贴。

三是充分利用创业发展基金扶持自主创业企业快速成长,如继续降低大学生创业的准入门槛、进行孵化期补贴、为自主创业大学生提供后续资金支持等,以确保创业者进一步提高自身的市场竞争能力

5. 扩大见习,大面积提高高校毕业生的就业实践能力

一是继续扩大毕业生就业见习基地的规模和数量,继续加大高校毕业生“个十百”就业见习工程的实施力度。二是加大对就业见习基地管理、考核和建设的力度。三是增加毕业生就业见习数量,将见习和实习相结合。

6. 建设基地，回炉培养真正的一流水平高技能人才

实施“高技能人才回炉培养培训行动工程”。针对由于学生的动手实践和应用能力的缺陷而导致的就业难现状，省财政重点支持建设或改造 1～3 所高技能人才培养与培训院校或基地，并遴选一批能够承担高校毕业生进行高技能回炉培训的院校或单位，专门招收已经毕业的本科以上学历的未就业者，进行回炉培养和培训。

7. 专项拨款，全面落实高校毕业生就业的各项补贴

一是对用人单位招用的高校毕业生的社会保险给予补贴。如对企业吸纳就业的高校毕业生的社会保险进行补贴，对困难企业高校毕业生技术骨干的社会保险进行补贴，对自主创业的高校毕业生的社会保险给予补贴，对招用高校毕业生的用人单位按照实际招用人数给予岗位补贴，对本省应届高校毕业生就业岗前培训和技能鉴定给予补贴，对高校毕业生的就业见习适当提高生活补贴，对失业高校毕业生给予临时生活补助，对高校毕业生自主创业给予资助，等等。

8. 大胆改革，彻底打破制约大学生就业的人才培养旧模式

一是各高校要大胆改革制约大学生就业的传统教育观念、课程设置和教学方法等，以适应社会对人才培养的需要，增强学生的创新创造能力。

二是建立高校专业发展与淘汰预警机制，并在对各高校每年就业状况进行科学分析的基础上，对当年就业率低于 50% 的专业提出黄牌预警，对连续 3 年就业率低于 50% 以上的专业进行淘汰。相反，对于就业率高、市场需求好的专业，有计划地进行适度扩招与建设，以尽量减少就业的叠加与沉淀现象。

三是鼓励和支持各类大中型企业与高校联合投资进行专业建设。企业与学校签订专业建设和人才培养与使用合同，企业参与所投资建设专业的人才培养方案的制定与执行和专业招生、毕业实训、就业录用等工作，减少高校目前盲目招生、盲目培养的不正常现象。政府对企业与高校联合投资进行专业建设给予相应的经费支持，真正把订单式人才培养模式落到实处。

（注：该提案被陕西省政协评为优秀提案）

提案复函1

陕西省人力资源和社会保障厅对省政协十届四次会议第134号提案的复函

（陕人社函〔2011〕302号）

王越群委员：

您提出的关于重视大学生就业工作，破解我省高校毕业生就业难的建议的提案收悉。现答复如下：

一、我省高校毕业生就业状况简要分析

（一）预计未来3年高校毕业生人数

我省高校毕业生人数2009年和2010年分别为236 737人、265 231人，预计2011年至2013年依次为279 052人、290 225人、275 834人。从这5年的情况看，明显呈上升趋势，高校毕业生就业工作面临的任务越加繁重。

（二）近两年高校毕业生人数、就业率、就业专业对口水平和就业稳定性情况

2009年，我省高校毕业生236 737人，就业率为85.27%，其中研究生18 975人，就业率为90.18%；本科生108 798人，就业率为86.59%；高职高专生108 964人，就业率为83.10%。2010年，我省高校毕业生265 231人，就业率为94.74%。由于高校毕业生初次就业不稳定因素的存在，预计就业率会在未来的一段时期内出现起伏。

（三）近两年高校毕业生就业去向分布

综合2009年和2010年的情况，我省高校毕业生就业去向为，党政机关0.57%，事业单位12.36%，国有企业14.09%；非国有企业47.37%；基层项目0.72%；科研项目单位0.07%；自主创业0.21%；灵活就业2.59%；升学及出国10.73%。从就业去向看，在企业和事业单位就业的比例最高，分别为61.46%和12.36%，企业和事业单位是毕业生就业的主要方向。

（四）近两年离校未就业毕业生情况

2009年，我省高校离校未就业毕业生34 867人，男、女生所占比例分别为

45.59%和54.41%。从学校类型看,本科院校、高职高专院校、独立学院所占比例分别为69.70%、24.84%和5.46%;从学历层次看,研究生、本科生、高职高专生分别占5.35%、41.83%和52.82%;从生源地划分看,地市级市以上、县乡和农村分别占33.96%、36.94%、29.10%。这些说明,女生就业难于男生,专科生就业难于本科生和研究生,城镇生源明显难于农村生源。2010年,我省共登记应届高校毕业生52 253人,实现就业32 935人,通过其他流向暂缓就业5 374人,期末实有未就业应届高校毕业生13 944人,占2010年我省籍应届高校毕业生人数的6.5%。

二、对于您建议的思考和回复

您提出的"建议1"引起我们的重视。从目前来看,我省高校毕业生就业工作领导体系和责任考核机制还是相对完善的。一是建立了以党委、党组为主的高校毕业生就业宏观决策机制。2008年以来,每年的省委全委会均要认真研究确定包括高校毕业生在内的新增就业目标、城镇登记失业率等就业主要指标,对全省就业工作做出重大决策部署;省委、省政府每年数次召开常委会、常务会,专题研究确定主要就业政策,安排部署高校毕业生就业工作。省委书记、省政府省长等主要领导同志经常调研就业工作,对抓好高校毕业生等就业工作及时做出重要指示,形成了较为完善的就业工作决策领导机制。二是建立了以政府为主要对象的高校毕业生就业工作目标责任考核机制。2007年以来,省政府于每年一季度将全省主要就业指标以专项计划下达各市,并逐级分解到县、区和基层,纳入各级政府和有关部门年度目标考核的主要内容,年末由各级党委、政府考核办对就业指标逐项进行考核检查,形成了完善的就业工作目标责任考核机制。特别是2010年初,省委、省政府确定全省高校毕业生新增就业人数要在2009年的基础上增加1万人,并由我厅分解下达各市,成为全省做好高校毕业生就业工作的新目标。三是建立了以相关部门为主的高校毕业生就业工作落实机制。省政府先后两次调整就业工作协调机制,先是于2009年3月将省政府就业工作联席会议调整为就业和社会保障工作联席会议,2010年初再度调整为就业社会保障和农民工工作联席会议,成员单位由18个扩大为31个,组成人员由各部门主管领导调整为主要领导,总召集人由赵正永代省长亲自担任,进一步强化了联席会议的组织协调功能。按照省上要求，市、县两级也建立了就业工作或高校毕业生就业工作协调机构，着眼于做好离校前后高校毕业生就业信息的衔接，增强工作合力。2010 年上半年，我厅与省教育厅还建立了定期工作沟通协调机制和高校毕业生就业统计协商会审制度。这些协调机制的建立完善，为贯彻省委、省政府有关就业的重大决策和协调推动工作落实创造了更为有利的条件。对于“面对同一个内容，不同部门的统计结果有时不尽一致”这个问题，我们认为主要有两方面原因，一是各单位统计口径不统一，二是部门之间工作协调不够紧密。

2011 年，我们将进一步加强与省级相关单位的业务联络，积极召开高校毕业生就业工作协调座谈会议，并建立长效机制。突出抓好就业新税收政策的贯彻实施，深入落实积极就业政策，继续鼓励和促进中小企业、民营经济和各种服务业加快发展，增加智力密集型就业机会，扶持高校毕业生就业更加充分。同时，配合省教育厅做好陕西省籍免费师范毕业生到中小学任教工作，确保取得教师资格证的陕西省籍免费师范毕业生全面实现就业。

您提出的“建议 2”十分关键。2010 年，我们主要把实施《陕西省就业促进条例》作为全年贯彻执行就业法律法规和政策的中心任务，会同省委宣传部编撰了《陕西省就业促进条例宣传提纲》，于 1 月下旬印发各市（区）和省级各新闻单位，指导全省搞好《条例》的学习培训会和宣传贯彻工作；印制上万册《条例》单行本，通过免费发放《条例》和在网络、电视、广播等媒体开展形式多样的宣传报道，扎实开展宣传工作，推动就业法律法规和政策的贯彻落实。同时，依据就业法规和中央政策，进一步充实完善我省促进和扩大就业的政策措施，认真组织实施，为就业工作提供了有力的政策支持。

2011 年，我们将考虑在完善促进高校毕业生就业和创业的相关政策过程中，增加关于加强宣传方面的内容，并对各级就业相关部门提出具体工作要求。同时，继续借助公共就业服务专项活动，统筹做好大学生的理想信念、就业政策、择业观念等不同层面的宣传教育，并使之经常化、长期化，帮助高校毕业生科学面对职业选择。

您提出的“建议 3”和“建议 4”科学合理。近年来，我们以高校毕业生就业推进行动为主要抓手，以此带动和促进高校毕业生就业工作的全面发展。

第一，市场引导和公共就业服务相结合，大力鼓励企业吸纳就业。各级公共就业和人才服务机构广泛采集市场信息，发挥中介服务作用，并认真落实取消非直辖市城市落户限制政策，积极实现高校毕业生和就业岗位的对接。一是广泛组织招聘活动。各类公共就业人才服务机构把组织招聘活动作为重要服务手段，将综合性招聘与专项招聘活动相结合，实行“每周小集市，季度大集市，每年举办春秋两季综合人才招聘会和大型专场交流会”的运行机制，各类招聘活动实现了经常化。2009 年，全省共组织高校毕业生专场大型招聘会 160 多场，入场求职大学生 30 多万人次，提供岗位 13 万多个。2010 年，全省各级公共就业服务机构、高校就业服务机构共举办就业指导、现场招聘、网络招聘、厅局长校园行、就业服务进校园、就业困难帮扶大小活动 285 场，其中规模以上(100 家以上参会单位)招聘活动 25 场，累计组织招聘单位 3 856 家，提供岗位 9. 6 万个，服务毕业生 7. 8 万人次，招聘会的频度、规模均超过往年水平。二是为大型企业提供专项服务。各地公共就业人才服务机构与大中型企业建立经常性联系，深入企业宣传政策，开展针对性强的专项招聘服务，帮助企业吸纳毕业生就业。

第二，积极引导高校毕业生到城乡基层就业。一是认真组织实施“农村基层人才队伍振兴计划”“大学生‘村官’计划”“特设教师岗位计划”“西部志愿者计划”等 4 个专项计划，完善政策措施，扩大招聘规模，截至 2009 年底，共为基层选派高校毕业生 22 252 人。2010 年，基层项目计划是，“农村基层人才队伍振兴计划”2 921 人，“大学生‘村官’计划”3 800 人，“特设教师岗位计划”4 000 人，“西部志愿者计划”1 000 人。二是大力开发基层社会管理和公共服务岗位。2009 年以来，主要针对高校毕业生，我们在全省基层劳动保障机构设立了劳动保障协理员、协管员等岗位，各市也根据本地实际设立了多种基层社会管理和公共服务岗位，并将社保补贴、公益性岗位补贴扩大到相应岗位和人员，共吸纳高校毕业生就业约 2. 5 万人。

第三，大力扶持自主创业。更加注重发挥创业带动就业的倍增效应，把自主创业作为扩大高校毕业生就业的重要突破口。一是进一步优化创业扶持政策。2009 年以来，我们先后制定出台了《关于金融支持就业和创业发展的指导意见》(陕政办发〔2009〕96 号)等多个鼓励创业的政策文件，扩大创业扶持对象范围，实施创业培训券试点，放宽自主创办企业的市场准入，实施创业优惠证发放制度，单独将高校毕业生小额贷款放贷上限提高至 10 万元 ，高校毕业生申办个体工商户不再提交报到证等材料，并根据贷款发放总额度、回收率、完成当年目标任务等指标，对经办小额担保贷款业务的金融机构、担保机构和街道、社区按一定比例予以奖励，创业扶持政策力度显著加大。二是强化目标责任考核。省委、省政府于2009年将小额贷款首次纳入对各市和有关部门的年度考核指标，有关部门建立了创业促就业小额担保贷款工作协调小组，负责小额贷款的组织协调工作，将省农信社系统确定为小额担保贷款的主要经办机构，进一步强化了各级政府和有关部门的工作责任，有效加快了创业扶持政策的落实。三是加大担保基金的投入力度。各级政府在财力十分紧张的情况下，积极调整支出结构，筹措资金扩大小额贷款担保基金规模。2009年，全省共筹措担保基金4.09亿元，超过2008年的2倍以上。2010年，全省筹措担保基金2.5亿元，确保了小额担保贷款工作的顺利实施。同时，省政府和西安市各投入5 000万元设立大学生创业基金，其他市也相应投入创业基金，采取担保贷款和免担保贷款两种类型，专门向高校毕业生提供创业贷款，为高校毕业生创业提供了更加便利的融资环境。四是突出抓好创业孵化基地建设。着眼于改善高校毕业生创业环境，我们大力加强创业孵化基地建设，明确规定，各市、县建立创业孵化基地购买所需实训设备的费用可从就业资金中列支，最高额度不超过当年就业资金总额的5%，为高校毕业生创业提供了更加有效的政策和资金支持。省政府在杨凌示范区设立了养殖创业实训基地和设施农业创业实训基地，我厅在省教育学院建立了陕西省创业研究培训基地，建立了西部创业网站和陕西省省级创业项目库，咸阳、渭南等市和部分县设立了创业孵化基地和创业园区，免费提供创业实训、经营场地、项目推介、开业指导、融资和后续经营指导等多种服务。同时，扎实做好西安、宝鸡、渭南3个国家级和咸阳、汉中、榆林3个省级创业型城市的创建，有力地促进了高校毕业生自主创业工作。五是广泛开展创业培训。实行定点创业培训，按照“条件公开、申请自愿、公平竞争、合理布局、择优认定”的原则，加快做好创业培训定点机构的认定工作，全省创业培训定点机构总数达56家，SIYB培训教师达470人。2010年上半年，以省市两级为主，全面开展以高校毕业生为主要对象的创业培训班，培训高校毕业生5 286人，有效增强了其自主创业能力。部分市还开展了“免费培训进高校活动”，由市级定点培训机构与市区内大中专院校结成对子，对应届毕业生进行免费的就业创业培训，开展就业服务和就业指导，帮助其尽快实现就业创业。截至2010年6月底,全省累计发放小额贷款36.1亿元,其中取得贷款的高校毕业生约6 000人,贷款超过2亿元,自主创业已成为高校毕业生越来越重要的就业途径。

第四,深入开展就业援助。我们将毕业后超过半年未实现首次就业的大中专院校毕业生和零就业家庭未就业的高校毕业生纳入就业困难人员范围,对其重点实施就业援助。一是大力开发公益性岗位。按照省上规定,各市认真制定实施年度公益性岗位开发计划,优先安置属于就业困难人员的高校毕业生就业。2009年到2010年上半年,通过公益性岗位安置高校毕业生就业3.3万人。二是探索建立"一对一"的就业帮扶机制。注重发挥各类公共就业人才服务机构和基层劳动保障所(站)的作用,扎实做好就业困难高校毕业生的登记工作,采取公益性岗位安置、人才派遣、扶持创业等不同方式,帮助其尽快就业。对属于零就业家庭等特别困难人员,采取"一人一策,专人帮扶"的办法,建立追踪联系制度,实行动态管理,确保在30个工作日内为其提供适当的就业岗位。三是全面落实困难高校毕业生特殊扶持政策。各级机关考录公务员、事业单位招聘工作人员,一律免收家庭困难毕业生的报名费和体检费,并切实兑现考录时的优惠政策;对在非公有制企业、中小企业就业并参加社会保险的困难家庭高校毕业生和自主创业并参加社会保险的高校毕业生,从就业专项资金中给予社会保险补贴;困难家庭高校毕业生灵活就业的,个人缴纳的社会保险费按全额给予补贴;困难家庭高校毕业生就优先享受业创业培训和金融扶持政策等,就业援助力度不断加大。

2011年,围绕高校毕业生就业,我们要做好两方面的工作。一是继续将高校毕业生就业放在就业工作的首位,健全完善高校毕业生就业政策。结合战略性新兴产业发展和产业结构调整,创造更多适合高校毕业生就业的岗位。进一步理顺高校毕业生就业政策落实机制,鼓励企业特别是中小企业、民营企业更多地吸纳毕业生就业。认真实施"选聘高校毕业生到村任职""大学生志愿服务西部计划""农村基层人才队伍振兴计划""农村义务教育阶段学校教书特设岗位计划"等专项计划,鼓励毕业生到城乡基层就业,重点引导毕业生到社区服务,到农技推广等岗位就业,并适当提高相应的工资福利待遇。加强就业服务和对困难毕业生的就业援助,积极落实高校毕业生进民营企业社保补贴政策,继续实施"高校毕业生'个十百'就业见习计划",提升毕业生就业能力。进一步加强对就业困难高校毕业生的援助工作,积极开发公益性岗位,全面落实各类就业扶持政策,建立健全以精细化、制度化为目标的就业援助制度和工作保障机制,及时帮助就业困难高校毕业生实现就业。二是继续组织实施“大学生创业引领计划”，完善配套政策措施，加强大学生创业孵化基地建设，逐步建立省、市、县三级大学生创业基地扶持体系，增强大学生创业能力，促进更多有创业意愿和创业能力的大学生成功创业。加强创业公共服务能力建设，探索建立创业项目库，为创业者提供创业培训、项目信息、政策咨询、开业指导、融资服务、跟踪扶持等社会化服务。

您提出的“建议5”意义重大。近年来，我们以项目化方式实施就业见习工程，将见习指标逐级下达各市、县(区)和省级8个部门，在省、市两级和部分县、区设立了高校毕业生就业见习办公室，专门负责就业见习工作。设立就业见习专项资金，明确具体用途、补贴标准、使用管理办法，并从就业专项资金中调剂资金，将见习补贴标准从300元提高到600元等；于2010年5月开通了“陕西省高校毕业生就业见习”网络系统，为就业见习的计划管理部门、见习单位和高校毕业生提供实时信息登记、发布、采集、审核、上报、统计和查询等网络服务，全省高校毕业生就业见习全面推进。2010年，全省共有4 515家企事业单位参加了见习活动，安排见习毕业生32 980人，留用13 969人，留用率达到42.36%。目前，我省见习网络已覆盖89%的县区，见习基地规模也在逐年扩大，为有效保障“个十百”就业见习计划的组织实施奠定了坚实基础。

2011年，我们将继续组织实施高校毕业生“个十百”就业见习计划工程，1.5万人的见习任务将于近期下达到各市(区)及省级相关部门。主要内容是省内各类所有制企业和高校、科研院所、技工学校等事业单位要积极承担社会责任，按照不同规模和条件提供1个到100个的岗位接收高校毕业生参加就业见习。

您提出的“建议7”基本兑现。我们对招用就业困难人员并签订劳动合同、缴纳社会保险的企业，按照《陕西省人民政府关于做好促进就业工作的意见》(陕政发〔2008〕26号)的规定，给予基本养老保险、基本医疗保险和失业保险补贴，其他补贴项目和内容可参照《陕西省就业促进条例》。

以上内容即是对您此项提案的答复，感谢您对我们工作的关注，希望您今后继续监督我们的工作，对我们工作中存在的不足多提宝贵意见和建议，我们会虚心接受，认真审视，在今后的工作中不断取得进步。

二〇一一年四月二十六日

提案复函2

陕西省教育厅对省政协十届四次会议第134号提案的复函

（陕教函〔2011〕192号）

王越群委员：

您提出的《关于重视大学生就业工作破解我省高校毕业生就业难的建议》的提案收悉。答复如下：

近年来，陕西省委、省政府高度重视高校毕业生就业工作。在省委、省政府的领导下，省教育厅始终坚持以科学发展观为指导，紧紧围绕促进陕西经济发展和社会稳定的大局，采取积极有效的措施，努力形成全社会关心就业、支持就业的良好氛围，国家和省上促进高校毕业生就业政策日渐完善，高校毕业生就业体制得到了进一步加强，就业指导和服务水平得到了进一步提高，就业市场和体系得到了进一步优化，形成了全省上下齐抓共管的就业工作机制，使高校毕业生实现了充分就业。我省高校毕业生就业工作虽然取得了一定的成绩，但是许多政策措施还需要进一步落实和完善，您所提出的"就业率存在虚假繁荣""政策落实不到位""培养模式保守滞后"等9个问题，也是我们目前积极研究解决的课题。我们认为，高校毕业生就业是一个复杂的系统工程，既与全社会的岗位数量、就业市场发育程度、社会保障体系等就业环境密切相关，又与教育系统内部的人才培养数量、结构、质量紧密相连。解决大学生"就业难"的根本途径，需要经济结构调整和高等教育结构调整相互适应，只有这样，大学生"就业难"的问题才能得到根本性的解决。

根据您提出的问题和建议，我们将采取以下措施：

一、关于对"加强统筹，进一步形成合力，完善高校毕业生就业工作机制"建议采取的措施

为加强我省高校毕业生就业工作的组织领导和统筹协调，2009年2月，省政府成立了陕西省高校毕业生就业工作领导小组。时任常务副省长的赵正永任组

长，朱静芝副省长任副组长，成员由省政府办公厅、省人力资源和社会保障厅、省教育厅、省委组织部、省委宣传部、省发展和改革委员会、省公安厅、省财政厅、省地税局、省工商局、省金融办、团省委等部门的负责同志组成。领导小组对各部门的职责进行了明确，对推动我省高校毕业生就业工作起到了积极的作用。但目前在宏观决策、责任考核、工作配合方面还存在一定的问题。省教育厅将积极协调有关部门切实发挥职能，落实工作责任，加强协调配合，形成工作合力，创新政策措施，采取更加积极有效的政策促进高校毕业生就业。

二、关于对“加强宣传，真正让高校毕业生就业工作的政策措施深入人心”建议采取的措施

《陕西省人民政府办公厅关于促进普通高等学校毕业生就业工作的实施意见》对高校毕业生就业宣传工作提出了明确要求：“宣传部门要积极组织宣传高校毕业生就业政策，及时报道高校毕业生到城乡基层就业、自主创业的典型事例，表彰接收高校毕业生就业的先进集体以及为高校毕业生就业服务的先进个人，形成全社会共同关注、合力促进高校毕业生就业的良好环境。”省教育厅将进一步建议有关部门，在制定政府文件时，对各级政府、新闻媒体、企事业单位、高等院校等在宣传高校毕业生就业工作方面提出明确要求，形成全社会都来重视高校毕业生就业工作和高校毕业生政策宣传无死角的良好氛围。

三、关于对“拓展岗位，进一步扩大高校毕业生就业渠道和领域”建议采取的措施

近几年来，省教育厅积极配合有关部门实施了“农村基层人才队伍振兴计划”“选聘高校毕业生到村任职计划”“选调生计划”“教师特设岗位计划”“大学生志愿服务西部计划”，为农村输送了3万余名高素质人才，改善了农村人才队伍结构，促进了农村经济社会事业的发展。但目前基层就业项目在实施中还存在一些问题，如后续就业、工资待遇、长效机制等方面还需进一步完善。为了解决好这些问题，省上成立了“陕西省统筹实施引导高校毕业生到农村基层服务项目工作协调小组办公室”，省教育厅将积极配合有关部门继续落实好各项计划，进一步开辟毕业生到社区、乡镇卫生院、服务外包企业、幼儿园等基层单位就业的新渠道，完善高校毕业生在基层就业、持续发展、相应待遇等一系列政策保障措施，使毕业生“下得去、留得住、用得好”。

对高校毕业生到中小企业和非公有制企业就业，省政府在《关于促进普通高等学校毕业生就业工作的实施意见》中明确要求：“对聘用高校毕业生的中小企业和非公有制单位，必须签订劳动合同、兑现劳动报酬、缴纳社会保险；在非公有制单位就业的高校毕业生户口、档案，可存放在单位所在地人才交流服务中心；考录或招聘到国家机关、事业单位工作的，其缴纳社会保险费年限合并计算为工龄；对于积极聘用高校毕业生的中小企业，有关部门可根据不同情况，优先提供技术改造贷款贴息；劳动密集型小企业聘用登记失业高校毕业生达到规定比例的，可按规定享受200万元以内的小额担保贷款扶持等。”今后，我们将按照省政府的要求，积极协调有关部门落实好这些政策和措施。

四、关于对“创业引领，努力提高高校毕业生创业成功率”建议采取的措施

在高校开展创业教育工作，是高等教育改革的一项重大举措。近几年来，按照省委、省政府的要求，省教育厅认真落实“以创业带动就业”的工作指导思想，积极引导高校毕业生自主创业，每年有近500名高校毕业生实现创业，带动了2 000名左右高校毕业生实现就业。目前，根据党和国家有关创业政策，省教育厅已将大学生自主创业工作列入了《陕西省贯彻〈国家中长期教育改革和发展规划纲要(2010—2010年)〉的实施意见》中，具体目标和任务：2011—2020年百分之百的高校开设创业教育课；力争3万名大学生实现创业；实现大学生创业培训5万人；设立3 000万元的大学生创业基金；重点建设20所省级大学生创业教育示范校；完善建设30个省级创业实践基地；落实大学生创业经费的减免政策。我们将积极创造条件，协调有关部门，完成上述目标任务。根据您的建议，我们将联系陕西有关企业和企业家，作为“创业示范带头人”；建议人社部门对高校毕业生“创业示范带头人”给予适当的补贴。

五、关于对“扩大见习，大面积提高高校毕业生的就业实践能力”建议采取的措施

高校毕业生就业见习是省政府安排的一项重要工作，实践证明，就业见习

对未就业毕业生提升技能,实现充分就业具有重要的促进作用。高校毕业生就业见习工作,根据职责分工,由人力资源和社会保障厅统一管理和协调,但每年给教育厅下达就业见习任务5 000名。省教育厅每年对就业见习任务进行了分解,要求各高校按照任务分解提供就业见习岗位,确保了高校毕业生就业见习工作任务的落实。今后,我们将进一步建议人社部门,继续扩大毕业生就业见习基地的规模和数量,继续加大高校毕业生"个十百"就业见习工程的实施力度,加大对就业见习基地的管理、考核和建设,增加毕业生就业见习的数量,大力开发高等院校和科研院校的见习岗位,设立"专家教授研究项目见习岗",帮助就业见习的高校毕业生解决工作和生活上存在的实际问题,切实把高校毕业生就业见习工作做实做好。

六、关于对"建设基地、回炉培养真正的一流高水平高技能人才"和"专项拨款,全面落实高校毕业生就业的各项补贴"的建议

按职能划分,该项工作由省人力资源和社会保障厅负责,该提案已送省人力资源和社会保障厅,我们将积极协调省人力资源和社会保障厅落实好这两项建议。

七、关于对"大胆改革,彻底打破制约大学生就业的人才培养旧模"建议采取的措施

当前,我国高等教育事业进入全面提高质量的新阶段,提高质量是高等教育改革发展的核心,是新阶段高等教育战线的使命和责任。但目前高等教育在学科专业结构、人才培养层次、教育内容方法等诸多方面与经济社会发展的需求,与人民群众的需要还存在差距。为了提高教育质量,提高毕业生的就业能力,我们将做好以下几个方面的工作:一是以社会需求为导向,进一步增强高等教育与经济社会发展需求的适应性。省教育厅将围绕国家、省上经济社会发展、产业结构调整和社会需要,科学规划高等教育的发展和布局。要求"985工程"和"211工程"高校主要满足国家重大发展战略和重点行业对高层次人才的需求;本科院校的人才培养突出为区域经济和行业发展服务;高职院校的人才培养坚持以就业为导向,为行业企业的生产和服务一线培养高技能和技术应用型人才。二是

优化高等教育专业结构,提高大学生的“就业力”。为了从根本上提升毕业生的就业竞争力,使招生、培养、就业和谐发展,省教育厅制定印发了《陕西省高等院校毕业生就业工作预警机制暂行办法》。主要目的是建立“专业—招生—就业”的联动机制,对就业前景不好、不符合社会发展和就业市场需求的专业,用就业杠杆调控专业设置和招生计划。2010 年我们已对 10 所达到预警线的高校进行了预警告示,收到了较好的效果,今后我们将进一步加强这方面的工作。三是强化实践教学,加大实习实训力度。进一步要求各高校积极推进人才培养模式改革,统筹安排实习实训,完善实习管理办法。与政府、行业、企业等广泛合作,共建实践教学和实习实训基地。高职院校要牢固树立以服务为宗旨、以就业为导向的办学理念,实行工学结合、校企合作、顶岗实习的人才培养模式。逐步建立毕业生就业和招生、人才培养良性互动的长效机制。

感谢您对我省高校毕业生就业工作的关心和支持。

二〇一一年四月十二日

媒体反响

《陕西日报》2011 年 1 月 21 日报道:陕西委员王越群:让更多大学毕业生人尽其才

王越群委员是陕西教育科学研究院院长、民进陕西省委会委员,是专门从事教育研究的专家。他说,关注和解决大学生就业问题,是一项重要的民生工程,是坚持以人为本,促进教育事业不断向前发展的重要工作。

目前,陕西省共有普通高校 77 所,成人高校 19 所,独立学院 12 所,其中有 3 所高校进入“985 工程”,8 所高校进入国家“211 工程”,分别居全国第 2 位和第 4 位;各类高等教育在学人数 120. 96 万人,再加上每年不能就业或需要重新就业沉淀下来的 4 万余毕业生和农村劳动力及城镇就业困难人员,构成“三峰叠加”态势,高校毕业生就业形势十分严峻。

王越群委员说:“陕西省大学生就业率存在虚假繁荣、就业去向分布不均、私企就业成功率低等问题。如果仅从表面统计数字看,陕西省各高校毕业生的签约率或就业率都比较高。但调研表明,有一些院校为了提高就业率,强迫毕业生在没有找到工作的情况下,随便找一个单位在就业协议上盖章。从学历层次、毕业生专业对口情况及就业稳定性程度等方面来看,问题和矛盾也十分突出。大部分高职院校的学生都在一些个体或中小私企从事很不稳定的低层次工作,待遇很低,导致大部分毕业生都没有长远打算,辞工现象十分普遍。调研数据显示,大学毕业生半年内离职率约为38%。"

如何在今后的工作中解决陕西省高校毕业生就业压力大、就业难的问题,王越群说:"加强对高校毕业生就业工作的总体统筹和协调,形成合力,完善毕业生就业工作机制是教育部门今后工作的关键所在。要大力开发基层社会管理和公共服务岗位,扩大毕业生就业渠道,努力提高毕业生创业成功率。继续扩大毕业生就业见习基地的规模和数量,大面积提高毕业生的就业实践能力。建设培养基地,回炉一流水平、高技能人才,全面落实毕业生就业的各项补贴,彻底打破制约大学生就业的人才培养旧模式。"

王越群委员说,20多年的教育工作经验使自己深深感到,要通过教育这个最基本的手段,让更多的懵懂少年获取知识从而掌握一门技术,成为社会的有用之才。这一切都需要社会各方面的参与和配合。

第五次会议第426号提案

关于加强我省民办幼儿园教师队伍建设的建议

一、背景

根据省教育厅杨希文厅长在全省学前教育三年行动计划现场推进会上的讲话，我省学前教育事业得到了突飞猛进的发展。截至2011年10月份，全省有各级各类幼儿园5 499所，其中公办园1187所，所占比率为21.6%；专任教师3.6万人。如果按照幼儿园的公办、民办数量比例推算，民办幼儿教师约为2.8万人，构成了当前幼儿教育的主体教师队伍。但是，由于长期以来的客观原因所致，民办幼儿园的教师队伍还存在很多的问题，严重影响着学前教育的保教质量和学前教育事业的健康发展。

二、存在的问题

根据调研，目前我省民办幼儿园教师队伍主要存在以下几个方面的问题：

1. 教师队伍不稳定

虽然民办幼儿园的教师占全省幼儿园总数的多数，但由于全部是聘请教师，因此，她们的流动性也非常大，常常说走就走，园方对其缺少约束力，从而影响正常教学和整体保教质量。

2. 教师待遇比较低

民办幼儿园全部是聘请教师，工资待遇虽然高低不等，但总体来说，普遍偏低，尤其是县城以下地区的民办幼儿园，教师的工资只有几百元，无论在经济上还是地位上，都不能与公办幼儿园教师相比，这也是影响他们爱岗敬业精神的重要原因。

3. 教师考核不到位

由于历史原因，全省民办幼儿园教师全部由幼儿园自行管理，不管是年度工作履职情况考核，还是职称评审、评优评奖，以及调入调出的信息变动等，教育行政部门从不介入。再加上民办幼儿园聘用合同的不完善和自行考核措施的不到位，导致一些教师应付教学的现象经常发生。

4.“无证上岗”者居多

根据《幼儿园管理条例》，幼儿教师应经过相关培训或取得相应的资格后，方可上岗从事幼教事业。而目前由于种种原因，相当多的民办幼儿园教师却属“无证上岗”，只有学历资格证书，而没有幼儿教师资格证书的现象比较普遍。当然，对作为幼儿教师必需的专业技能资格证书更是没有要求，导致部分民办幼儿园教师的专业素质不能适应快速发展的学前教育事业的形势。

三、建议

1. 建立民办幼儿园教师注册登记管理与跟踪管理制度

建议将民办幼儿园教师管理统一纳入区县教师队伍管理范围之内，每年年初各民办幼儿园将所有在职教职员工基本情况造册上报教育行政部门备案，教育行政部门统一建立民办幼儿园教师业务档案，作为考评晋级及流动选用的重要依据。

2. 继续加大民办幼儿园教师的培训力度及训后诚信管理

完善幼儿教师培训制度，在将民办幼儿园教师培训纳入中小学教师培训体系，实行免费培训、专列园长培训和教师培训项目的基础上，建议分期分批开展民办幼儿园保育员、育婴师及保健医生培训等分层培训项目。同时，对经过培训的民办幼儿园教师，建立诚信考核制度；对经过国家免费培训，获得资格证的民办幼儿园教师，实行最低服务期限的要求，签订服务期限诚信协议，对违反诚信协议私自离开应该服务的民办幼儿园，教育行政部门建立相应的通报制度和限制聘用制度，以确保民办幼儿园教师队伍的稳定性。

3. 完善民办幼儿园教师的资格证考试、职称评审和评优奖励制度

针对我省目前民办幼儿园教师普遍存在的“无证上岗”的现实，在实行民

办幼儿园教师定期资格证考试制度基础上，现阶段将资格证考试分类分级（分高、中、低三级）。因为，如果按照目前我省规定的幼儿教师资格证考试标准，对大多数民办幼儿园教师来说，门槛普遍偏高，因此，分类分层分级考试，将有助于民办幼儿园教师的资格认定。同时，将民办幼儿园教师的职称评审统一纳入教育行政主管部门的管辖范围，实行统一评审标准、统一申报和评审时间等，并对评审晋级的教师予以跟踪备案。另外，还要将民办幼儿园教师的评优评奖也纳入教育行政部门的管理范围，与公办幼儿园教师一视同仁。

4. 健全民办幼儿园教师基本待遇保障制度

为了确保民办幼儿园教师队伍的稳定性和使教师的基本权益得到保障，建议教育行政部门督促并检查各民办幼儿园为全体教职员工办理企业职工养老保险，根据幼儿园的等级，设立民办幼儿园教师最低工资保障制度，提高教职工待遇，使之不低于同级别的公办幼儿园教师的待遇标准。同时，对达到或超过办园标准的民办幼儿园，按政策进行资金补助和奖励。

提案复函1

陕西省人力资源和社会保障厅
对省政协十届五次会议第426号提案的复函

（陕人社函〔2012〕243号）

王越群委员：

您好！

您在省政协十届会议上提出的《关于加强我省民办幼儿园教师队伍建设的建议》提案收悉，感谢您对我们工作的关心和支持。关于您提出的幼儿园教师职称评审的建议，我们按照人社部、教育部的要求，已在全省开展调研，将在今年全面开展中小学教师职称制度改革试点工作，现就有关情况向您做以汇报：

人社部、教育部去年在北京召开了全国深化中小学教师职称制度改革扩大试点工作会议。为了贯彻落实国家会议精神，经与省教育厅协商，按照全国中小学教师职称制度改革扩大试点会议精神，我们2012年拟在全省开展扩大试点工作。并在试点市宝鸡市各类学校开展了调研,听取了广大教师包括幼儿园教师对试点改革方案的意见和建议,在此基础上认真研究制定了全省试点改革新的方案初稿。方案中包含幼儿园教师的职称评审条件和办法,幼儿园教师的评价标准我们进行了单独设置,现正在等待省政府同意后报请人社部、教育部审批。两部批准后在全省开始实施。

二〇一二年四月二十日

提案复函 2

陕西省教育厅对省政协十届五次会议第 426 号提案的复函

(陕教函〔2012〕155 号)

王越群委员:

您提出的《关于加强我省民办幼儿园教师队伍建设的建议》(第 426 号提案)收悉。现答复如下:

学前教育是终身学习的开端,是国民教育体系的重要组成部分,办好学前教育,关系儿童的健康成长,关系千家万户的切身利益,关系国家和民族的未来。省委、省政府高度重视学前教育,把大力发展学前教育作为重大民生工程来抓,先后制定出台了《陕西省人民政府关于大力发展学前教育的意见》(陕政发〔2010〕51 号,以下简称《大力发展学前教育的意见》)、《陕西省学前教育三年行动计划(2011—2013 年)》《关于加快发展学前教育的若干规定》《陕西省财政厅陕西省教育厅关于加大财政投入支持学前教育发展的通知》(陕财办〔2011〕93 号)等一系列文件,大力扶持学前教育,致力于构建"广覆盖、保基本、有质量"的学前教育服务体系。

一、学前教育是我省教育工作的一个重点,各级政府高度重视学前教育发展

2011 年省本级安排 4 亿元投入学前教育,占财政教育投入比重达到 5%,

并且以后会逐步提高。2011 年各市、县安排专项经费 23.2 亿元。我省一直高度重视民办幼儿园的建设和发展,在《大力发展学前教育的意见》中,就明确规定民办幼儿园在审批登记、分类定级、评估指导、教师培训、职称评定、资格认定、表彰奖励等方面与公办幼儿园具有同等地位。同时,在《关于加快发展学前教育的若干规定》《陕西省财政厅 陕西省教育厅关于加大财政投入支持学前教育发展的通知》(陕财办〔2011〕93 号)等多个文件中,也明确提出要积极扶持民办幼儿园的发展,要求各级政府结合自身实际,积极制定和完善财政、税收、金融以及土地等方面的扶持政策,通过以奖代补、购买服务、减免租金、公用经费补助、派驻公办教师、配备设施设备等形式促进民办幼儿园健康发展,努力体现学前教育的普惠性、公益性。

二、切实组织好幼儿教师培训

2011 年我省正式启动幼儿教师培训计划,学前教育师资建设实现新突破。省教育厅印发《关于做好幼儿教师全员培训工作的指导意见》(陕教师〔2011〕14 号),启动幼儿教师全员培训计划,幼儿教师队伍建设首次被正式列入中小学教师队伍建设整体规划,实现全新突破。从 2011 年起,每年培训 5 000 名,每 5 年对所有幼儿园园长及教师完成一轮培训。2011 年全年完成省级幼儿骨干教师培训 800 名,指导各地完成幼儿骨干教师培训 4 200 名。落实省上领导指示精神,特邀 5 位台湾幼教专家来我省讲学;遴选优秀骨干幼儿教师及管理者 68 名赴台考察学习,首开我省教师境外培训先河。

2012 年我厅将更加系统地做好幼儿教师的培训工作,按照学前教育三年行动计划安排,今年首先组织完成省级 800 名幼儿教师的培训工作,并从参加培训的学员中遴选 20 名幼儿教师赴新西兰参加境外培训,其中包括民办幼儿园园长及教师。

三、加大幼儿教师队伍建设力度

我省通过对现任教师的培训、建立资格准入制度实行统一公开招聘新任教师以及小学富余老师转岗三方面工作,加强学前教育师资力量。一是对现任幼儿教师(包括民办幼儿教师)进行培训。2011 年实际共培训教师 28 456

人(包括园长),超额完成了年度任务。2012 年将继续加大对学前教师的培训工作。二是公开向全社会招聘一批专业强、素质高、热爱幼教事业的人员壮大幼儿教师队伍。2011 年底我厅即会同省编办、省人社厅共同起草出台了《2012 年陕西省中小学、幼儿园新任教师统一公开招聘实施方案》,发布了招聘新任教师的名额、具体招聘单位和岗位。拟招聘 2 000 多名幼儿教师。三是对中小学因布局结构调整等原因需重新聘用的教师,可进行转岗培训,调整补充到幼儿教师队伍。

四、提高幼儿教师社会地位

依法落实幼儿教师的地位和待遇,切实维护幼儿教师权益。完善幼儿教师工资保障机制,保障幼儿教师在进修培训、评选先进、专业技术职务评聘、工资、社会保险等方面与当地中小学教师具有同等地位。省教育厅将逐步把幼儿教师职称、评优体系从普通中小学教师职称、评优体系中分出,建立更适合、更有利于幼儿教师职称评审、评优的体系。4 月中旬,我省将开展幼儿园教师省级教学能手评选活动,将有 80 余人参赛,评出 50 名教学能手,包括民办幼儿园教师。

按照教育部要求的各级教育行政部门对中小学发展进行分级管理的原则,我们将继续加大对市、县幼儿教师队伍建设的督导检查力度。

感谢您对我省教育事业的关心与支持。

二〇一二年三月三十日

媒体反响

《西安日报》2012 年 1 月 12 日报道:委员话题(节选)

话题一:民办幼儿园教师应与公办同待遇

发言人:省政协委员王越群

当前,我省民办幼儿园占全省幼儿园的多数,但由于民办幼儿园教师都是聘用人员,园方对其缺少约束力,加之待遇较低,导致民办幼儿园教师流动频繁。此外,民办幼儿园教师考核由幼儿园自主进行,导致考核不到位,许多教师没有幼儿教育资格证,属于“无证上岗”,还有一些教师有应付教学的现象。

王越群委员认为,在“入园难”问题突出的当下,应将民办幼儿园与公办幼儿园摆在同等的地位。建议将民办幼儿园教师管理统一纳入区县教师队伍管理范围之内,将民办幼儿园教师的职称评审工作统一纳入教育行政主管部门的管辖范围,教育行政部门应督促并检查各民办幼儿园为全体教职员工办理企业职工养老保险,提高民办幼儿园教师待遇,稳定优秀幼儿教师人才队伍,这样更多家长才会自愿选择民办幼儿园,从而对缓解“入园难”问题起到良好作用。

第五次会议第 417 号提案

关于落实我省民办特殊教育机构相关政策问题的建议

一、背景与问题

特殊教育是我国教育事业不可分割的重要组成部分。教育是改变残疾人命运的关键,特别是“三早”(早发现、早干预、早康复)的实施,大大改善了残疾儿童的残疾程度,并对一个孩子的一生都产生至关重要的影响,让他们能真正自食其力,成为对社会有用的人。只有对早期残疾儿童的教育普及和提高了,才是真正的教育均衡协调和教育公平发展。但是,就目前我省的民办特殊教育事业而言,发展仍严重滞后于普通教育。其中,最主要存在两个问题:一是社会普遍对残疾儿童教育的重视程度下降,导致对残疾儿童的关爱不够;二是民办特殊教育经费严重不足,导致办学规模和办学条件难以满足广大残疾儿童康复和教育的需要,特殊教育事业必然成为教育事业发展的“短板”。

二、对策建议

1. 加强对特殊教育工作的领导和协调配合工作

建议各级政府根据《义务教育法》《残疾人保障法》《残疾人教育条例》的要求,加强对全省特殊教育的领导,协调教育、卫生、计划、财政、民族、残联等部门和组织,使其各司其职,密切合作,共同做好特殊教育工作。

2. 切实落实有关政策规定,解决民办特殊教育机构经费严重短缺问题

一是建议把“社会福利彩票所募集的福利基金要适当安排一部分用于特殊教育事业的发展;各地残疾人就业保障应有一部分用于支持当地特殊教育

学校开展残疾人职业教育"的规定落到实处。这些规定虽然十分明确地涉及对特殊教育经费支持的问题,但调研发现,有很多地方却一直没有很好地落实,建议在各级政府的部署和协调下,明确文件中提到的"一部分"费用的比例标准,并予以尽快落实。

二是省财政设立的每年特殊教育专项补助经费,虽然对全省特教事业的发展起到了重要推动作用,但调研中发现,这一好政策对民办特殊教育机构来说,却从没有得到很好地落实。我省目前还有部分 30 万人口以上的地方尚未开办特教学校,现有的特教学校特别是民办特殊教育机构大部分办学条件都很差。另外,按照教育部要求,在 2005 年底以前,所有特教学校都要配备网络计算机教室。我省属于西部地区,要在规定的时间内完成这项任务确实困难很大。为此,建议将省教专项补助经费增加为每年 150 万元左右,并一定要公办与民办一视同仁地对待,以保证特教事业的健康发展。

3. 充分发挥各种救助活动的作用,加大对贫困残疾儿童的救助力度

省政府办公厅文件规定:要建立残疾儿童少年义务教育助学制度;社会各界开展"希望工程""春蕾计划"及城镇居民对农村贫困学生的"一帮一"等形式的助学活动,也要适当向贫困残疾儿童实施救助政策的倾斜。建议各级政府有关方面,对此认真部署、检查、评估、验收等,将开展"春雨助残"活动募捐的资金,全部用于特教学校贫困残疾学生的学习、生活补助和普通学校随班就读残疾儿童的有关补助。同时,对这项活动所募集的经费要加强管理和监督,要向社会公布募集金额和使用情况,使之真正成为推进残疾人教育发展的有力措施和动力。

4. 建议将听损学生的听辅费用支出纳入医疗保险的范围,按比例负担报销,以切实帮助特教儿童家庭减轻经济负担,使听损学生能有长期的聆听的权利保障。

5. 建议在对民办康复教育机构进行评估的基础上,对达到或者超过标准的民办特殊教育机构进行授牌,并以民办公助的政策或方式,迅速改变现有的教学和康复训练环境,还残疾儿童一个平等享受早期教育和康复训练的权利。

提案复函1

陕西省民政厅对省政协十届五次会议第417号提案的复函

（陕民办函〔2012〕54号）

王越群委员：

您提出的《关于落实我省民办特殊教育机构相关政策问题的建议》的提案收悉。现就有关问题答复如下：

省民政厅目前管理的特殊教育学校就省自强中专学校一家，省政府没有赋予我厅管理民办特殊教育机构的职责，有关情况如下：

一、国家政策高度重视特殊教育工作

《国家中长期教育改革和发展规划纲要》提出：加快发展残疾人高中阶段教育，大力推进残疾人职业教育，重视发展残疾人高等教育。《残疾人事业十二五纲要》指出：残疾人工作是保障和改善民生的重点；大力发展残疾人职业教育，加快发展残疾人高中阶段教育和高等教育；建设一批中高等残疾人职业教育示范校。《省委省政府关于促进残疾人事业发展的实施意见》提出“加快建立省特殊教育学院”的意见。《省政府关于进一步加快特殊教育事业发展实施意见的通知》要求“省自强中专学校要继续发挥残疾人类型多、规模大、专业特色明显等优势，利用灾后搬迁重建机遇，以创建全国一流特殊教育学校为目标，全面改善办学条件，拓宽专业设置，扩大招生规模，提高教育水平”。

陕西省自强中等专业学校隶属于省民政厅，是我省唯一一所对视力、肢体和听力语言障碍青年学生进行职业教育的综合性特殊教育学校，承担着我省乃至西北地区残疾人职业教育的重要职责。学校县级建制，人员编制121名，是社会福利、公益一类、全额预算事业单位。

学校成立于1951年7月，初期名为“陕西荣军教养院”。随着历史不断发展，1965年4月更名为“陕西省盲聋哑人工读学校”。1984年6月经省政府批准改为“陕西省盲人按摩中专、聋哑人技工学校”。1987年1月在增设计算机专业时改为“陕西省自强中等专业学校”。学校以残疾学生类别多、规模大、专业设置多、办学特色鲜明、质量高、学生就业情况好等特点而在全国残疾人职业教育领域位于前列。

学校办学特色鲜明。一是多种残疾青年一起接受职业教育,视力、肢体和听力语言障碍三类学生各有生理缺陷和优势,一起实施教育能取长补短,相互激励,共同进步。二是学校招收部分健全学生,在生活上对残疾学生给予照顾,在学习上给予帮助,促进相互交流与沟通,扩大残疾学生视野,提高学生适应社会的能力。三是受民政部中国社会福利教育基金会委托承担了陕西省适龄孤儿免费职业技能培训项目,社会效益显著。残疾青年、健全青年、孤儿在一起,共同免费接受职业教育的办学模式在全国特殊教育领域是独创的。

残疾学生人数在全国同类学校中最多。现有学生近 900 名,各类残疾学生 573 名,残疾学生占学生总数的 65% 以上,其中全盲学生 101 名,低视力学生 155 名,肢体残疾学生 151 名,聋哑学生 132 名,多重残疾学生 12 名,智障学生 22 名,孤儿 92 名。

学校内设机构齐全,教育功能完善,内部管理科学规范。现设 10 个职能部门,5 个教研室。在岗职工 108 人(其中视障教师 6 人,听力语言障碍教师 2 人)。学校开设有适宜各类残疾学生学习和就业的 10 个专业:中医(专业方向为针灸、推拿,省级示范专业)、服装设计与工艺(省级示范专业)、计算机应用、计算机信息管理、模具制造技术、电子电器应用及维修、办公自动化、老年服务与管理、社会福利事业管理、工艺美术等。学校专业设施设备较齐全,建设有各专业实习实训室和多个校外实习基地。学校曾荣获“全省民政系统先进集体”“陕西省扶残助残先进集体”“残疾人之家”“省级文明校园”“省级卫生先进单位”等称号。学校被民政部评为“全国青年志愿者先进集体”,被中残联、团中央评为“全国百万青年助残集体”,被宝鸡市政府评为“创建全国残疾人工作示范城市先进单位”,是全国民政职业教育教学指导委员会成员单位,中国盲人按摩学会教育分会理事单位。

二、5.12 汶川大地震对学校影响严重,省政府决定异地重建

2009 年 8 月,省发改委、财政厅联合下发了《关于宁强县等 4 个地震重灾

县部分灾后恢复重建项目备案的通知》,批准学校异地恢复重建。

新校区位于宝鸡市陈仓区科技工业园区,占地 239.1 亩。按照省教育厅“本着高起点、高标准、特色鲜明、功能齐全的原则,按照高等职业学校设置条件和标准进行总体规划和设计”的意见,新校区按照高等职业学院标准设计,以《特殊教育学校建筑设计规范》为依据,以无障碍、安全抗震、环保节能、特色校园文化为原则,分两期建设,充分考虑学校长远发展的弹性要求,各项技术经济指标科学合理,新校区蓝图振奋人心。

新校区一期满足中职教育需要,备案资金 1.0805 亿元,建筑面积 3.45 万平方米。建有教学楼、学生公寓、培训与教师公寓、办公楼、实训楼、食堂六栋单体。目前已完成 70% 工程量,六栋单体已经全部封顶,正在进行砌体、外墙粉刷等工作,若建设资金能全部到位,年内将整体竣工。预计 2013 年学校整体迁入使用。二期满足高职教育需要,弥补并完善一期建设功能。规划建设按摩康复技能训练综合楼、实验综合楼、文体活动中心、教学楼、学生公寓、礼堂六栋单体,计划 2013 年启动二期建设项目。

三、为在校残疾学生提供特殊教育保障

在残疾学生特殊教育中,我厅从 2008 年开始对学校残疾学生学杂费,每年按照预算,逐年增加,实行全免制,2011 年共免学杂费 260 万元,大大减轻了残疾学生家庭的负担,激发了学生学习的热情。

四、提升了孤残儿童、贫困家庭儿童医疗康复保障水平

一是实施了“孤残儿童明天计划”康复手术。2004 年 5 月,全国“残疾孤儿手术康复明天计划”项目在我省西安市启动,该项目主要为儿童福利机构具有手术适应证的儿童实施康复手术。“明天计划”实施以来,全省有 2 024 名残疾孤儿进行了手术矫治和康复。术后有 1 200 名儿童被国内外家庭收养。“明天计划”已成为一个凝聚爱心的品牌,一面弘扬慈善的旗帜。二是实施了“重生行动”贫困家庭唇腭裂儿童康复手术。2008 年我省启动了“重生行动”贫困家庭唇腭裂儿童康复手术项目,为贫困家庭儿童免费实施唇腭裂康复手术,截至目前,我省已实施唇腭裂手术 1 337 例。三是实施了贫困家庭疝气儿

童康复手术项目。2010 年我省启动“贫困家庭疝气儿童康复手术项目”,截至目前,已实施手术 883 例。通过各类康复手术项目的实施,各类困境儿童的康复医疗工作得到了进一步的提高。

五、开展了适龄孤儿职业技能培训项目,提高孤儿就业保障

为了加强我省适龄孤儿职业技能教育,提高全省孤儿的就业保障水平,2010 年,我厅联合中国社会福利基金会开展了适龄孤儿职业技能培训项目,该项目主要针对全省 15 ~ 18 岁具有初中以上文化程度的孤儿,开展两年制中专班职业技能培训。项目定点学校为陕西省自强中专学校和西安技师学院。培训后最大限度保证孤儿就业,使其自立于社会。项目开展以来,已对 207 名孤儿开展职业技能培训。2012 年,我厅将完成 117 名适龄孤儿职业技能培训任务。

值得欣慰的是,2012 年 6 月 1 日,赵正永省长一行前往宝鸡市儿童福利院看望慰问孤残儿童,检查省自强中专学校和省荣复军人第一医院灾后重建工程建设情况时,就相关问题做出指示:按照《陕西省人民政府关于进一步加大财政教育投入的实施意见》(陕政发〔2012〕1 号)有关规定,增加生均公用经费补助,责成省民政厅同时调研,拿出各级敬老院、老年公寓、社会福利院、救助站等社会福利单位工作经费和公益性岗位人员报酬的意见,提交省政府研究后提高护理人员的工资待遇,以稳定各类护理员队伍。同时,明确每年从省级福彩公益金中安排不低于 10% 的资金用于民政部门分管的教育事业,并逐年增加。

我们相信,有省政协委员的关心,有省政府领导的重视和支持,一定能够做好我省特殊教育工作。对于您提出的建议,我们将积极向省政府领导建言献策,协调有关部门努力解决,为构建和谐陕西做贡献。

二〇一二年五月三十一日

提案复函2

陕西省教育厅对省政协十届五次会议第417号提案的复函

（文件号略）

王越群委员：

您提出的《关于落实我省民办特殊教育机构相关政策问题的建议》（第417号）的提案收悉。现答复如下：

一、关于加强对特殊教育工作的领导和协调配合工作问题

“十一五”期间，在省委、省政府的正确领导下，在各级教育行政部门和有关部门的共同努力下，在社会各界的大力支持下，我省特殊教育事业取得了较快发展，残疾人受教育状况进一步改善。作为全省残疾人教育工作的主管部门，今后我们将认真贯彻落实国家有关法律法规和《中共陕西省委 陕西省人民政府贯彻〈国家中长期教育改革和发展规划纲要（2010—2020年）〉实施意见》以及《陕西省残疾人事业“十二五”发展纲要》，进一步加强对特殊教育工作的领导，积极协调发展改革、财政、民政、卫生、残联等部门，做到各司其职，齐抓共管，共同推动我省特殊教育事业科学发展。

二、关于解决民办特殊教育机构经费问题

近几年，省财政对特殊教育投入力度不断加大。2010年省级特殊教育专项经费只有100万元，2011年达到1 000万元。五年来，省级财政累计投入约2 000万元，主要用于特殊教育学校校舍改扩建、特教仪器设备购置等补助，极大改善了特殊教育学校的办学条件。我们在经费安排时对规模较大、办学质量较好的民办特殊教育机构给予了一定倾斜。今后，我们将进一步加大对民办特殊教育机构的扶持力度，促进民办特殊教育事业不断发展。

三、关于对民办特殊教育机构的评估、授牌问题

民办特殊教育机构是我省特殊教育事业的重要组成部分。今后,我们将按照有关标准对民办特殊教育机构开展评估,对达到标准的进行授牌,并进一步加大扶持力度,改善其办学条件,保障残疾儿童少年享受早期教育和康复训练的权利。

感谢您对我省特殊教育事业的关心和支持。

二〇一二年三月二十二日

分组讨论发言要点

1 月 11 日下午,各位委员围绕常委会工作报告和提案工作报告进行分组讨论。马中平主席参加了第六组的讨论,王晓安、李冬玉、李进权、周卫健副主席也分别参加了讨论。

第十三组(教育特邀)王越群说:"报告行文优美,阅读流畅,虚实结合,是一个很好的报告。感觉政府在解决教育问题上力度很大,取得成绩的同时应注意克服急功近利的现象。应重视和关注教育发展中的短板,我们的短板不仅是幼儿教育,还有特殊教育,残疾孩子没有专业教育,要加强特殊教育师资力量的培养。家庭教育、家长教育也应纳入规划教育,纳入中长期规划之中。"(摘自 2012 年 1 月 11 日中国人民政治协商会议第十届陕西省委员会第五次会议简报第 4 期)

第五次会议第 116 号提案

关于提高我省高校实验教学队伍待遇和地位问题的建议

实验教学是高校人才培养课程体系中非常重要的组成部分,实验教学队伍是高校师资队伍的重要组成部分。加强高校教师队伍建设应该以实验教学队伍做支撑,实验教学队伍的建设是高等教育办学质量的关键因素之一。但是调研表明,近年来,在省政府和教育厅的大力支持下,我省各高校实验室建设虽然取得了显著成绩,但实验教学队伍建设却没有引起高度重视,存在诸多问题且一直都没有得到有效解决。而解决这些问题的关键,就是解决高校实验教学队伍待遇和地位的问题。

一、存在的问题及成因

1. 实验教学队伍待遇偏低,高层次人员流失严重

调研表明,在高校队伍建设中,往往对教学和科研队伍建设非常重视,但对实验教学队伍建设却重视不够。实验教学人员的政策和待遇长期未获解决,造成高素质、高学历、高职称人才不愿进实验室,甚至有的实验室经过多年培养出来的高职称技术骨干,转岗从事行政、教学等工作,使实验教学队伍处于低水平、不稳定的状态,人才流失现象比较突出。

2. 实验教学队伍无正高职称评审资格,待遇普遍偏低

按照我省高校职称评审序列和类别,不仅作为主体系列的教师有正高职(教授),而且属于非主体系列的研究系列、图书系列、医生系列等等,都有相应的正高职评审渠道,唯独实验教学队伍只能评为副高职(高级实验师),没有正高职评定机会和渠道,导致实验教学人员待遇偏低。再加上分配制度(包括工

作量计算)不合理,实验教学人员的地位和作用往往被忽视,广大教师不愿意承担实验教学工作,不愿意下实验室,更不愿意转为实验系列编制人员。调研表明,近几年,各高校实验室虽然引进了大量研究生和博士生,但都处于不稳定的状态。而副高职称(高级实验师)实验人员由于待遇低又不能评正高,大都转为教师系列或当行政干部。通过对我省部分高校实验室进行调研发现,具有研究生以上学历的人员偏少,距离本科教学工作水平评估指标规定的50%还有很大差距,甚至个别实验室人员为中专生或工人;年龄结构也不合理;高水平实验室技术人员引进和稳定问题突出,具有高级职称的实验室人员占总人数的比例过低,且多集中于50岁以上的年龄,整体水平、人员数量与现代高等教育要求不符。

3. 有关方面对实验教学重视不够,对实验教学人员定位过低

在现实中,教育行政主管部门和各高校对教师队伍建设都非常重视,但对实验教学队伍建设则重视不够,实验教学人员一直被作为教学辅助人员对待,被视为服务于教学的第二线人员,在意识上和待遇上低教师一等。这样定位降低了实验室队伍的重要性,与理论教学师资队伍建设相比,实验室队伍建设摆在了次要的地位,不利于实验室队伍的建设、培养和提高。同时,忽视了实验室队伍在教学及科研中的作用,挫伤了高水平实验教学人员的热情和积极性,是造成人员流失和队伍不稳定的根源。这种重理论教学,轻实验教学的传统观念带来的后果,直接影响和左右着实验教学队伍的建设。

4. 实验队伍严重缺编 ,导致实验教学人员超负荷工作

由于实验室待遇低,都不愿意从事实验室工作,再加上人员流失,导致各高校实验室常年严重缺编,在编实验室人员不足,实验室承担实验教学任务过重,严重超负荷。尽管这几年高校扩大招生规模,学校引入实验室人员力度有所增加,数量较扩招前有所增加,但与同期学生增长数量不成正比。

二、对策建议

高校人员的工资津贴是和职称挂钩的,这是有能力的教师和技术人员不愿意在实验室工作的根本原因。要改变这种现象,必须提高实验室人员的待

遇,使其各方面待遇等同于教师系列,打破身份界限,提高地位。

1. 修订适合实验室人员实际的新职称评定标准

建议省教育厅、政府和学校从实际出发,修订评审标准。在评审考核内容上,适当淡化国家级课题主持人条件要求,增加实验教学人员解决自身实验教学难题,以及实验室建设方案、实验室建设规划、实验方法改进、实验方法革新、仪器设备改进等相关内容。

2. 尽快开评实验技术系列正高职称

调研表明,在高校,除教师系列理所当然地可以评正教授(正高职)外,其他所有主体系列的专业技术人员也都能够评定相应的正高职称(甚至已经开始中小学系列的正高职称评审试点),唯独实验室技术人员在职称评定时,没有正高职称评定资格。为适应面向21世纪的教育改革,应构建一支结构合理的实验教学人员梯队,建议省上借鉴部分部属院校(如西北农林科技大学)经验,开评实验教学系列正高级职称"实验研究员"或"教授级实验师"等。

3. 绩效工资与教师待遇相同

建议由省教育厅统一规定,在各高校绩效工资分配方面,明确将实验教学技术人员和教师视为同类人员或二者享受同等待遇。

(注:该提案被省政协评为优秀提案)

提案复函

陕西省教育厅对省政协十届五次会议第116号提案的复函

(陕教函〔2012〕270号)

王越群委员:

您提出的《关于提高我省高校实验教学队伍待遇和地位问题的建议》(第116号提案)收悉。现答复如下:

实验教师队伍是高校师资队伍的重要组成部分,但近年来高校实验教学队伍的建设却没有引起足够的重视，大部分队伍处于严重缺编的状况，已经影响了学校正常的教学管理，一些学校逐步意识到了问题的症结所在，开始通过各种方法逐步加强实验室教学队伍的建设。

一、省属高校编制紧缺，进人指标受限是造成实验教师队伍补充不足的主要原因

目前省属高校的编制基本上都是20世纪80年代末核定的，近几年由于接收军转干部，省编办给个别学校增加了零星编制。随着20世纪90年代末开始的高等教育大规模扩招，高等学校的规模快速扩大，大部分高校的在校生规模已经增加了十倍左右，人员编制已经远远不能满足学校对师资力量和管理人员的需求。省政府主管领导也多次提及给高校重新核定编制，但由于中央编办没有出台核编的政策，因此省编办也没有启动核编工作，但同意高等院校超编运行，保证正常的教学管理。但每年给30多所省属高校核定的进人指标只有1 100人左右，平均每所高校只有30人左右，许多学校连弥补自然减员的缺口都不够，许多高校无奈只能将进人计划优先用于一线教师的补充，影响了实验教师的补充。

据我厅了解，部分学校已经逐步加大了引进高层次实验教学教师的力度，并且通过人事代理等途径聘用实验教师，加强实验室教师队伍的建设。

二、实验教师的职称评定标准修订和开评实验技术系列正高级职称需要向教育部、省职改办等相关部门进行呼吁和反映

根据陕西省职称改革办公室和陕西省教育厅《关于2011年度高等学校、中等职业学校、中小学教师系列、工程实验系列职称评审工作安排的通知》(陕职改办字〔2011〕105号)，申报工程实验系列高级职称人员，要求提供能够反映本人当前最高学术水平的公开发行专业论文或论著(第一作者，论文、著作要求与高校教师相同)三篇(本)作为代表作。在今后会增加实验室方法改进、实验方法革新等方面的内容。

实验系列开评正高级职称需要与教育部进行请示和沟通，我省没有权力自行开评。我们会通过各种渠道向各级部门反映这个问题。

三、实验教师人员的待遇将逐步得到改善

高等学校工作人员的基本工资（岗位工资和薪级工资）是按照2006年国家事业单位工资改革和事业单位岗位设置的规定确定的，全国实行统一的标准。根据《陕西省人事厅、陕西省财政厅关于印发〈陕西省事业单位实施绩效工资暂行意见〉的通知》（陕人发〔2008〕253号），绩效工资实行宏观管理，各高校在人社部门核定的绩效工资总量内，根据学校实际自主制定绩效工资实施方案。根据了解，一部分学校的实验教师与其他一线教师是享受同等待遇的，一些能力较高的实验教师也通过参评正高级工程师和教授职称解决了职称问题。还有一些学校的实验教师待遇低于一般教师，参照管理人员或教辅人员执行，教育厅在今后会加大指导高校在制定绩效工资方案时向实验教师倾斜的力度。

感谢您对我省教育事业的关心和支持！

二〇一二年四月二十三日

中国人民政治协商会议
陕西省第十一届委员会

第一次会议第632号提案

关于省政府重点支持陕西学前师范学院发展的建议

一、背景

《国家中长期教育改革和发展规划纲要(2010—2020年)》指出:发展学前教育是未来十年我国教育事业发展的一项战略任务。陕西省委省政府高度重视发展学前教育,全面部署了普及学前教育工作。其中,为了更好地推进我省学前教育发展,2012年4月,省政府同意在原陕西教育学院的基础上建立陕西学前师范学院,并指示学院要“大力加强教师教育,把培养培训幼儿园教师作为学校的重要任务”。据调研,根据省委省政府对我省高等教育的战略部署,陕西学前师范学院已经把发展学前教育作为今后学院工作的战略重点,进一步加强学科专业、师资队伍和基础设施建设,不断提高教育质量、科研水平和办学效益,全院上下正在为建设一所高水平、高层次、特色鲜明的普通本科师范院校而开拓奋进。

二、问题

由于以前陕西教育学院是一所成人高校,政府投入严重不足,办学欠账太多,导致改制后与作为我省乃至全国唯一一所以学前教育为办学特色的普通本科师范学院的办学地位极不相符,其中最主要问题是:

1. 基础设施建设严重滞后

特别是能够满足学前教育等学科专业发展的教学基础设施、高水准的附属幼儿园、重点实验室、学前教育实验实训中心等实践教学条件建设和学前教育信息网络平台建设等，都没有得到落实。

2. 学科专业建设速度与学前教育办学特色不相适应

作为一所以学前教育学科专业为特色，其他相关学科专业并行发展的综合师范院校，改制后该学校在重点学科建设、重点实验室和专业（尤其是新增本科专业）建设、学科学术梯队建设、高水平学科学术带头人建设等方面，都严重滞后，需要大量资金投入加快建设。

3. 特色学科专业的师资队伍建设不能满足发展需要

作为以学前教育为特色的师范院校，学院亟须加大学前教育高层次人才引进力度，亟须支持鼓励在职教师外出培训或者攻读学位，不断提高学前教育师资队伍的教学能力和业务水平，但是经费不足的制约，导致这些规划难以得到完全落实。

4. 基础教育教师和校长培训基地建设严重滞后

按照省上的要求，改制后，陕西学前师范学院继续承担全省基础教育教师和校长培训任务。为此，陕西学前师范学院正在力争把雁塔校区（老校区）打造为省级基础教育师资和校、园长培训基地。但是雁塔校区现有的设施设备过于陈旧，迫切需要投入大量资金进行更新和改造。

5. 债务负担沉重导致资金压力巨大

面对上述建设任务，陕西学前师范学院目前面临着巨大的资金压力，一是化债能力较弱，即学院目前银行贷款总额为 3. 13 亿，现有的资金仅仅能勉强维持学院的常规运转，没有能力化解银行债务；二是后续建设资金非常紧张，是我省少有的后发展院校之一，特别是长安校区建设起步较晚，学院自筹资金十分有限，除了偿还银行贷款利息、支付企业工程款外，还要继续进行学生公寓楼、学生实践技能训练中心、附属幼儿园、体育配套设施等基础建设，资金缺口较大。在此情况下，学院的学科专业建设、师资队伍建设、教学改革及质量工程项目等建设所需要的大量资金投入根本无法保障。

三、建议

1. 在化解高校债务上给予政策扶持

近几年来，学院采取了多种形式筹措资金，用于新校区建设和办学基础条件建设。目前，该院在银行贷款累计超过3亿元，工程尾款及教学仪器设备融资租赁款项累计欠款1.5亿元，建议相关部门在该院化债问题上给以政策倾斜。

2. 给予专项建设经费支持

为把学院建成一所特色鲜明的高水平师范院校，建议上级部门在师资队伍建设、新老校区基础设施建设、学前教育实习实训基地建设、本科教学基本建设等方面划拨专项建设资金。

3. 建立学前教育专业实习实训基地

该院学前教育专业是省级重点专业，也是该院的特色专业，亟待建立一个作为在校学生实习场所、专业教师教学科研活动平台、在职幼师培训实践课堂的学前教育实习实训基地，特别是亟待建设一所高起点、高水平的附属实验幼儿园，建议上级部门予以相应的政策及资金支持。

4. 在招生政策上予以适当照顾

为了培育和彰显该院办学特色，建议上级部门在免费师范生招生方面给予政策倾斜，适度扩大该院免费师范生培养规模和专业覆盖面。

提案复函

陕西省教育厅对省政协十一届一次会议第632号提案的复函

（陕教函〔2013〕336号）

王越群委员：

您提出的《关于省政府重点支持陕西学前师范学院发展的建议》（第632

号)收悉,现答复如下:

2012年4月,经教育部和陕西省人民政府批准,陕西教育学院改建为全日制普通本科师范院校,更名为“陕西学前师范学院”。学院升本后,省教育厅给予学院大力支持,积极组织学院筹集各项经费收入,及时调节周转资金,并督促和帮助学院统筹兼顾,合理安排支出结构,较好地完成了学院年度预算工作目标,为学院教育事业全面、协调、可持续发展提供了各项财力保障。

经对陕西学前师范学院2012年财务决算分析,2012年学院经费总收入达到25 980.65万元。其中,省教育厅拨付的财政拨款达到了19 121.63万元,占学院总收入的73.6%,比2011年增加了10 446.58万元,增幅达到了67.25%,也是学院成立以来获得财政补助资金最多、增幅最大的一年。生均财政拨款达到了20 820元,已经远远超过省上确定的本科高校生均财政拨款12 000元的标准(备注:2012年陕西学前师范学院在校本科生实际为1 845人)。

关于您提出的陕西学前师范学院资金压力较大,无力化解债务的问题,省教育厅2011年就出台对学院的化债奖励政策,2012年省教育厅共安排陕西学前师范学院化债资金12 236.37万元。同时,积极采取奖励政策,充分调动学院化债积极性,2012年学院也自筹资金,共化解债务10 255.63万元。所以,在省教育厅的支持下和学院的努力下,学院银行贷款总额从2012年初的31 300万元降到2012年末的8 800万元。相信学院成功改制后,在2013年将会迎来新的发展机遇,随着招生规模扩大,各方面指标都将上一个新的台阶,学院偿还银行贷款的能力也将会大幅增强。省教育厅也会继续给予财政的大力支持,力争和学院共同努力,在未来的一年内还清全部银行贷款。

另外,您在提案中提到的“学院工程尾款及教学仪器设备融资租赁累计欠款1.5亿元”的问题,我厅高度重视,并立即到学院财务部门了解融资租赁的有关情况。据学院财务处负责同志解释,上述1.5亿元工程尾款及教学仪器设备融资租赁欠款是前几年发生的,后已用银行贷款予以了置换,现在学院已不存在融资租赁的各项欠款。

关于您提出的为把学院建成一所特色鲜明的高水平师范院校,划拨专项建设资金的建议,省教育厅已在2012年下半年学院改制后,进一步加大了对学校加强师资队伍建设、学科建设、改善办学条件等各个方面的经费支持。据统计,2012 年省教育厅下达学院 19 个建设项目,共拨付各类财政专项补助资金 4 839. 82 万元。2013 年省教育厅还将进一步加大对学院师资队伍建设、新校区基础设施建设、科研及学科建设等方面的经费支持,相信支持力度一定会比 2012 年更多、更大。

关于您提出的增加学院招生计划的建议,今年我省参照国家的模式,实施省内免费师范生的培养试点工作,陕西学前师范学院作为唯一的试点院校,将承担 400 名(本科生 200 名,高职生 200 名)学生;2014 年将承担 600 名(本科生 400,高职生 200)学生;2015 年将承担 800 名学生,全部为本科计划。

陕西学前师范学院 2012 年开始招收普通本科生,当年教育部下达我省的本科招生计划总量较上年仅增加 2 500 人,在这种情况下,省教育厅安排学院本科招生计划 1 600 人;同时,下达给学院的高职招生计划数也比 2012 年增加了 500 人,使得陕西学前师范学院 2012 年普通本专科招生计划达到 4 400 人,比上年增加 2 100 人。在 2013 年普通本专科招生计划制定过程中,省教育厅也将会继续予以适当政策倾斜。

感谢您对教育事业的关心和支持!

2013 年 4 月 27 日

媒体反响

2013年1月30日，陕西传媒网记者采访视频截图：政协委员王越群：特殊教育、义务教育、学前教育仍然是短板

2018年2月18日 星期日 设为首页 加入收藏

陕西传媒网

新闻 原创 视频 社会 旅游 教育 房产 娱乐 体育 财经 陕西 专题 图片 理论 美食 文化 汽车 时尚 健康 科技

热点视频 新时代梦之队 新时代这么干 外国人中国梦 让群众得实惠 不平凡的贡献 加强基层党建

陕西传媒网

政协委员王越群：特殊教育、义务教育、学前教育仍然是短板

来源：陕西传媒网 2013年01月30日13:47

闲置房可归政府惹争议 盘点豪华办公楼

视频介绍

政协第十一届陕西省委员会委员、陕西学前师范学院教育科学研究院院长王越群接受陕西传媒网记者的采访

第一次会议第593号提案

关于做好残疾学生随班就读工作的建议

党的十八大报告提出要“支持特殊教育发展”。在我省特殊教育发展中，残疾学生在普通学校随班就读已成为重要部分，有力地推动了特殊教育事业的发展。但由于诸多原因，我省义务教育阶段残疾学生随班就读工作还比较薄弱，需要予以改进和加强。

一、存在的问题

1. 思想认识不足。有的学校对做好随班就读工作的意义和作用认识不清，认为残疾学生随班就读工作难度大、安全责任大，不愿为此付出太多；有的残疾学生家长因担心孩子在学校受歧视而对孩子随班就读有后顾之忧。这样，极大地影响了随班就读工作的开展。

2. 经费投入不足。与普通学生相比，学校做残疾学生随班就读工作的难度大、强度高，付出也更多，但各地的生均公用经费，随班就读残疾学生与普通学生却完全一样，不利于学校接受残疾学生随班就读。

3. 师资力量薄弱。目前，我省各中小学随班就读教师基本没有接受过专门培训，缺乏必要的特殊教育专业知识，导致残疾学生不能受到良好的教育，制约了随班就读工作的有效开展。

4. 资源中心偏少。按照省上要求，各市、县必须建立随班就读资源中心（指导中心），为随班就读工作提供业务指导和技术支持。但是，有的市、县并没有引起重视，经费、人员、设施设备、空间条件等都不到位，很少将随班就读工作列入义务教育督导、评估、验收的指标体系，导致随班就读质量难以保证。

二、几点建议

1. 加大宣传力度。各级教育行政部门要大力宣传《义务教育法》《残疾人保障法》《残疾人教育条例》等政策法规，进一步提高全社会对特殊教育重要性的认识，形成扶残助残的良好风气。

2. 加大投入力度。按照省、市、县分担机制，单列专项资金，并大幅提高随班就读学校的公用经费标准，落实和提高随班就读学校教师的特教补贴；加大对残疾人口较多的贫困地区随班就读工作的扶持力度，在项目安排、资金投入等方面给予必要的政策倾斜。

3. 加强队伍建设。各市、县(区)单列特教学校和随班就读师资编制，严格招聘标准，把好入口关；加大培训力度，单列"国培""省培"随班就读教师培训计划，提高随班就读教师特教理论及技能水平；加大特殊教育指导中心建设力度，使之成为随班就读师资培训中心、资源供应中心、特教研究中心和业务巡回指导中心，带动全省随班就读教育教学质量的提升；在全省高校师范类专业中开设随班就读课程，增设特殊教育普通本科专业，从源头上解决我省特殊教育专业教师质量不高问题；加强教研队伍建设，各市、县专设专(兼)职随班就读教研员，以教师科研带动随班就读工作发展；落实随班就读教师相关待遇，对随班就读教师在评选先进、评定职称等方面给予优先考虑。

4. 加大管理力度。各级教育行政部门要将特殊教育纳入义务教育均衡发展规划和教育督导评估工作中，并作为创建"双高双普"和"义务教育均衡发展"合格县的一项硬指标，统一规划、统一部署、统一要求、统一检查，真正把各项措施落到实处；进一步完善随班就读工作制度，加强残疾学生普查登记，落实县、镇、村各级学校的责任，保证残疾学生入学；教育、财政、民政、卫生、人事、残联等部门积极配合，建立特殊教育联席会议制度，及时研究解决随班就读工作中的问题；加强特殊教育学校与随班就读普通学校的沟通，充分发挥特殊教育学校在随班就读工作中的骨干作用。

5. 加大教研力度。进一步健全省、市、县三级特教教研队伍，在各级教研部门专设特教教研员，加强特教工作研究；成立"陕西省特殊教育研究会"，扩展研究范围和研究深度；积极推进随班就读教育教学改革，开展省、市、县随班就读教育教学论坛或教学改革成果评审，努力形成我省各类残疾学生不同年龄段的教学模式。

提案复函

陕西省教育厅对省政协十一届一次会议第593号提案的复函

（陕教函〔2013〕272号）

王越群委员：

您提出的《关于做好残疾学生随班就读工作的建议》（第593号）收悉。现答复如下：

一、近年来我省随班就读工作的主要做法

一是切实保障残疾儿童少年接受义务教育。全省各地高度重视残疾儿童少年的教育问题，积极创造条件指导适龄残疾儿童少年就读当地的特殊教育学校或普通中小学校及幼儿园随班就读学习。

二是对随班就读的组织领导进行了加强。在省教育厅统一部署和要求下，各市、县（区）先后成立了随班就读工作领导小组，加强对本地随班就读工作的统筹协调和组织领导，同时把残疾儿童少年随班就读工作纳入义务教育整体规划和义务教育督导、义务教育均衡发展评估验收指标体系中，明确了各部门工作职责，促进了残疾儿童随班就读工作的顺利实施。

三是特殊教育事业投入力度逐步加大。中央和省级每年均安排专项资金用于改善特殊教育学校办学条件。2009—2012年，中央和省里累计投入特殊教育专项经费近3 000万元，共为全省特殊教育学校进行教育教学仪器设备购置和教学设施建设补助148次。2011年，为全省107个县的每个资源康复中心补助3万元，进行教育教学设备购置。

四是特殊教育师资队伍专业化水平有所提高。大多数市、县每年都多次组织特教工作者参加培训和考察学习，并对随班就读工作成绩突出的教师在晋级、评优等方面给予优先，从而调动了教师从事随班就读工作的积极性和主动性。

五是各市随班就读资源中心基本建立。2011 年全省 107 个县均依托特殊教育学校建立了特殊儿童随班就读资源中心，充分发挥了特殊教育学校的辐射带动和示范引领作用，积极承担各随班就读学校的巡回指导、检查、培训、咨询等任务，以保证本区域内随班就读的效果和质量。

六是随班就读教学管理得到加强。各市、县（区）都能严格按照要求对随班就读学生进行编班，并在实际教学和生活中采取多种措施，如将特殊儿童与其他学生结成对子，帮助特殊儿童解决学习和生活中的实际困难；建立成长档案，促进残疾儿童健康成长；采用发展性评价和过程性评价方法，重视个性化教育，等等。

二、今后进一步做好随班就读工作的设想

针对您提案中提出的相关建议，我们将在工作中认真加以研究和采纳，并对进一步做好残疾学生随班就读工作提出以下设想：

一是继续加大宣传力度。我们将进一步大力宣传《义务教育法》《残疾人保障法》《残疾人教育条例》等政策法规，形成扶残助残的良好社会风气。坚持以法治教，营造关心、支持残疾儿童少年健康成长的良好氛围。同时，制定有利于残疾儿童接受教育的政策和规章制度，对残疾儿童少年进行普查登记，落实县、镇、村各级学校的责任，对家庭困难的残疾儿童均给予资助，保证其入学。

二是进一步加强督导检查和完善制度机制。今后将特殊教育纳入义务教育均衡发展规划，纳入教育督导评估当中，作为创建“双高双普”和“义务教育均衡发展”合格县的一项硬性指标，统一规划、统一部署、统一要求、统一检查，真正把各项措施落到实处。同时，进一步健全工作机制，力争建立特殊教育联席会议制度，及时研究解决特殊教育随班就读工作中的有关问题，制定并完善全省特教事业发展规划、实施机制、督导机制、评价机制和特殊教育保障机制，统筹全省特殊教育工作。

三是进一步加大投入力度。在落实《陕西省人民政府关于进一步加大财

政教育投入的实施意见》的基础上，对学前特殊教育康复资源中心以及随班就读的特殊儿童按生均年 1 500 元的标准补助公用经费；对义务教育随班就读的特殊教育学生和特殊教育学校在校学生按生均 1 100 元的标准补助公用经费，均高于中小学公用经费补助标准，并免费提供教科书；普通高中按在校生人均年 400 元补助公用经费；大学本科按生均年 12 000 元补助公用经费，专科及高职按生均年 9 000 元补助公用经费。

四是进一步加强师资队伍建设。积极争取在陕西师范大学建立特殊教育指导中心，鼓励省属普通师范院校开设特殊教育专业，增加特殊教育专业（本科）招生计划，试行特殊教育专业免费师范生制度。继续利用“国培计划”和省级培训项目，加大特殊教育教师培训力度，在授课师资遴选、培训教材、方式方法等方面大胆改革，切实提高培训的针对性和培训质量。根据各地需求，在招聘教师中单列特殊教育教师指标，严格招聘条件，把好入口关；同时，切实提高特殊教育师资待遇，增加特殊教育补贴，每人每月给予一定数额的特殊津贴奖励，吸引更多优秀人才从事和投身特殊教育工作。

五是进一步加大管理力度。作为全省残疾人教育工作的主管部门，我们将认真贯彻落实国家有关法律法规和《中共陕西省委 陕西省人民政府贯彻〈国家中长期教育改革和发展规划纲要（2010—2020 年）〉实施意见》以及《陕西省残疾人事业“十二五”发展纲要》，进一步加强对特殊教育工作的领导，积极协调发展改革、财政、民政、卫生、残联等部门，做到各司其职，齐抓共管，共同推动我省特殊教育事业科学发展。

六是进一步加强随班就读工作研究。将进一步健全省、市、县三级特教教研队伍，在省教育科学研究所、各市教研室（或教科所）、各县教研室设立专职或兼职特教教研员，加强特教工作研究。力争成立“陕西省特殊教育研究会”，不断扩展研究范围和研究深度。积极推进随班就读教育教学改革，开展省、市、县随班就读教育教学论坛或教学改革成果评审，努力形成我省各类残疾儿童少年不同年龄段的教学模式。

感谢您对我省特殊教育事业的关心和支持！

2013 年 4 月 22 日

媒体反响1

央视网转播:2013年1月30日陕西卫视陕西新闻联播:发展献良策——王越群:让义务教育残疾学生随班就读落到实处

(视频截图略)

媒体反响2

《西安日报》2013年1月29日报道:设立专项资金鼓励合作办学(节选)

省政协委员王越群说,在我省特殊教育发展中,义务教育阶段残疾学生随班就读工作还比较薄弱,亟须加强。

王越群说,有的学校认为残疾学生随班就读工作难度大、安全责任大,不愿为此付出太多;有的残疾学生家长因担心孩子在学校受歧视而对孩子随班就读有后顾之忧,这极大地影响了随班就读工作的开展。经费投入不足、师资力量薄弱等也成为制约这项工作发展的因素。

为此,王越群建议,各级教育行政部门要加大投入力度,按照省、市、县分担机制,单列专项资金,大幅提高随班就读学校的公用经费标准,落实和提高随班就读学校教师的特教补贴;要加强队伍建设,各市、县(区)单列特教学校和随班就读师资编制,严格招聘标准,并加大培训力度,单列"国培""省培"随班就读教师培训计划,在全省高校师范类专业中开设随班就读课程,增设特殊教育普通本科专业,从源头上解决我省特殊教育专业教师质量不高问题。

第一次会议第464号提案

关于高校师范类专业及师训中开设特殊教育课程的建议

一、背景

中共十八大报告明确提出要“支持特殊教育发展”,《国家中长期教育改革和发展规划纲要》也对发展特殊教育做出明确的要求。据调研显示,在特殊教育发展过程中,全省大约有8 000名残疾学生在普通学校随班就读,并分布在全省众多普通中小学校,已经成为特殊教育的重要组成部分。为此,我省各级教育部门做了大量工作,取得了令人瞩目的成就,尤其是省教育厅专门颁发了《陕西省残疾人随班就读工作管理办法》,极大地推动了全省特殊教育事业的持续健康发展。但教师严重缺乏必要的特教知识是导致随班就读工作质量不高的重要原因。

二、问题

1. 师范类专业学生普遍缺乏特教知识

由于受诸多因素制约,在我省义务教育阶段残疾学生随班就读工作中,教师队伍不仅数量严重不足,而且普遍缺乏特殊教育知识,专业性不强,专业能力较低。有随班就读残疾学生的学校的教师绝大多数都没有特教专业知识,近年来补充的年轻教师多为普通师范专业毕业,而长期以来我省高校师范类专业均没有开设特殊教育类的(选修)课程,导致教师在工作岗位上不具备从事随班就读工作的知识和经验。

2. 在岗教师很少接受特殊教育知识培训

在目前我省普通中小学教师培训中，一般只进行相关学科的培训，不开设特殊教育方面的专题培训，所有开展随班就读工作的教师，几乎没有接受专门培训特殊教育知识的机会，导致教师普遍缺乏对各类残疾学生进行教育和心理、生理补偿训练的专业知识，面对随班就读的残疾学生，教育和训练工作不得法，效果不明显。

3. 教师资格证考试忽视残疾学生随班就读工作需要

在我省中小学和幼儿园教师资格证考试中，通识类的知识包括教师职业道德、心理学、教育学、教育法规等方面的知识，没有涉及特殊教育知识，即没有考虑到入职教师未来可能从事残疾学生随班就读的工作需要，导致各随班就读学校教师普遍没有特教知识。学校也普遍不能根据实际情况制定奖励和补贴的办法，忽略了教师在残疾学生教育方面付出的努力，对从事随班就读班级的教育教学工作表现突出的教师，也未能给予表彰奖励。

总之，由于普通学校教师缺乏和专业素质不高，导致大部分残疾学生受教育质量不高，制约了随班就读工作的有效开展。

二、建议

1. 全面落实教育部关于加强特殊教育教师队伍建设的最新精神

2012 年 12 月 13 日，教育部发布了《关于加强特殊教育教师队伍建设的意见》，第一次对特殊教育教师队伍建设做出全面部署。其中，提出要依托“国培计划”，加大对全国特殊教育学校教师培训力度。并特别提出要支持师范院校和其他高等学校在师范类专业中普遍开设特殊教育课程，以培养师范生具有指导残疾学生随班就读的教育教学能力。并要求将特殊教育相关内容纳入教师资格考试范围。这是我省普通高校和教师培训工作中开设“残疾儿童随班就读概论（选修）”课程的最新也是最重要的依据，建议省上从速落实。

2. 加强开设“残疾儿童随班就读概论（选修）”课的组织领导

建议省教育厅组建机构、组织专家，推动各高校师范类专业积极开设特殊教育课程。为了与专门的特殊教育学校教师的职业要求相区别，建议在普通高校师范类专业中开设“残疾儿童随班就读概论（选修）”课程，并委托陕西学前师范学院实施该门课程的建设工作。

3. 加强教材编写的管理，确保课程开设质量

一是严把教材建设的质量关。组织权威专家编写教材，以学科、专业的最新研究进展更新编写内容，以先进的教学手段和教学方式丰富教材形式，并将国内外最新的教学改革成果及时应用到教材编写当中，确保课程开设所需要的高水平教材的出版。

二是严把过程管理关。省教育厅要对有关院校该课程开设情况进行检查和评估，通过加强管理、督促检查提高该课程开设的质量，确保师范类专业学生能够真正掌握基本的残疾孩子随班就读所需要的特殊教育知识。

4. 加强课程开设的实施推广工作

一是在普通高校师范类专业中开设该课程。建议先选择部分院校的师范类专业开设“残疾儿童随班就读概论（选修）”课程，然后根据实施效果进一步完善。在此基础上，以省教育厅的名义，在全省高校发布《关于在全省高校师范类专业中开设“残疾儿童随班就读概论（选修）”课的实施意见》，要求所有高校的师范类专业都要开设“残疾儿童随班就读概论（选修）”课程，促进全省高校师范类专业学生从事随班就读工作的教育教学能力的提高，创新师范类专业人才培养模式。

二是在中小学教师培训工作中开设该课程专题讲座。建议在我省各类中小学教师的“国培”和“省培”项目实施中，所有学科均开设“残疾儿童随班就读概论”专题讲座，促进全省在岗在职教师随班就读知识和能力的提高。

三是在全省教师资格证考试中增加特教知识考试内容。建议在每年一度的全省幼儿园和中小学教师的教师资格证考试中，增设残疾学生随班就读知识或单列“残疾儿童随班就读概论”考试科目，让所有教师在入职时就具备一定的特殊教育知识，以便能更好地适应残疾孩子随班就读工作。

提案复函

陕西省教育厅对省政协十一届一次会议第 464 号提案的复函

（陕教函〔2013〕219 号）

王越群委员：

您提出的《关于高校师范类专业及师训中开设特殊教育课程的建议》（第 464 号）收悉。现答复如下：

强国必先强教，强教必先强师。省教育厅历来重视加强教师队伍建设工作，特别是全国和我省教育工作会议召开和《国家中长期教育改革和发展规划纲要（2010—2020 年）》及我省的《实施意见》颁布实施后，采取多种措施来加强教师队伍建设，特别是中小学包括特殊教育教师队伍建设工作。主要有以下几个方面：

一是在总体工作思路上，以省政府《关于加强中小学教师队伍建设的意见》（陕政发〔2010〕50 号）和《关于大力发展学前教育的意见》（陕政发〔2010〕51 号）为指导，以师德建设为龙头，以组织实施“骨干带动”和“全员提升”两大战略为抓手，采取有力举措，着力提升全省中小学教师队伍整体素质。

二是在师德建设方面，在加强和完善制度的基础上，集中开展了教育系统“一法一规范”学习实践活动，将师德宣讲、师德先进评选等作为常态性活动，弘扬和宣传高尚师德。特别是去年开展的“走进家庭，携手育人”大家访活动，将经济困难家庭、残疾学生家庭等作为重点对象，要求教师走进家庭，走进社区，教育和引导广大教师践行师德，帮助学生解决学习、生活等方面存在的实际困难和问题，促进广大青少年学生健康成长。

三是在师资培训及专业成长方面，大力实施“骨干带动”和“全员提升”战略。依托“国培计划”和省级培训项目，以短期集中、脱产置换、送教下乡、域外研修等多种形式，加大对骨干教师的专业化培训力度；依托省级培训基地，以省级教学名师、学科带头人、教学能手为主体组建讲师团，组织开展“名师大篷车”行动计划，赴基层开展创新课堂大讲堂活动，充分发挥骨干教师的示范引领作用，打造富有陕西特色的“三级三类”骨干教师体系；加强全员培训顶层设计，研究制定《关于加强中小学教师培训工作的实施意见》，从指导思想和原则、目标任务和重点、责任体系与学分管理、培训能力建设、组织管理与经费投入等5个方面，对我省今后一段时期中小学教师培训工作进行了整体部署，确保每人每5年接受不少于360学时的培训任务；依托教育部试点改革项目“农村义务教育阶段教师全员培训模式改革”，强化校本研修作用和功能，在安康、宝鸡试点成功的基础上，初步探索出一条大规模、低成本、高水平的农村中小学教师全员培训新途径。

此外，今后在加强中小学教师队伍建设方面，我们将进一步强化机制保障，着力提升我省中小学教师队伍建设的工作效能。一是发挥行政推动职能，构建教师培养培训的长效机制；二是加大资金投入力度，构建教师培训经费保障机制；三是提升高校服务功能，完善教师培训专业服务体系。

正如您分析的那样，由于受诸多因素影响，我省义务教育阶段绝大多数教师没有特教专业知识，近年来补充的新教师也因上学期间未选修特殊教育类课程而不能很好地胜任特殊教育的教育教学工作，导致跟班就读残疾学生受教育的质量难以有效提高。据此，您有针对性地提出了意见建议，我们认为十分可行。我们将采取如下措施加以落实，以此改善我省特殊教育师资力量薄弱的现状。

一是认真落实教育部等《关于加强特殊教育教师队伍建设的意见》（教师〔2012〕12号）和《陕西省残疾人随班就读工作管理办法》（陕教基二〔2012〕7号）有关规定，加强特殊教育师资培养培训工作。依托“国培计划”和省级培训项目，加大对特教师资的培训力度，对所有参与残疾学生教育教学工作的教师和教育工作者进行摸底调研，制定详细的培训计划，力争用3年时间进行一次深入系统的全员培训，使全员尽快适应岗位要求。

二是积极协调，鼓励我省普通师范院校（含幼儿师范院校）和有条件的综合性院校开设特殊教育课程，并作为必修课程，以培养师范生具有指导残疾学生跟班就读的教育教学能力。今后，应届师范教育类毕业生申请教师资格证书，必须修学特殊教育相关课程并通过相关考试考核。

三是完善《陕西省教师资格考试办法（试行）》（陕教师〔2007〕39号），在教师资格教育基础理论知识考试内容里增加特殊教育知识，保证获得教师资格的人员都能具备适应随班就读工作的特殊教育知识和技能。

四是根据各地需求，在省级统一招考和特岗教师计划中单列特殊教育教师指标，严格招聘条件，把好入口关。逐步在中小学教师职务晋升、评优选先、表彰奖励及骨干培训名额分配等方面适当做出政策倾斜，支持特教师资发展。同时，切实提高特殊教育师资待遇，增加特殊教育补贴，每人每月给予一定数额的特殊津贴奖励，吸引更多优秀人才从事和投身特殊教育工作。

关于建议中的其他问题，我厅正在积极组织落实，随着各项措施逐步落实和到位，相信这些问题会逐步得到解决。

感谢您对我省教育事业的关心和支持！

陕西省教育厅
2013 年 4 月 12 日

媒体反响

《各界导报》2013 年 1 月 30 日报道：大力改善民生，巩固我省经济社会发展好势头（节选）

教育组王越群委员认为，蛋奶工程是我省的一大民生工程，但可选择性单一，浪费较大。建议加入更多品种以供学生自主选择，把蛋奶工程变为名副其实的营养餐工程。

分组讨论发言要点摘选

1 月 26 日下午，各位委员围绕常委会工作报告和提案工作报告进行分组讨论。马中平主席参加了第八组的讨论，刘新文、李晓东、李冬玉、周卫健、梁凤民副主席也分别参加了讨论。现将各组委员发言简报如下：

王越群说：上午的报告文风简短，主题鲜明，作为老委员，体会到政协发言轻松、环境轻松。我有几点个人体会，政协工作要做好，一是要工作创新，希望政协为委员提供更多信息平台，使委员在参政议政方面能更好地发挥作用；二是提升调研质量，调研的选题希望能从下自上地征集，体现调研工作的价值，使调研成果最大化；三是委员提案，请多关注弱势群体子女教育和加强情感教育问题。（摘自2013年1月26日中国人民政治协商会议第十一届陕西省委员会第一次会议简报第1期）

1月27日下午，各位委员围绕省政府工作报告、国民经济和社会发展计划报告、财政预算报告进行分组讨论。刘新文、李晓东、李冬玉、周卫健、梁凤民副主席，姚增战秘书长参加了讨论。第十四组（教育）王越群建议：一是学生就业与高校不要挂钩，要解放学校；二是将第6页中“文化下乡和农村电影放映活动”改为“提高农村电视质量和丰富农民文化生活”更为适宜；三是“蛋奶工程”虽有作用，但存在浪费现象，建议将“蛋奶工程”的费用投入到营养餐计划，让学生自由选择，避免浪费；四是减少城市在美化建设中的浪费；五是关注支持特殊教育，特别是义务教育中的特殊教育。（摘自2013年1月27日中国人民政治协商会议第十一届陕西省委员会第一次会议简报第2期）

第二次会议第563号提案

关于解决我省医患纠纷问题的几点建议

近年来,随着医疗技术水平的不断提高,人民群众的健康水平有了很大程度的改善和提高。但随之而来的医疗纠纷也已经成为社会矛盾的一种表现形式之一,并且随着社会经济的快速发展和人们自我保护意识的增强,逐渐呈现出日益严重化的趋势,引起了社会各方面的广泛关注。我省也程度不同地存在一些问题。

一、医患纠纷存在的主要问题

1. 纠纷数量不断增加

据对榆林市调研,2011年至2012年5月,各县、区卫生局和各级医疗机构通过电话报告、文件报送等方式,共报告医疗纠纷45起。其中,医疗事故技术鉴定8起,双方协商解决30起,法院诉讼2起,其他方式解决5起,没有一起通过第三方调解解决。调解处理医疗纠纷赔偿金额累计783.6万元,最高赔偿138万元,最低赔偿3 000元。

2. 纠纷程度更为激烈

从实际情况来看,很多医院几乎都发生过程度不同的语言争执、家属哭闹、斗殴、打砸等性质不同的治安事件。很多县的医疗机构都表示,一旦发生医疗纠纷,就可能会遇到患者家属在医院停放尸体、私设灵堂、摆放花圈等极端行为,甚至发生冲击医院、围攻医护人员等事件。

3. 纠纷处理难度加大

由于多数医疗纠纷都不属于医疗事故,责任大多也不在医院,因此,患方大都表现为无理取闹，并采取各种非理性手段，要求医疗机构自行通过加大支付赔偿额度的办法来解决。如此状况，严重干扰了正常的医疗和工作秩序，造成了极坏的社会影响。

4. 负面影响日益突出

由于医疗纠纷数量呈上升趋势，而且多通过非正常渠道解决，因此，无形中助长了患方的非理性要求和行为，由此带来的负面影响也日益突出：一是医院的正常医疗秩序受到严重干扰，在医疗活动中，医生安全难以保障，工作积极性受到极大挫伤；二是公安机关压力增大，在发生激烈的医患纠纷时，公安机关要被迫投入大量警力予以处置，给他们的工作带来了较大的压力；三是影响稳定大局，特别是一些医疗纠纷发生后，患者家属集结家族势力在医疗机构闹事，围堵信访、政府机关，或长期越级上访，影响社会稳定大局。

二、对策建议

1. 加强正面宣传，引导全社会正确认识医患纠纷问题

建议采取各种措施，加大普法宣传力度，大力宣传医疗卫生法律法规，开展多种形式的普法宣传教育活动，要引导社会成员坚决贯彻落实国家卫生部和公安部联合下发的《关于维护医疗机构秩序的通告》（卫通{2012]7 号）等文件精神，引导医患双方按照法律规定，或通过平等协商，或通过行政处理，或通过司法程序来解决医疗事故及纠纷，这样医患纠纷问题才能够得到真正妥善的解决。

2. 推广典型经验，尽快出台我市医疗纠纷处理办法。

建议从省政府的角度，依照《中华人民共和国治安管理处罚条例》和《医疗事故处理条例》等法规，推广省内外在正确处理医患纠纷方面的经验，制定相应的处理医疗纠纷的办法、解决具体医疗纠纷的首要措施。

3. 成立机构，加大医患纠纷处理的协调力度

建议建立全省医疗纠纷第三方调解机制，成立医疗纠纷调解委员会。并且明确医疗纠纷调解委员会是具有独立法人资格、不以营利为目的的民办非企业机构，独立于卫生行政等政府部门，以第三方中立身份在医疗机构和患者之间架起一座沟通的桥梁。

4. 狠抓内涵,切实改进医疗服务质量

建议卫生部狠抓医疗机构的内涵建设,一方面,着力提高医务人员的专业水平和能力,不断提高医疗技术水平,改变目前医疗专业技术人员水平能力相对偏低的状况;另一方面,持续加强医德医风建设,加强医护人员职业道德教育,积极探索医患沟通的有效机制,使全体医护人员用真情去对待每一位患者。建立和完善医院服务质量保障、奖惩、评议、监督机制。另外,建议政府继续加大对医疗卫生事业的投入力度,加速医疗卫生事业的普惠性原则的贯彻,切实解决好广大群众看病难和看病贵问题,维护人民医院为人民的服务宗旨。

5. 加强制度建设,创新解决医患纠纷的方法

一是在不违背司法诉讼程序和原则的前提下,进一步深化改革,简化手续,推行医患纠纷诉讼合议庭,试行办案时间承诺制等,并在诉讼费的收取上,给予患者方一定的减免,使患者打得起官司。

二是充分发挥高科技作用,推广远程会诊经验,加大优质医疗资源的受众面,提高诊断和治疗的准确性,最大限度地减少医生诊断和治疗中的失误。

(注:该提案被陕西省政协评为优秀提案)

提案复函1

省卫生和计划生育委员会对省政协十一届二次会议第563号提案的复函

(陕卫办函〔2014〕246号)

王越群委员:

您提出的《关于解决我省医患纠纷问题的几点建议》(第563号)收悉。现答复如下:

近年来,针对频发的医患纠纷,省卫生计生委做了如下工作:

一是开展专项整治。去年5月15日,我委会同公安厅召开了集中整治医疗机构突出治安问题,维护正常医疗秩序专项行动动员部署会,集中半年时间

开展以维护医疗机构内部安全稳定、确保正常医疗秩序为目标的专项整治行动,全面打击涉医违法犯罪活动,排查整治涉医隐患纠纷。协调处置化解医患纠纷187起,其中医闹事件55起,打击处理27人。对进一步维护医院安全稳定和规范医疗秩序,预防各种犯罪活动的发生,起到了有力的威慑作用。

二是组织督导检查。今年2月份,专门下发文件,对各市开展打击涉医违法犯罪专项行动进行了再安排、再部署。3月份,会同公安厅组成检查组,重点对西安地区三级医院"平安医院"创建工作开展情况进行了督导检查,并将督查情况进行了全省通报。有力地推动了"平安医院"创建工作的深入开展。

三是推进医调委建设。去年初,印发了《关于建立医调委工作机制的通知》,共督导全省成立医调委120个(市级6个,县级94个,镇级20个),全年受理医患纠纷近600起,成功调解504起,调解成功率84%,有效地将矛盾从医院内转移到医院外调解,极大地减少了医患双方正面冲突。

四是开展专题调研。2月份,督导全省医院对职业"医闹"线索进行摸排梳理,并及时向国家卫生计生委和省公安厅报送了"医闹"线索。3月份,组织对全省所有医疗机构参与医疗责任险投保的赔付情况进行调查,进一步摸清我省医疗责任险开展情况,为推动医疗责任保险制度的落实,建立医疗风险分担机制做好了前期准备工作。

五是出台相关政策规定。去年,相继印发《陕西省卫生厅办公室关于对3起伤医事件的通报》《陕西省卫生厅 陕西省公安厅转发〈关于加强医院安全防范系统建设的指导意见〉通知》。今年,会同公安部门制定出台了《陕西省医院警务室建设规范(试行)》,联合11个厅局出台了《维护医疗秩序 打击涉医违法犯罪专项行动方案》,指导各市县积极开展涉医矛盾隐患大排查,严厉惩治侵害医患人身安全、扰乱正常医疗秩序的违法犯罪活动,积极做好医疗纠纷的化解,督导各医疗机构进一步提高医疗服务质量,加强医疗机构安全防范能力建设。

您对医患纠纷问题的剖析非常深刻,我们将认真研究您提出的意见、建议,从以下几个方面加强工作:

一是加强对医患纠纷的正面宣传和引导。会同宣传部门,广泛利用各种媒体，大力宣传医疗卫生法律法规，开展多种形式的普法宣传教育活动，教育群众理性看待可能发生的医疗风险和医疗后果，增强医患之间的信任感；引导社会成员坚决贯彻落实国家原卫生部和公安部联合下发的《关于维护医疗机构秩序的通告》等文件精神，引导医患双方按照法律规定的途径和办法来解决医疗事故及纠纷。

二是积极建议省人大和省政府针对医院暴力行为进行立法。我们将及时收集整理针对医院的暴力行为，并做好向省人大和省政府的汇报，积极建议省人大和省政府针对防范和打击医院暴力行为进行立法，出台我省的医疗纠纷处理办法，推行医患纠纷诉讼合议庭等相关的地方性法规和规章。

三是开展维护医疗秩序，打击涉医违法犯罪专项行动。按照《关于全省开展维护医疗秩序 打击涉医违法犯罪专项行动方案》的要求，会同各成员单位，集中一年时间，扎扎实实抓好专项行动的开展，开展涉医隐患矛盾大排查，集中整治医疗机构突出治安问题和周边治安秩序，严厉打击暴力伤医、伤患的违法犯罪活动，从严查办扰乱医疗秩序的案件，维护正常医疗秩序，保障医患双方合法权益。

四是妥善处理医疗纠纷。督导各级医疗机构按照《医院投诉管理办法》要求，在医院显著位置公布投诉管理部门及联系方式，设立投诉窗口，固定专人接受患者投诉，实行“首诉负责制”，加强医患沟通交流，努力将矛盾纠纷化解在萌芽状态；会同司法部门督导市、县大力推进医调委的建立，进一步建立健全医调委机制，努力发挥作用；会同省保监会推进建立医疗风险分担机制，指导各地推进医疗责任保险工作试点，利用保险这种市场化的风险转移机制，解决医疗纠纷的赔偿责任问题。

五是落实内保安全措施。督导各医疗机构按照《陕西省卫生计生委 陕西省公安厅转发〈关于加强医院安全防范系统建设的指导意见〉通知》要求，加强人防、物防、技防建设，进一步提升医疗机构自防自卫能力；鼓励医疗机构适当提高保安薪酬，通过政府购买服务的办法统一招聘较高素质的保安人员，建立健全治保会，落实 24 小时值班巡逻制度，制定防破坏、防群体性事件等应急处置预案，在医院大门、门急诊室、财务部门等重点部位安装视频监控报警系统，医院每季度开展一次安全隐患排查治理，每半年开展一次应急处置演练；年内督导三级以上医院完成技防建设任务。

六是提供优质医疗服务。指导各级医疗机构按照“三好一满意”“医疗质量万里行”“优质护理服务”活动的要求，对医务人员开展医疗质量、医疗安全和医德医风教育培训，严格落实医疗质量和医疗安全的核心制度，严肃查处乱检查、乱收费、大处方等行业不正之风，增强医务人员医疗安全责任意识，提高医疗质量管理水平，增进医患之间的信任度和认可感，真正从源头上减少和杜绝“医闹”问题的发生。

再次感谢您对卫生工作的关心和支持，欢迎您多提宝贵意见和建议。

2014 年 5 月 21 日

提案复函 2

陕西省公安厅对省政协十一届二次会议第 563 号提案的复函

（陕公函〔2014〕49 号）

王越群委员：

您提出的《关于解决我省医患纠纷问题的几点建议》的提案（第 563 号）收悉。现答复如下：

近年来，省公安厅党委高度重视医院安保工作，将维护正常医疗秩序，严厉打击涉医违法犯罪列为全省“秦剑”行动的重要内容，进行专门部署。各级公安机关按照卫生部、公安部《关于维护医疗机构秩序的通告》以及《关于加强医院安防系统建设的指导意见》等要求，以打击、整治、防范、机制建设等为主要工作目标，联合省卫生厅先后开展了，“集中整治医疗机构突出治安问题专项行动”“维护正常医疗秩序 严厉打击涉医违法犯罪活动”等专项行动，制定了《陕西省医院警务室建设规定》，要求全省二级以上医院全部建立警务室，警务前移,切实维护正常医疗秩序。通过一系列的专项打击、整治、防范等措施,破获了一批涉医案件,处理了一批涉医违法犯罪人员,增强了医疗机构内部防范能力,医疗秩序明显改善。

下一步工作措施:

一是严厉打击涉医违法犯罪活动。进一步强化警力部署,加强对各类医疗机构及周边的巡逻防控,切实加大打击整治力度,对伤害医护人员和患者人身安全的现行违法行为,及时出警,采取有效措施果断制止,依法严肃处理;对可能导致医患矛盾激化,危及医务人员和患者人身安全的苗头和隐患,提前介入,积极开展化解工作,切实维护正常医疗秩序。

二是切实整治扰乱医疗秩序行为。对破坏和扰乱医院正常秩序,在医疗机构焚烧纸钱、摆设灵堂、摆放花圈、违规停尸、聚众滋事等行为,做到优先出警、优先受理、优先查处,尽快恢复正常医疗秩序;对挑头闹事的主要人员,强制带离现场,依法严肃处理,构成犯罪的,依法追究刑事责任;对专业“医闹”团伙,收集固定证据,依法严厉打击。

三是全面加强医院内部安全防范措施。严格按照部、省《关于加强医院安全防范系统建设指导意见》的通知要求,监督指导医疗机构切实加强人防、物防、技防措施,全面构建“四位一体”防控网络,加强保卫人员的教育培训,全面提升医疗机构内部安全防范能力。

四是进一步完善医警联动机制。坚持联席会议制度,加强医警协作机制建设,按照《陕西省公安机关改进作风便民利民 8 类 50 项措施》和《陕西省医院警务室建设规定》要求,积极推进全省二级以上医院“警务室”建设,落实专职民警,警务前移,切实维护正常医疗秩序。

五是做好涉医案事件宣传引导。加大宣传工作力度,采取多种形式,对社会反响强烈的涉医案事件,会同宣传部门及时公开报道处理情况;对因医患纠纷引发的群体性事件情况,积极开展正面宣传,引导群众理性看待问题,合理解决诉求。

2014 年 4 月 4 日

第二次会议第560号提案

关于大力发展鲜果蔬产地加工业，促进我省果蔬业快速发展的建议

目前，在我省产业经济结构中，果蔬业发展很快。但是，由于市场供求失衡、销售不畅，加之鲜果蔬产地加工和精深加工基础差，致使一些地区出现了鲜果蔬滞销或低价销售的现象。据调查，我省每年有15% ~20%的鲜果因储藏保鲜和加工不及时而变质，果农直接损失达10亿多元，蔬菜损失更大。国外早已流行“非浓缩还原”NFC果蔬汁，近几年来，这种NFC果蔬汁在我国河北、山东、福建、江苏、重庆等省市发展很快。如果我省能推广这种技术，将损失的鲜果蔬加工成NFC果蔬原汁，每年便可以产生30多亿元的经济效益。为此，建议如下：

一、积极推广鲜果蔬产地加工机械设备，发展我省NFC果蔬汁产地加工业

国家“十二五”农产品加工规划中，要求重点推广水果蔬菜产地加工业，发展NFC果蔬汁生产。国家农产品加工装备技术研发专业分中心遵照这一要求，已研制出一种“可移动NFC鲜果蔬原汁加工设备”生产线，实际上是一种可移动的产地NFC鲜果汁加工小工厂。时任总理温家宝和马凯副总理曾给予赞赏，并批示加快推广此设备。这种设备特别适合农民专业合作社和专业大户进行鲜果蔬原汁产地加工，农民亲切地称它为“水果加工康拜因”。目前，已在国内推广18套，出口2套。建议我省在陕南、陕北、关中等地分别建立沙棘、柑橘、苹果等产地加工示范基地，推广这种加工设备，促进我省果蔬产业稳步健康发展。

二、扶持合作社创办鲜果蔬产地加工业,促进农产品增收增值

扶持农民专业合作社采用可移动鲜果蔬 NFC 原汁加工设备,自办鲜果蔬产地加工小工厂,发展我省果蔬产地加工业,减少农民异地打工的离乡之苦,有效地增加农民收入。建议在我省推广河北省玉田县黑猫王农民专业合作社的经验,该社 2011 年引进这种设备创办了果蔬加工厂,使 100 多名农民在当地就业,生产和销售 NFC 鲜榨果汁,效益倍增,大大促进了果蔬产业的发展。

三、强化相关政策扶持,促进我省果蔬汁产地加工业快速发展

1.“国家农产品加工装备技术研发专业分中心”是国家的公益性组织,国家农业部已批准设立在我省杨凌红桑果食品技术有限公司,由其负责建设。2011 年 9 月 5 日,省发改委业已批复立项(陕发改高计〔2011〕1561 号文件),该公司和投资单位已向西安经济开发区草滩生态产业园提出了入园申请。建议省政府规划、国土管理部门在土地划拨等方面给予支持,促其尽快建成。

2. 为了促进我省果蔬产地加工业的快速发展,建议省政府农业、农机部门将“可移动 NFC 鲜果蔬原汁加工设备”生产线列入农机补贴目录,加快其在我省的推广速度。

提案复函

陕西省农业厅对省政协十一届二次会议第 560 号提案的复函

(陕农业案函〔2014〕55 号)

王越群委员:

您提出的《关于大力发展鲜果蔬产地加工业,促进我省果蔬业快速发展的建议》(第 560 号)收悉。现答复如下:

农产品加工业是农业和工业的结合体,产业关联度高、行业覆盖面广、增值潜力大,是促进一二三产业融合、提升农业整体效益的关键环节,是用工业

理念发展现代农业的重要途径，是衡量农业现代化程度的重要标志。

近年来，在省委、省政府的重视和领导下，在各级有关部门的强力推动下，以“保供给、保安全、促产业、促增收”为目标，全省农业产业化深入发展，龙头企业不断壮大，有力地促进了农业产业结构调整和农民持续增收。在龙头企业等产业化组织的带动下，农产品加工业迅速推进。据不完全统计，全省规模以上农产品加工产值 2 769 亿元，其中果蔬加工企业约 360 余家，年加工果品、蔬菜量在 1 280 万吨左右。针对果蔬及其加工产业，我们坚持市场主体培育和项目建设推进双管齐下，尽量减少产后损失，提高产品附加值，引领带动产业增效、农民增收。

一、切实优化农产品加工业发展环境

一是宣传贯彻中央、省扶持农业产业化发展的政策意见。为进一步落实国务院、省政府扶持农业产业化（包含农产品加工业）发展的政策意见，在大量走访调研基础上，并征询省财政、发改、金融、税务、工商、国土、电力等 32 家省级部门和单位意见，代省政府起草了省级部门分工方案，以陕政办〔2013〕61 号文印发。同时，紧密结合全省实际，深入华圣果业、海升果业等行业重点龙头企业调研，出台了省农业厅支持农业产业化和农产品加工业发展的实施方案，以陕农业发〔2013〕47 号文下发各地农业部门贯彻执行。

二是调研拟定农产品加工业发展整体规划。为探索农产品加工业发展的新路径新规律，进一步提升全省农产品加工业水平，促进现代农业发展，我们先后赴河南、湖北、江西等兄弟省份以及我省西安、杨凌等地，深入农产品加工集聚地和近百家典型龙头企业进行专题调研，形成了《培育农产品加工业推进现代农业发展》报告，娄勤俭、江泽林、祝列克等省政府领导先后做出重要批示，明确提出要把农产品加工业作为全省经济结构调整的重点行业予以支持。此后，我厅组织西北农林科技大学食品工程学院等单位专家，编制了《陕西农产品加工业发展规划（草案）》《陕西省农产品加工产业园区建设方案（草案）》及《陕西省农产品加工产业示范园区建设方案》等产业规划方案。

二、加快培育壮大农产品加工龙头企业

一是加大对加工型龙头企业财政扶持力度。龙头企业是发展现代农业最

重要的市场主体，是工商资本进入农业的重要载体。当前，我省龙头企业发展正处于哺乳期，离不开财政的引导和催化。为此，我厅不断向省财政申请，增加省级农业产业化扶持专项资金规模，以财政贴息等形式，加大对海升、恒兴、华圣、齐峰等加工龙头企业的扶持，充分发挥财政资金的杠杆作用，吸引更多社会资本投入农业，为龙头企业发展树立信心，为全省农业产业化和农产品加工业发展注入新动力。

二是全面拓展加工型龙头企业融资渠道。为尽快缓解加工龙头企业融资难题，我们多措并举：强化对省农业产业化融资担保公司的引导与监管，提升其担保服务水平。担保公司运作近两年来，累计完成担保业务量超3.2亿元，意向担保额2.2亿元。主动联合省金融办和各类银行，多次举办龙头企业与金融机构、担保公司、基金公司对接活动，广泛搭建投融资平台，不断增强加工龙头企业融资能力，促进产业稳定发展和企业正常运行。

三是提升加工型龙头企业市场竞争力。依托陕西农产品加工技术研究院、西北农林科技大学等科研机构，加强农产品加工共性关键技术的研发推广，并促进企业与科研单位对接，加快科技成果转化。同时，积极组织龙头企业参加中国农业产业化交易会、中国农产品加工博览会、中国国际农科会等国内外大型展示展销活动，加大对陕西特色农产品的宣传推介，提高产品市场份额，提升企业品牌形象。

三、深入实施农产品产地初加工惠民工程

我省农产品资源十分丰富，尤其是苹果、猕猴桃、大枣、马铃薯等产品，其种植面积、产量、质量、销量在全国都有一定影响，已经成为区域农民增收的重要来源。但正如您提案中提到的，“由于市场供求失衡、销售不畅，以及鲜果蔬产地加工和精深加工基础差，致使出现滞销和低价现象”。因此，对产后这块，我们也一直十分关注。除督促果蔬加工龙头企业扩大原料收购外，我们坚持项目带动、龙头引领，不断改善农产品初加工条件，推进农产品精深加工，做大做强果蔬加工业，提升产业发展能力。特别是自2012年起，我厅积极行动，实施了国家农产品产地初加工补助项目，两年累计争取到中央项目补助资金9 000万元，面向全省果蔬重点县、区，以农民专业合作社和生产大户为承建主

体，新建果蔬组装式冷藏库 750 座、马铃薯窖 449 座、多功能烘干窑 397 座，带动相关资金投入超过 13 亿元，新增就业 2.6 万人，有效减少了果蔬产后损失，全省农产品初加工水平快速提升，经济效益、社会效益、生态效益显著。此外，我厅持续实施果蔬贮藏百库建设工程，仅 2013 年，即建成千吨以上冷藏库体 124 座，新增机械贮藏能力 14.2 万吨。

四、积极推进农产品加工产业园区建设

为引领带动农产品加工业发展，经深入调查研究、广泛征求意见，我厅提出了农产品加工产业园区建设思路，即先试先行，分批实施，采取省财政扶持、市县配套、企业自筹相结合的建设模式。率先创建一个标准高、规模大的农产品加工产业示范园区，为全省农产品加工产业园区建设探索经验、提炼模式。同时，结合我省农业优势产业发展布局，分批建设省级农产品加工产业园区，拟每年建设 5 个，力争到 2020 年省级园区数超 30 个，带动农户户均增收 7 000 元以上，形成全省农产品加工业发展“大动脉”。目前，以杨凌示范区为建设主体，农产品加工产业示范园区正启动建设，将重点打造果品、蔬菜、畜产品等加工产业集群，以及加工技术协同创新中心、质量安全监测中心、冷链物流中心等平台。围绕我省果、畜、菜、茶等资源禀赋，其他省级加工园区也将在各优势产区积极选址筹建。

五、进一步促进我省果蔬加工业的构想

果品和蔬菜是目前我省农业产业中极为重要的两大产业，推进果蔬及其加工业发展，对增加农业比较效益、提升区域经济实力、带动产业农民增收意义重大。今后，我们将着力抓好以下几个方面：

（一）强化产业集群集聚发展

以农产品加工产业园区为载体，按照优势原料生产带—产业集中区—深加工园区有机结合的布局思路，综合考虑产业基础、市场条件和经济发展特点，加快培育优势产地加工集群。其中果品加工向中高端多元化产品延伸，突出果汁、果酒、果干、果酱、罐头等加工，改变单纯依靠原料出口的局面。依托海升等农产品加工企业，开发中高端苹果汁、猕猴桃汁、木瓜汁，以及果酒、果

醋等系列终端饮品。蔬菜加工重点是提高清洗、分级、预冷、储藏、保鲜能力，开发清洁蔬菜、脱水蔬菜、发酵蔬菜、蔬菜汁、蔬菜营养粉剂及食用菌营养功能产品。

（二）强化产业市场主体培育

按照“扶大、扶优”的原则，不断强化扶持措施，完善服务机制，从引导创建品牌、加强宣传培训、改造技术设备、延伸产业链条等方面，着力扶持发展规模大、经营水平高、辐射带动能力强的龙头企业，以及成长性好、与农户利益联结紧密的农民专业合作社、家庭农场。通过农业经营主体的引领示范，带动农户参与产业化经营，实现小农户与大市场的有效对接，不断提升产业整体发展水平，促进现代农业建设。

（三）强化技术设备推广应用

持续加大科技创新研发力度，为农产品加工业发展提供技术装备支撑。密切与西北农林科技大学、陕西农产品加工技术研究院等科研单位合作，推进果蔬加工共性关键技术及专用设备的研究攻关，重点开发 NFC 果汁（包括鲜榨、贮藏保鲜等技术）、浓缩汁、复合汁和果汁饮料主剂。并广泛搭建院企合作平台，促进科技成果快速转化应用，帮助企业破解技术难题，实现农产品由单一加工向精深加工和综合利用转变。特别是针对果蔬初加工设备购置补贴等问题，2013 年我们向农业部做了汇报，部里已决定将果蔬初加工设备纳入农机补贴范围（具体品种暂未定）。同时，强化对已有新技术、新设备的调研，结合产业发展实际积极推广，实现产业增效升级、农民稳定增收。

感谢您对农业产业化发展的关心和支持。

2014 年 3 月 24 日

第二次会议第 221 号提案

关于全面提高我省县级及以下医院医生医疗水平的建议

为了提高县级及以下农村医院的医疗水平,2013 年 5 月我省出台了《关于推行医疗服务县镇一体化改革的意见》(陕政办发〔2013〕35 号)和《陕西省人民政府办公厅关于为县及县以下医疗机构定向招聘医学类本科毕业生的意见(暂行)》(陕政办发〔2013〕36 号)。这两个文件的出台,尤其是陕政办发〔2013〕36 号文件规定,从 2013 年起,连续 5 年,将在全国范围内为县及县以下医疗机构定向招聘医学类本科生共 10 000 名,这无疑对解决我省县以下医院医疗人才队建设具有重要意义。

但是调研表明,这些措施并不能全面解决我省县级及以下农村医院广大医务工作者的整体医疗水平和能力的提升,特别是当前我省农村县级及以下医院,有能力、有水平、医术高超、值得广大农民患者信赖的医疗人才流失现象非常严重,而省内专业医学高校每年培养的医生数量和速度都十分缓慢。这样,对目前工作在县级以下医院的十余万广大医务工作者来说,全员提高业务素质和医疗水平,就显得尤为必要与迫切。为此,我们提出如下建议:

1. 省上科学制订每 5 年一轮的医务人员全员培训计划

鉴于当前我省县级及以下医院医务人员学历普遍不达标、医术普遍不精湛的实际情况,建议省卫生厅制定每 5 年一轮的全省县级及以下医院 10 万名医务工作者全员培训计划,全面系统地把全省县级及以下医院医务工作者的全员素质提高问题,分解到每年的培训目标任务中去。并充分发挥省内医学专业院校和省级及以上医院的作用,由省卫生厅统一制定培训计划,为这些院校或医院安排培训任务。确保近 5 年内将全省县级及以下医务工作者全部轮训一遍。

2. 建立医疗骨干体系队伍,形成带动、引领、提高机制

为了使县级及以下医院全员素质提高能够取得切实的效果,充分发挥优秀骨干医生的作用,建议省卫生厅出台我省县级及以下医院骨干医生体系队伍建设政策。一是可按照全省县镇医院医生总数2.5%的比例,遴选、建立一支省级骨干医生队伍,分为“省级县镇医院名医”“省级县镇医院带头人”“省级县镇医院医疗能手”3个层次,给予相应的待遇,并进行重点培养。二是按照所在市的县镇医院总数5%左右的比例,建立一支市级骨干县镇医生队伍,分为“市级县镇医院名医”“市级县镇医院带头人”“市级县镇医院医疗能手”3个层次。三是按照所在县及以下的医院总数10%的比例,在全省建立一支县级骨干医疗队伍。分别命名为“县级县镇医院名医”“县级县镇医院带头人”“县级县镇医院医疗能手”。凡是被确定的各级各类骨干医生,均可给予相应的待遇。同时,明确各级骨干医生对其他普通医生的帮扶引领任务。

3. 建立省级优质医院对口帮扶县级及以下医院医生专业成长机制

建议由省卫生厅根据全省医疗机构和人才资源的情况,制定统一的省级医院对口帮扶县级及以下医院医生专业化成长的机制和制度。规定每个省级及以上医院(包括驻陕医疗机构)对口帮扶一个县(市)的县级及以下医院医生进行业务提升,并纳入各相关医疗机构的年度工作考核体系之中。每年将在帮扶、引领过程中取得的典型经验进行推广和宣传,同时每5年一轮进行一次总结和提升。

4. 建立名医远程诊断和指导县级及以下医院医生能力提高机制

建议省、市、县各级政府主管部门和省级医院共同努力,加大经费及科技投入,引进先进远程视频、影像、网络等医疗技术手段,建立省级及以上医院名医与对口帮扶县级及以下医院医生的远程门诊、远程诊断、远程病例研讨、远程专家报告、远程手术指导、远程会诊、远程医疗会议等现代化医疗平台。通过远程对口帮扶,既可以节省成本,又能做到名医与基层医生的直接对接,对快速提高县级及以下医院医生的医疗业务能力和水平具有重要的作用。

提案复函

省卫生和计划生育委员会对省政协十一届二次会议第221号提案的复函

（陕卫办函〔2014〕323号）

王越群委员：

您提出的《关于全面提高我省县级及以下医院医生医疗水平的建议》（第221号）收悉。现答复如下：

基层医疗机构服务能力不足，是制约全省卫生事业发展的重要因素之一。加强县及县以下医院医生专业技术培训，对推进医药卫生体制改革，形成“基层首诊、分级诊疗”的局面，缓解群众看病难、看病贵问题具有十分重要的意义。省卫生计生委高度重视基层医务人员培训，采取多种方式加强基层医务人员培训，现将有关情况说明如下：

一、相关培训工作现状

（一）县级医疗机构医疗技术人员培训项目

为提高我省县级医疗机构服务能力，发挥县级医疗机构在基层卫生网中的重要作用，我省从2011年起启动了“县级医疗机构医疗技术人员培训项目”，每年从基层选送1 000名专业技术人员进行培训，计划通过5年的时间为基层培养一批专业技术水平较高、业务能力较强的人才。我委组织专家制定了培训项目实施方案和教学大纲编制指导意见，遴选了省人民医院、西京医院、交大医学院第一附属医院、省中医医院等17家三级甲等医院为培训基地，分学科带头人、医疗技术骨干2个层次、29个临床专业进行培训。各培训基地按照不同学科专业和县级医疗机构特点，编写了教学大纲，制定了学科带头人和医疗技术骨干培训的教学计划，分专业、分层次进行培训。

为确保培训质量，我们加强监督管理，对各培训基地项目的组织管理、教学管理、师资情况、学员管理等进行实地督查。截至目前，该项目已完成两期培训，共有近千名来自基层的专业技术人员参加了培训。

（二）全科医生转岗培训

我省2009年启动全科医生转岗培训项目，按照《国务院关于建立全科医生制度的指导意见》，到“十二五”末基本实现城乡每万名居民有2～3名合格的全科医生的目标。省政府决定实施基层医疗机构“万名医生培训项目”，即全科医生转岗培训，计划用5年时间，为我省培养1万名合格的全科医生。主要培训对象为乡镇卫生院和社区卫生服务机构医生，培训基地设在第四军医大学、西安交通大学医学院、延安大学医学院、西安医学院和陕西中医学院。采取集中理论培训和临床实践结合的方式进行，结业考核统一组织、统一发证。经过培训已获得全科医生转岗培训合格证书的人员共计6 000余人。

（三）万名医师支援农村卫生工程项目

通过多年持续努力，我省城乡医院对口支援工作取得了显著成绩。我省77所、江苏22所城市二、三级医院对口支援99个县级医院。2013年共派驻医务人员512人次，诊疗患者25万余人次，实施手术1.8万余例，帮助受援医院新建科室124个，开展新技术近300项。每年选派540名县医院骨干医师到对口城市三级医院接受为期半年的轮训。同时，266家公立医院对857家城乡基层医疗卫生机构进行对口帮扶，56家公立医院对基层医疗卫生机构实施托管。西安市、延安市筹建医疗服务联合体或医疗集团。县及县以下医疗机构服务能力明显提升，有效减轻了农村居民就医负担。

二、存在的问题

一是人员选派困难。基层医疗机构人员配置有限，诊疗任务较重，一名骨干医师参加较长时间的培训有可能造成其他医师工作负担过重，甚至导致一个科室业务暂时中断。基层医疗机构为保证医疗服务正常开展，常常被迫缩短培训时间，甚至无法派出人员参加培训。二是医务人员积极性不高。各种形式的业务培训有效提升了医务人员技术水平和能力。但限于基层医疗机构的设施设备等条件，部分技术项目在基层难以全面开展，学到的知识和技术无用武之地。同时,业务培训工作缺乏配套的政策支持,部分接受培训的医师在薪酬、编制、职称等方面没有明显变化,导致积极性不高。

三、下一步打算

(一)强化业务培训针对性

在总结以往培训工作经验的基础上,我委将进一步加强培训针对性,实行分类指导。根据基层特点,重点加强常见病、多发病的诊疗知识培训,强化三基三严训练,推广适宜技术,使基层医务人员真正学有所用。

(二)创新业务培训办法

进一步丰富培训形式,逐步将单一的集中培训转变为集中培训、临床实践、远程教育相结合的培训方式。同时,将培训工作与卫生支农、县镇医疗服务一体化等工作相结合,指导医疗机构在支受援协议书、托管协议书中明确业务培训、技术扶持、学科建设等方面的具体指标,使基层医务人员在不影响业务工作的情况下,就地接受培训,提升技术水平。

(三)优化政策环境

与人事、编制、财政等相关部门积极协调沟通,密切配合,给予一定的政策优惠,充分调动基层医务人员积极性,形成学技术、促服务、比贡献的良好氛围。

感谢您对全省卫生事业的关心和支持,欢迎多提宝贵意见、建议。

2014 年 6 月 17 日

分组讨论发言要点摘编

1 月 13 日下午,第十五组(教育)委员就政协常委会工作报告以及提案工作报告进行了热烈的讨论。踊跃发言,各抒己见,对我省教育的发展提出了许多很好的意见和建议。周敏、朱恪孝、王建华、杨学义、张义明、王越群、刘聪博等委员发言。王越群对常委会工作报告和提案工作报告很满意,专业全面,文字优雅。报告中各项数据清晰,但没有横向、纵向比较,不能充分体现变化趋势。建议丰富委员参政议政渠道,搭建科技化、网络化信息平台。对已搭建的平台,应让委员真正发挥作用。(摘自2014年1月13日中国人民政治协商会议第十一届陕西省委员会第二次会议简报第12期)

1月15日,第十五组(教育)委员就省政府工作报告及计划、财政报告进行了讨论,朱恪孝、杨学义、王越群、苏秦、刘聪博、胡卫平、丁晶、黄藤、李震、李晖、郑刚、陈菊红、张义明、丰镇平等委员对我省教育发展提出了意见和建议。王越群说:1. 教育不仅仅是民生工程,更是国家战略发展的重点,建议政府工作报告将教育单列说明。2. 关注基础教育的同时,绝不能忽视特殊教育、继续教育、家庭教育等。3. 在启动新三年学前教育计划前,对上个三年学前计划进行查漏补缺。4. 面对基础教育,我们应该更加大胆地解放思想,重视创新教育和情感教育,想要实现学生减负,必须先优化现有评价机制,为教师和校长减负。5. 改善民办教育师资力量,解决人员定编问题。6. 通过高等院校建设,带动区域经济发展。7. 政府工作报告中政策的制定应有连续性。8. 基础教育课程改革要因地制宜,切勿盲目跟风。9. 加大基层医疗机构人员培训,提高医疗水平。10. 我省文化具有特殊性,针对语言半径限制,构建差异化的文化体系。(摘自2014年1月15日中国人民政治协商会议第十一届陕西省委员会第二次会议简报第50期)

第三次会议第357号提案

关于规范秦俑博物馆讲解员工作的建议

一、背景

秦始皇陵及兵马俑坑被联合国教科文组织批准列入《世界遗产名录》,并被誉为“世界第八大奇迹”。每天参观博物馆的中外宾客络绎不绝,在某种意义上,这里是向世界展现陕西悠久历史文化和西安国际化大都市现代文明的重要窗口,而博物馆的讲解工作则更是对外形象和声誉的典型体现。因此,建设一支综合素质强、讲解水平高、服务态度好的专门的讲解员队伍,对秦俑博物馆来说至关重要。

二、存在的问题

调研显示,外地游客赴秦俑博物馆参观时,一来到秦俑博物馆景区周围以及进入博物馆里面,就会遇到很多自称是讲解员的人向客人毛遂自荐,表示可以为参观者进行讲解。有很多不明情况的外地游客常常为此付费听其讲解,结果导致两个方面的突出问题:

一是游客听取的讲解内容五花八门,有的因为是非专业讲解员,缺乏对待历史的基本的专业性和严肃性,讲解中添加一些趣味性的东西来引起游客的兴趣,甚至误导游客对历史人物或事件的认知。

二是在博物馆内,几乎所有导游和非博物馆专业讲解员都没有使用无线耳机而大声讲解,然而博物馆里面嘈杂声、干扰声很大,既严重影响了游客的听讲和参观,又给严肃的博物馆净化游客灵魂的雅静环境造成了极大的破坏作用,与陕西悠久的文明文化古都的形象极不相称。

三、建议

建议有关部门和秦俑博物馆加大执法力度，加强秦俑博物馆景区周边及景区内部导游和讲解员工作：

1. 坚决清理馆外非专业讲解员，凡进入景区的导游和讲解员，必须经过博物馆统一管理、统一培训，持证上岗。

2. 为所有讲解员与游客提供无线扩音助听器，小声讲解，减少噪音，始终确保博物馆内部的安静。

3. 坚决取缔在博物馆内部兜售劣质旅游纪念品者，以维护广大旅游消费者的权益。

提案复函

陕西省文物局对省政协十一届三次会议第357号提案的复函

（陕文物函〔2015〕123号）

王越群委员：

您在省政协十一届三次会议上的《关于规范秦俑博物馆讲解员工作的建议》收悉，感谢您对我省博物馆事业的关心和支持。现就您所提出的问题答复如下：

一、关于导服人员素质提升的问题

目前，进入秦始皇陵博物院开展导服工作的人员主要有3类：博物院专业讲解员、秦陵博物院文化产业总公司下属旅行社导游员及临潼区骊山风景区旅游服务中心导游。其中，博物院专业讲解员、秦俑旅行社导游由秦始皇陵博物院管理，导服中心导游由临潼区旅游局管理。

由于导服人员的构成不同，确实存在着服务质量良莠不齐的现象，在社会上造成了一些不好的影响。为了提升服务水平，规范讲解内容和讲解工作，秦始皇陵博物院针对不同的导服人员，分别采取了不同的管理措施：

（一）博物院专业讲解员主要负责等级接待、观众需求调查，亦可为观众提供专业讲解服务

上岗的专业讲解员均经过博物院专业、系统的培训和考核。每年冬季都会组织为期 3 个月的业务培训，培训内容包括职业道德、历史知识、文物法、旅游法、考古基础知识、文物保护知识、礼宾礼仪知识、语言表达等相关内容。2014 年，在中华全国总工会主办的“中国梦 · 劳动美 · 我与改革创新”演讲比赛中，秦始皇陵博物院讲解员张静荣获金奖；在陕西省“秦陵杯”讲解员职业技能大赛中，秦始皇陵博物院获得了团体第一的好成绩。这支专业讲解队伍的素质，是博物院高品质导服工作的基础保障。

（二）秦俑旅行社导游主要针对零散游客提供导服服务

凡进入秦俑旅行社的导游人员，均须通过国家旅游部门组织的专业考核，获取导游证书，具备专业导游资质，方可持证上岗，接受博物院统一管理。为强化这支导游队伍的综合素质，秦始皇陵博物院专门成立了导游学校，从思想道德、专业知识、业务素质、服务意识等方面，按季度开展培训、考核，对考核不合格者予以淘汰，确保整体队伍的导服质量。2014 年，秦始皇陵博物院还专门编印出版了《秦陵博物院导游读本》，并针对读本内容开展了专项培训，进一步规范了导游人员的讲解内容。按照秦陵博物院提档升级的工作要求，秦俑旅行社导游的综合素质在不断地提升。

（三）临潼区导服中心导游主要针对零散游客提供导服服务

导服中心导游由区旅游局管理，2014 年为进一步规范入馆导游的标准化管理，秦始皇陵博物院积极联合区旅游部门，利用导游学校资源，对临潼区导服中心和秦俑旅行社 1 200 余名导游，分 3 期开展了集中、统一的专题培训，及时纠正了讲解过程中长期存在的一些谬误，填补了导游在讲解过程中的知识盲区，强化了导游人员的职业和道德素养，增强了导游人员的危机处理和应变

能力,大幅提升了一线导服人员的服务水准,有效地扩大了秦陵文化景区的社会影响力。

根据您的建议,秦始皇陵博物院将继续发挥本院专业讲解队伍的资源优势,为观众提供专业、规范的讲解服务。同时,秦始皇陵博物院将继续积极沟通并联合临潼区旅游部门,对所有进入秦陵文化景区开展导服工作的人员,进行定期集中统一培训,并形成常态。逐步实现统一培训、统一考核,持证上岗,从根本上提升秦陵文化景区的服务水平。

二、关于无线扩音助听器的配备问题

目前,秦始皇陵博物院宣教部配备有400个无线传递讲解器,可基本满足接待需求;秦俑旅行社配备有电子语音导览器和3D导览器,在售票厅前和一号坑大厅设有租借点。

近年来,秦始皇陵博物院年度接待量均在500万人次以上,参观高峰期每天接待量达到10万人次以上,每天平均参观人数在1万人左右。为所有观众提供无线扩音助听器,在设备购置、管理及维护方面均存在较大难度。根据您的建议,秦始皇陵博物院将积极调研,并逐步合理增加无线扩音助听器的配备数量和使用范围。同时,加强导服人员教育,对现场讲解的语音语调进行规范,尽可能减少噪音污染和相互影响,切实改善参观环境和秩序。

三、关于打击游售、兜售,维护消费者权益的问题

多年来,为净化参观环境,秦始皇陵博物院始终坚持与当地公安机关联合,严厉打击野导、游售、兜售行为。仅2014年,秦始皇陵博物院联合临潼区公安机关批评教育游售、兜售人员70余人次,对情节较为严重的14人,由公安机关进行拘留处罚。

秦陵博物院文化产业总公司负责博物院内的经营活动,为观众提供文物复制品、书籍等高品质的旅游纪念商品。凡在博物院内纪念品商店所购物品,如有质量或其他问题,公司可根据顾客要求,及时处理,无条件退换,充分保障消费者权益。

根据您的建议,秦始皇陵博物院将进一步规范经营管理,严格门禁制度,

继续联合临潼公安分局巡警队、秦俑派出所等当地公安机关,持续开展严厉打击游售、兜售及无证导游等行为的工作,尤其是在节假日期间,加大打击力度,维护消费者的权益,切实提升秦始皇陵博物院治安环境和旅游形象。

最后,再次感谢您对我省博物馆事业的关心和支持!

第三次会议第229号提案

关于发展我省“医养护结合”养老模式问题的建议

一、我省人口老龄化和养老模式发展

据有关部门统计，“十二五”期间，我省65岁以上老人超过318万，占总人口的8.53%，这标志着我省已进入人口老龄化社会。为此，我省各级党委和政府认真贯彻《国务院关于加快养老服务业的若干意见》（国发〔2013〕35号）和《国务院关于促进健康服务业发展的若干意见》（国发〔2013〕40号）等文件精神，积极应对人口老龄化趋势，进一步完善养老体制与机制，加快养老保障体系建设，形成了传统家庭养老模式、农村邻里互助养老服务模式、城区助老服务中心模式、民办养老机构服务模式、公办养老机构服务模式等多元化养老敬老模式，养老事业得到了有效发展。

二、我省目前养老模式存在的问题

1. 养老医护相互分离。老龄化问题日益突出，给有效解决我省的全社会养老问题带来了困难、压力和挑战。调研表明，在我省老龄人口中，家庭相对困难的占比较大。由“老年病”引起的患病、失能、半失能老人的治疗和护理问题困扰着千家万户。但当前的医疗和养老服务机构互相独立、自成系统，养老、医疗相分离。

2. 养老模式各有局限。在目前各种养老模式中，随着独生子女家庭增多、家庭小型化和市场经济的发展，传统家庭养老已面临挑战，代际的孝道、赡养、照料老人的观念日益淡化，家庭对老人提供最基本生活保障的传统不断削弱，获得子女经济支持的老人比例下降;有的区县农村的“邻里互助养老服务”模式在运行中缺乏有力的保障机制,不能成为真正解决农村养老问题的有效之举;城区助老服务中心模式下,服务人员素质参差不齐;各类公办和民办的专门养老机构发育尚未成熟,特别是基本将失能或半失能老人排除在外,与政府和社会期待形成巨大落差。

3. 失能养老矛盾突出。调研表明,我省各类敬老院对入住老人的要求基本都是生活自理的“五保”老人,敬老院以吃住为基本保障,而失能和半失能老人无条件入住。没有一所医养护相结合,满足失能老人需求的专业养老服务机构,大多数失能老人只能被迫选择家庭养老,甚至成为家庭养老无法承受的沉重负担,导致当前我省失能、半失能老人的养老问题十分突出。

三、对我省加快开展医养护结合养老问题的建议

1. 出台医养护结合养老政策。建议将城乡养老服务体系建设和“医养护结合”养老机构建设纳入全市经济社会发展的总体规划,根据人口总量,统筹规划养老服务设施的类别、规模、规格;明确规定“医养护结合”养老机构可以享受国家和省市关于养老服务业的各种优惠政策,包括床位和运营补贴等;鼓励养老机构内部按照医疗标准设置医院、门诊等机构,经审批合格后,纳入城镇基本医疗保险和农村合作医疗定点范围;优先保障“医养护结合”养老机构建设用地,对新建项目建设用地可按照公益性用地予以征用;对医养护结合的民办机构,减免相关的营业税、所得税以及土地使用税和房产税等;将失能、半失能老人及低收入家庭困难老人按情况进行分类,不同类别的老人可享受到不同标准的政府货币化养老补贴。

2. 加大对试点机构投入力度。建议国家、省两级的补助资金重点向“医养护结合”养老机构倾斜;出台优惠政策,鼓励和引导民间资本投向“医养护结合”养老机构建设;引导金融机构加大对“医养护结合”养老机构的信贷支持,在必要情况下政府财政可以予以贴息补助。

3. 整合资源走集团化发展之路。建议各市县鼓励大型和综合型医疗机构依托现有的医疗资源,兴办专门养老服务机构;鼓励有条件的养老机构整合资源,设立医疗机构,提供专业化医疗服务,建立医疗型失能老年人养护服务院,

形成依托大医院为背景的集团化医养护结合综合养老机构，使各市县养老机构逐步实现医护与养老相结合的集团化发展。

4. 明确试点机构的服务对象。建议试点实行“医养护结合”养老模式的公办养老机构逐步转向普惠性专业养老机构，明确服务对象，主要是为低收入老人及经济困难的失能、半失能老人提供低偿优惠供养，并兼顾城市“三无’老人、农村“五保”老人，提供集中供养，包括有急性和慢性病的老年人、肢体残疾和卧床不起的老年人以及高龄生活不能自理老年人等。

5. 创新试点机构的管理模式。建议规范试点实行“医养护结合”养老机构的行为，制定专门的“医养护结合”养老机构设立许可标准、管理办法、建筑设计规范、服务质量标准等文件，以确保医养护结合养老机构的服务质量；打破行业界限，大力发展跨部门、跨行业的“医养护结合”的养老机构，并积极创新机构管理模式；制定合理收费标准，明确规定“医养护结合”养老机构的设备配置和医疗水平等标准，对假借“医养护结合”养老机构之名乱收费、服务质量达不到标准的机构要给予及时整顿或依法惩处。

6. 加强专业人员培养培训工作。建议相关部门充分利用省内外优质的养老、医疗等机构，为各养老机构培训合格“医养护结合”专门技术人才；积极鼓励、支持市属高校和中等职业专业技术学校开设老年护理和管理专业，培养老年护理和管理专业人才；通过多渠道、多形式培养“医养护结合”养老服务人才，以满足实行“医养护结合”养老机构的一线专业人员和管理人员需要；逐步对“医养护结合”机构的专业护理人员和管理人员实行持证上岗制度。

7. 建设“医养护结合”示范机构。建议选择一两个市县建设一所功能突出、特色鲜明、辐射面广、带动力强的集医疗、护理、康复、健康教育、临终关怀为一体的“医养护结合”的示范性综合养老机构，主要收住失能、半失能老人。通过事业单位招聘的方式，全部配备高水平管理人员和医疗养老专业技术人员，打造独具特色的“医养护结合”的养老新模式，引领全省养老服务业发展，形成示范带动作用。

提案复函1

省卫生和计划生育委员会对省政协十一届三次会议第229号提案的复函

（陕卫函〔2015〕340号）

王越群委员：

您提出的《关于发展我省“医养护结合”养老模式问题的建议》(第229号)收悉。现答复如下：

一、全省老年人养护基本情况

2014年底，全省共有60岁以上老年人约565万(其中，70～79岁190.8万人，80～89岁60.2万人，90～99岁6.3万人，100岁以上1 119人)，占人口总数的15.01%，高于14.9%的全国水平。截至去年底，全省有各类养老机构2 526个(民办养老机构205个，公办养老机构603个，城乡社区居家养老服务机构1 718个)，共有床位15.04万张，老年人床位拥有率约为26.6‰。据调查，我省老年人两周患病率为163‰，高于人群平均水平(131.4‰)。所患疾病主要以心脑血管疾病、糖尿病、骨关节疾病、肿瘤等慢性非传染性疾病为主(四类疾病占患病人次的82%以上)，且往往同时罹患多种疾病，并发症多，患病者往往需要专业、系统的医疗服务。直接或间接提供老年医疗健康服务的卫生技术人员约有4.5万人，占卫生技术人员总数的18.7%左右。

二、发展养老服务和老年健康服务措施

近年来，我省医疗卫生事业取得长足发展，全民医保基本实现，基本医疗卫生制度初步建立，人民群众得到明显实惠，为加快发展健康服务业创造了良好条件。同时，养老服务业快速发展，以居家为基础、社区为依托、机构为支撑的养老服务体系初步建立，老年消费市场初步形成，老龄事业发展取得显著成就。但健康服务业总量普遍不足、布局与结构不合理，养老服务和产品供给不足、市场发育不健全、城乡区域发展不平衡等问题也在逐步凸显，亟待调动各

方力量，合力建设，加快推进，弥补不足，适应发展需要。

省委、省政府高度重视健康与养老服务工程的协同发展。《陕西省关于加快推进健康与养老服务工程建设的实施意见》中明确提出“到2020年，健康管理与促进服务的比重快速提高，护理、康复、临终关怀等接续性医疗服务能力大幅增强，全省非公立医疗机构床位数和服务量均达到总量的25%”的发展目标，同时确定了老年医疗卫生重点发展领域。

加强省、市、县三级公立综合医院基础建设，提高基本医疗服务能力。支持综合医院加强老年病、重症医学、肿瘤、心脑血管、神经系统、内分泌、骨关节、康复等老年病相关专业设施设备配置和人员进修培训，建立完善的省、市两级临床重点学科体系。鼓励地市级以上城市引进社会资本举办300张床位以上的非营利性综合医院，提升社会办医医疗资源和服务量占比。

加强各级专科医院建设。办好省传染病院、省肿瘤医院、西北妇女儿童医院、省结核病防治院、省精神卫生中心，加强基础设施建设，努力提高服务能力。每个设区市建设一所传染病院和一所精神病院，有条件的可建设儿童医院、肿瘤医院等专科医院。支持社会资本兴办肿瘤、心血管、儿科、眼科、妇产科、口腔、整形外科、皮肤等专门病种的专科医院。

建好1~2所省级康复医院。所有二级以上综合医院均应设立康复科。鼓励社会资本兴办康复医院和护理院，提供综合性康复医疗、长期医疗护理以及针对老年病患者的诊疗等服务。资助老年护理教育体系建设，拓展护理服务范围。

支持社会资本整合肿瘤、疼痛、精神卫生等相关专业资源，开办临终关怀机构。

拓展医疗卫生机构服务范围。鼓励社会资本兴办健康体检、中医养生保健、健康评估、医学检验和医学影像等健康服务新兴业态。资助相关专业从业人员专业技能培训项目。

每个建制乡镇必须设置1所政府办乡镇卫生院，按照街道办事处范围或3万~10万居民规划设置1所社区卫生服务中心，每个行政村原则上设1个村卫生室，每千常住人口基层卫生技术人员达到3.5人以上。支持基层医疗卫生服务能力建设，力争到2020年，所有基层医疗卫生机构都能提供健康教育、健康咨询、中医药、康复、慢性非传染性疾病患者管理和常见病、多发病初诊分诊等基本医疗卫生服务。

三、省卫生计生委主要做法

我委高度重视养老服务业发展,积极配合民政、发改等部门,采取有效措施,促进医疗卫生与养老服务有机结合,取得了一定成效。

1. 鼓励社会资本进入老年医疗服务市场。我委编制的《陕西省医疗机构设置规划指导意见》中明确提出:合理确定政府办公立医院数量,为社会资本举办医疗机构预留足够空间。大力支持社会资本举办康复、护理、老年病、临终关怀等老年医疗服务相关医院。同时,坚持"老年医疗卫生服务与养老机构协调衔接"的发展思路,重点在养老机构周边设置相关医疗机构,并支持有条件的养老机构设置医疗机构。目前,已设置两所大型社会资本举办老年病医院,正在前期筹备建设中。

2. 在医疗保险政策上一视同仁。将符合条件的社会办老年病相关医疗机构纳入新型农村合作医疗、医疗救助等定点服务范围,签订服务协议进行管理,并执行与公立医疗机构相同的报销标准。同时,将严重影响老年人健康的肺癌、食道癌、胃癌、结肠癌、直肠癌、急性心肌梗死、脑卒中等病种纳入大病保险范畴,符合条件的老年人,政策内报销比例可达90%以上。

3. 加强社区卫生中心(站)服务能力建设。鼓励有条件的社区卫生机构与养老机构合作,定期开展有针对性的健康教育活动和健康体检,改善老年人卫生习惯,对疾病早预防、早发现、早治疗。

4. 提升老年医疗服务能力。公立医院加强心脑血管、内分泌、骨科、肿瘤等老年人急需学科建设,提高服务水平和能力,加快设置建设老年病科。明确要求所有政府办二级以上综合医院均应设立康复科,康复科床位数低于医院总床位数的2%的,不得新增其他科室床位。

5. 将"65岁老年人免费健康体检""建立居民健康档案"作为基本公共卫生服务的重要内容。2014年,共完成老年人健康体检267.5万人次,老年人健康管理率达79.68%;累计完成居民健康档案建档3 284万人,建档率达93.9%。

四、下一步工作打算

1. 认真贯彻落实《陕西省人民政府关于加快发展养老服务业的意见》，将社会养老服务体系建设纳入各级政府财政预算和基本建设规划，建立稳定的财政投入自然增长机制。加快转变政府职能，向社会和市场放权，充分调动各方参与养老服务业发展的积极性。落实省政府《关于鼓励和引导社会资本进入养老服务领域的若干意见》，加大对民办养老服务业和老年医疗卫生的政策支持和资金扶持力度，探索建立养老服务补贴制度，鼓励和引导社会力量进入养老服务领域。

2. 探索养老机构与医疗机构业务协作机制，开通养老机构与医疗机构的预约就诊绿色通道，协同做好老年人慢性病管理和康复护理。鼓励有条件的养老机构内设医疗机构，不断加强为老年人提供便捷、优惠医疗服务的能力。

3. 加强养老照护机构护理员培训和考核，护理员持证上岗，使养老机构护理人员掌握基本护理和急救知识，保证老年人得到专业照护。

您对我们的工作给出了好的意见和建议。我们将结合实际吸纳您的建议，进一步统筹优化医疗卫生资源，提升老年人医疗卫生服务能力，努力满足老年人健康需求。再次感谢您对医疗卫生工作的关心和支持！

2015 年 5 月 4 日

提案复函 2

陕西省民政厅对省政协十一届三次会议第 229 号提案的复函

（陕民函〔2015〕177 号）

王越群委员：

感谢对我省养老服务业的关心和支持，您提出的《关于发展我省“医养护结合”养老模式问题的建议》收悉。指出的问题实事求是，所提的建议非常中

肯,也切合老龄工作的实际,省民政厅对此高度重视。现答复如下:

一、我省养老服务业发展的基本情况

一是构建起了比较完备的政策法规体系。推动出台了《陕西省人民政府关于加快发展养老服务业的意见》,确定了发展目标,明确了主要任务,提出了保障政策措施。提交省人大审议通过了《陕西省实施〈中华人民共和国老年人权益保障法〉办法》,已于2015年3月1日起实施。联合省国土资源厅制定了《关于加强用地管理 共同促进养老服务业和殡葬事业健康有序发展的意见》,从编制养老服务业规划、安排建设用地指标、加快实施项目建设等方面明确任务、提出要求。出台了《陕西省人民政府办公厅关于鼓励和引导社会资本进入养老服务领域的若干意见》《陕西省社会养老服务体系建设规划(2011—2015年)》《陕西省老年人优待服务办法》《关于推进城镇养老服务设施建设工作的通知》和《关于加强养老服务设施规划建设工作的通知》,为进一步推动我省养老服务业发展提供坚实的法规政策保障。

二是统筹城乡养老同步发展。截至2014年底,全省已建成运营各类养老机构3 850个,共有床位17.45万张,老年人床位拥有率为30.09‰,提前一年完成了社会养老"十二五"规划中30‰的目标任务。在城市养老机构建设方面,建设具备养老功能的市级社会福利院14个,建成和在建市级老年公寓10个,建成和在建县级社会福利中心79个,覆盖率达73.8%,全面提升保基本的能力;在农村养老服务设施建设方面,针对农村留守、高龄、空巢和孤寡老年人的实际困难,建设农村幸福院2 781个;在城市社区居家养老服务方面,为满足不同条件老年人的养老需求,建设日间照料中心、老年餐桌和养老服务站等多种养老服务设施,服务人次达到100万。

三是积极推进医养结合试点工作。积极促进医疗卫生资源进入养老机构,支持有条件的养老机构设置医疗机构。确定将陕西省荣誉军人康复医院、陕西省荣复军人第一医院作为医养结合改革试点单位,鼓励其开设老年病科,建立老年人健康档案和老年人家庭医疗契约服务关系,上门开展医疗服务,探索建立医疗卫生与养老服务相结合的新模式。

四是支持社会参与养老服务业发展。第一,落实扶持政策。为减轻养老服务机构的资金压力和营运成本，新建养老机构每张床位一次性补助 3 000 元，改扩建机构每张床位一次性补助 2 000 元。符合条件的，按照土地划拨目录依法划拨。对养老机构提供的养护服务，一律免征营业税；非营利性养老服务机构自用的房产、土地，免征房产税和城镇土地使用税；对非营利性养老机构，免征企业所得税；对单位和个人向非营利性养老服务机构的捐赠，可以在计算应纳税所得额时扣除，用电、用水、用气、用热执行居民生活类价格标准。第二，积极协调。协调省国土资源厅，针对社会养老机构用地的实际，将一批亟须建设的项目用地纳入省控指标中予以重点保障。2014 年，单列指标 789 亩，解决了 9 个省级重点养老服务发展项目的建设用地需求。

五是加强人员培训。从 2011 年开始，除组织全省养老机构管理和护理人员参加民政部举办的养老护理员及院长培训外，我们通过与大专院校和养老机构联合建立培训实训基地，免费实施养老护理员“千人培训计划”，有 1 600 多名养老护理员通过职业技能考试并取得相应证书。

我们也清醒地看到，我省养老还面临许多矛盾和问题。主要表现在：第一，养老服务基础设施薄弱，功能不完善；二是养老服务发展不均衡，特别是农村地区养老工作较为薄弱；三是扶持养老服务业发展的政策优惠力度不大，对民间资本参与养老服务业发展的吸引力不强；四是养老服务队伍建设水平有待提高。

二、下一步工作

我们将根据您提出的建议和意见，遵循“以居家为基础、社区为依托、机构为支撑”的工作思路，积极推进医疗卫生与养老服务相结合。

一是完善扶持政策。认真落实《陕西省人民政府关于加快发展养老服务业的意见》《陕西省人民政府办公厅关于鼓励和引导社会资本进入养老服务领域的若干意见》，加大对民办养老服务业的政策支持和资金扶持力度，尤其是医养结合的民办养老机构。探索建立经济困难的高龄、失能等老年人补贴制度，制定向社会力量购买养老服务的政策措施，鼓励和引导社会力量进入养老服务领域。

二是积极推进医养融合发展。协调卫生管理部门，将医疗卫生资源辐射到养老机构、社区和家庭中,鼓励医疗机构积极支持和发展养老服务,做好老年病、慢性病防治和康复护理。对于养老机构内设的医疗机构,符合城镇职工(居民)基本医疗保险和新型农村合作医疗定点条件的,可申请纳入定点范围,入住的参保老年人按规定享受相应待遇。对于您提出的选择一两个市县建设一所"医养护结合"的示范性综合养老机构的建议,我们将积极协调省卫计委,组织人员调研,对该项目进行科学论证。

三是支持社会力量举办养老机构。进一步降低社会力量举办养老机构的门槛,简化手续,规范程序,为社会力量举办养老机构提供便捷服务。引导民办养老机构根据市场需求重点建设养护型、医护型养老机构,丰富服务形式和服务内容,为老年人提供多样化的选择性服务。

四是加快公办养老机构建设。充分发挥公办养老机构托底作用,为"三无""五保"老年人、低收入老年人、经济困难的失能、半失能老年人提供无偿或低收费的供养、护理服务。按规划尚未完成的市级示范养老机构和剩余 28 个县级社会福利中心建设任务,要加快建设,确保年底前全部开工建设。

五是加强队伍建设。持续、免费地开展养老护理员"千人培训计划",力争到 2020 年养老护理员全部持证上岗。引导有条件的高等院校和中等职业学校增设养老服务相关专业和课程,开展养老服务技能培训。

六是规范行业标准。建立完善养老机构评估机制,加强设施环境、服务质量、管理机构和队伍建设等方面的检查指导,加强养老服务专业化、职业化、标准化及规范化建设。

以上答复,如有不妥,敬请提出宝贵意见。

媒体反响 1

陕西传媒网、《三秦都市报》2015 年 1 月 28 日报道:陕西省 65 岁以上老人超 318 万,政协委员热议加大养老社会化(节选)

王越群委员:建立医养护结合的养老模式

政协委员王越群在其提案中,提供了另外一种养老参考模式——医养护结合。

据媒体报道，西安60岁以上和65岁以上老龄人口占总人口的比重分别达到12.5%和8.5%。但截至去年5月，西安市已有养老机构95家，共有床位2万多张，相较于西安125.68万的60岁以上老年人口数量，显得捉襟见肘。而目前，我省各类敬老院对入住老人的要求基本都是生活自理的“五保”老人，敬老院以吃住为基本保障，而失能和半失能等老人没有条件入住，几乎没有一所医养护相结合，能满足失能老人需求的专业养老服务机构。

针对以上这些短板，王越群建议，出台医养护结合养老政策。将城乡养老服务体系建设和“医养护结合”养老机构建设纳入经济社会发展的总体规划，根据人口总量，统筹规划养老服务设施的类别、规模、规格；鼓励养老机构内按照医疗标准设医院、门诊等机构，经审批合格后，纳入城镇基本医疗保险和农村合作医疗定点范围。

在此基础上，试点实行医养护结合养老模式的公办养老机构逐步转向普惠性专业养老机构，明确服务对象，主要是为低收入老人，经济困难的失能、半失能老人提供低偿优惠供养服务，并兼顾城市“三无”老人、农村“五保”老人，提供集中供养，包括有急性和慢性病的老年人、肢体残疾和卧床不起的老年人以及高龄生活不能自理的老年人等。

王越群的建议得到了部分委员的认同。政协委员邓方安也提出了相同意见：鼓励和扶持集养老与康复保健于一体的养老机构建设，加强和大型综合性医院的联动，满足社会多层次的养老需求。

媒体反响2

西部网2015年1月30日报道：省政协会议集中热议“五大问题”，委员提众多建议（节选）

省政协委员王越群：我省已经跨入老龄化社会，国家倡导的“社会化养老”是养老事业的发展方向。我省形成了“传统家庭养老”“农村邻里互助养老服务”“城区助老服务中心”“民办养老机构服务”“公办养老机构服务”等多元模式，但还存在一些问题。一是养老机构和医疗机构相互分离；二是各种养老模式都有明显的局限性，如独生子女带来的家庭小型化给传统家庭养老带来挑战，又如农村邻里互助养老在运行中缺乏有力的保障机制；三是没有一所“医养护结合”能满足失能老人的服务机构。

我省加快发展“医养护结合”养老模式很必要也很迫切。几点建议：一是出台“医养护结合”养老的相关政策；二是加大对“医养护结合”试点养老机构资金投入力度，鼓励民间资本投资；三是整合优质资源，走集团化发展道路，鼓励大型医疗机构依托现有资源，兴办养老服务机构；四是明确“医养护结合”养老机构服务对象，主要为低收入老人及经济困难的失能、半失能老人等；五是创新“医养护结合”养老机构的管理模式，设立许可标准、管理办法、建筑设计规范、服务质量标准等；六是加强“医养护结合”养老机构专业人员培训工作；七是建设“医养护结合”示范性养老机构，引领全省养老服务业发展。

第四次会议第 441 号提案

关于进一步加快我省幼儿园教师培养步伐的建议

一、提出的背景

2011 年以来,我省第一个学前教育三年行动计划顺利实施,学前教育目前已经正式纳入陕西省委、省政府年度目标责任考核体系以及“双高双普”和“教育强县”督导评估体系,“省市统筹,分级管理,分工负责,以县为主”的管理体制已经确立,“党委政府强力推动、相关部门齐抓共管、社会各界大力支持”的工作机制基本形成。陕西省市、县、乡各级党委、政府主要领导同志主动研究学前教育工作,亲自到幼儿园视察调研,协调解决重点难点问题,许多制约学前教育发展的瓶颈得到了及时解决。2016 年,我省第二个三年行动计划也将如期完成,学前教育事业取得了显著成效。十八届五中全会提出,“十三五”时期,我国教育发展的核心任务是提高质量。幼儿园教师队伍数量的充足性、稳定性和专业化发展水平是影响幼儿园教育质量的重要因素。

二、目前我省幼儿教师队伍存在的主要问题

我省 2012 年在原陕西教育学院的基础上改制设立了全国第一所以学前师范为名称的学院——陕西学前师范学院;2013 年首次实施了学前免费师范生的试点工作,相关省属师范本科鱼河高职院校也加大了学前教育专业招生数量。这一系列举措有力地加快了我省学前教师队伍建设步伐。但从目前状况来看,我省学前教师数量仍然不足,不能满足学前教育快速发展的需要;师幼比平均为 1∶22,农村地区更低;幼教专业毕业的专科以上学历教师占比还较

低,农村地区不到50%,专业化水平有待提升;有幼教资格证的教师数量占比仅为50%左右,无证教师仍占30%左右,农村地区在44%左右;未评职称教师占70%左右;教师待遇偏低;公办幼儿园教职工编制数量严重不足。由于编制、待遇问题长期得不到解决,保障程度差、流动性大、稳定性低,难以吸引优秀人才从事幼教事业。

三、关于加快我省学前教师培养的建议

1. 进一步加大实施学前师范生免费教育政策的力度

从三年的试点情况来看,学前免费师范生教育政策吸引了一大批优质生源,有力地改善了幼儿园教师的生源质量。从陕西学前师范学院首届免费师范生的情况来看,培养质量大幅度提升。但从目前的数量来看,难以满足需要。而且,随着二胎政策的放开,我省每年将新出生4万~5万名婴儿,未来几年,幼儿教师缺口仍有扩大的趋势。因此,建议省政府在总结试点的基础上,在“十三五”期间要进一步加大在陕西学前师范学院实行学前师范生免费教育政策的力度,学前教育专业免费师范生招生计划要扩招一倍以上。

2. 进一步积极支持陕西学前师范学院实施卓越幼儿园教师培养计划。

据调研,为了进一步提高学前教育专业人才培养质量,2015年陕西学前师范学院创造性地启动了“卓越幼儿园教师培养计划”,此做法深受地方教育行政部门、广大学生、幼儿家长和幼儿园等各方的一致赞赏,希望这一创新举措真正能为我省学前教育高质量发展结出硕果。但是,由于受经费等因素的制约,严重影响了该校高质量学前教育人才培养的步伐。因此,建议省政府从第二个三年行动计划中划拨一定的专项经费,支持陕西学前师范学院学前教育“卓越幼儿园教师培养计划”的正常实施。

3. 进一步依法落实幼儿园教师待遇

完善幼儿园教师工资待遇保障机制,确保公办园和公办性质幼儿园非在编教师的收入不低于在编教师收入的80%。引导和监督民办幼儿园依法保障教师工资和待遇,足额足项为教师缴纳社会保险和住房公积金。

4. 进一步完善幼儿园教师职称评定制度

幼儿园教师职称应按照中小学教师职称系列设立,但考核晋升办法应当

考虑幼儿园教师工作特点，避免与中小学职称晋升条件和标准相似，并尽量淡化学术性成果考量。同时，还应消除职称晋升中，公办与民办教师之间、在编与编外教师之间在机会上的不平等。

5. 进一步加强对农村地区幼儿园教师的全员培训

继续加大培训力度，增强培训实效；建立面向幼儿园卫生保健人员的专项持证培训；提供差异化的、更贴近幼儿园教师工作实际需要的在职培训。

6. 进一步督促加快陕西学前师范学院校内实践基地（附属幼儿园）建设步伐。

调研表明，2014 年为了进一步强化陕西学前师范学院在我省学前教育人才培养方面的领军地位，提高学前教育专业人才培养的针对性，省委决定将省委机关幼儿园划转为陕西学前师范学院附属幼儿园，作为该校学前教育专业科学研究与教育教学改革实践的重要基地。据悉，目前此项工作取得了一定进展，但进展较为缓慢，与省委的指示精神不相符，并极大地影响了该校学前教育专业教育教学改革和科学研究的质量和效应。因此，建议省政府有关部门能够进一步加大督办力度，列出明确的建设时间进度表，尽快完成各项建设任务，力争早日交付陕西学前师范学院投入使用。

提案复函

陕西省教育厅对省政协十一届四次会议第 441 号提案的复函

（陕教函〔2016〕220 号）

王越群委员：

您提出的《关于进一步加快我省幼儿园教师培养步伐的建议》（第 441 号）收悉。现答复如下：

强国必先强教，强教必先强师。省教育厅历来高度重视加强教师队伍建设工作，特别是近年来紧紧抓住全国和我省教育工作会议精神，紧密围绕《国家中长期教育改革和发展规划纲要（2010—2020 年）》及我省《实施意见》，召开全省教师工作大会，出台了一系列加强教师队伍建设的重要文件，特别针对基础教育教师队伍建设，提出并实践了“以德为先，骨干带动，全员提升”的强师战略，旨在建设高素质专业化教师队伍。这几年，在加快幼儿园教师培养培训方面做了大量卓有成效的工作：

一、明确思路，加强幼儿园教师队伍建设的顶层设计

省教育厅以省政府《关于大力发展学前教育的意见》（陕政发〔2010〕51号）为指导，加强顶层设计；以师德建设为龙头，以实施“骨干带动”“全员提升”两大战略为抓手，采取有力举措，着力提升幼儿园教师队伍整体素质；就加强幼儿园教师队伍骨干体系建设与培训工作、加强乡村幼儿园教师队伍建设等出台专项文件，明确了幼儿园教师队伍建设的目标任务和具体措施，指导各级党委和政府以及相关部门进一步重视和加强乡村教育和幼儿园教师队伍建设，推进城乡教育均衡发展和社会和谐。

二、多措并举，加强幼儿园教师骨干梯队建设

一是把立德树人作为教师队伍建设的根本立足点。出台《关于加强中小学师德师风建设工作的意见》，下发《严禁中小学校和在职中小学教师有偿补课通知》，拟定《中小学教师违反职业道德行为处理办法》，划出师德“红线”，建立和完善师德约束和查纠处理制度，加强正面典型宣传和反面警示教育，用身边典型号召和引导广大教师践行社会主义核心价值观，带动行风建设。

二是着力打造富有陕西特色的“三级三类”幼儿园教师骨干体系。通过层层选拔、分类培养和团队建设，激活“骨干带动，全员提升”的教师自我发展模式，涌现出一大批优秀教师。近5年累计评选幼儿园省级教学能手215名，学科带头人及培养对象35名，教学名师工作室主持人3名，特级教师及后备人选18名。

三是依托“国培计划”和省级培训项目持续提升培训质量。以短期集中、脱产置换、送教下乡、域外研修等多种形式，加大对幼儿园骨干教师和校园长的专业化培训力度，充分发挥我省“三级三类”骨干教师的示范引领作用，以骨干引领带动全员提升。

四是不断完善幼儿教师培训体系，成立了全省中小学幼儿园教师发展中心、校园长培训中心、教师教育指导中心，以及教师培训评估中心，依托师范院校，建立省级培训基地40多个。各市、县也分别建立了教师培训基地，指导高师院校与县校对口结对，培育典型和骨干，以此带动区域内教师全员提升。

三、今后的有关工作思路

正如您分析的那样，由于受诸多因素影响，我省幼儿园教师培养培训工作还存在一些不足和需要改进、提高的地方。对于您提出的相关建议，我们认为十分可行，将采取如下措施加以落实，以此改善我省幼儿教育师资力量薄弱的现状。

一是加大实施学前免费教育力度。在免费教育试点经验基础上，结合我省未来学前教育发展需要，省教育厅提出了“十三五”期间实施地方师范生免费教育的意见，该意见已上报省政府，待批复同意后，将全面组织实施。

二是支持“卓越幼儿园教师培养计划”的实施。我厅将积极发挥陕西学前师范学院师资优势，鼓励和支持该项计划的实施。同时，尽可能调动省内其他高师院校和教科研机构参与该培养计划，共同为提高我省幼儿师资储备打好基础。

三是推进幼儿教师待遇问题。由于受编制、体制、经费的影响和制约，幼儿园教师待遇地方差异较大，影响教师队伍稳定。对此，我们将积极协调相关部门进行调研，科学合理地设置幼儿教师岗位标准，不断提高幼儿教师待遇，用感情留人，用政策留人。

四是关于幼儿教师职称评审情况。我们将组织专家进行深入调研论证，并积极向省人力资源和社会保障厅反映，制定出符合幼儿园教师专业发展和成长规律的评审办法，以良好的政策和优厚的待遇吸引和留住人才。

五是关于农村幼儿园教师的提升培训。我们将进一步向乡村教师倾斜政策，落实好乡村教师支持计划，确保农村幼儿园教师和校园长5年完成360学时的培训学习。

六是关于陕西学前师范学院附属幼儿园的建设，我厅将积极向省委、省政府进行汇报，加快推进此项工作。

关于建议中的其他问题，我厅正在积极组织落实，随着各项措施逐步落实和到位，相信这些问题会逐步得到解决。

感谢您对我省教育事业的关心和支持！

分组讨论发言要点摘编

1月23日下午，第十三组(教育)委员就常委会工作报告和提案工作报告进行了热烈讨论。杨学义、张义明、朱恪孝、黄藤、周敏、李震、李晖、王越群先后发言。王越群说：一是将各党派及工商联的参政议政成果在常委会工作报告中充分体现；二是充分利用"互联网+"形式，精心打造政协信息化平台；三是对本届政协提案办理工作开展一次回头看，对提案办理不力的单位，在一定范围内通报；四是政协应在高等院校转型发展、高职招生注册、家庭教育等方面积极开展调查研究，建言献策。(摘自2016年1月23日中国人民政治协商会议第十一届陕西省委员会第四次会议简报第14期)

1月25日下午，第十三组(教育)委员围绕省政府工作报告、"十三五"规划纲要(草案)，国民经济和社会发展计划执行情况与计划草案报告、财政预算执行情况和预算草案报告进行了热烈讨论。徐青青、朱恪孝、陈菊红、庞义安、孙岚岚、张小兵、王越群先后发言。王越群说：一是向中央争取政策支持，将陕西文化上升到国家层面来打造；二是改进高校科研评价体系，提高科研成果转化率，服务地方经济发展；三是重视秦岭生态保护，挖掘秦岭文化资源，积极推进"大秦岭"国家中央公园建设。(摘自2016年1月25日中国人民政治协商会议第十一届陕西省委员会第四次会议简报第68期)

第五次会议第 30 号提案

关于进一步完善我省中小学教师培训体系问题的建议

随着基础教育改革和发展的不断深入，对中小学教师的素质要求也越来越高。2010 年以来，我省先后出台了《陕西省人民政府关于加强中小学教师队伍的意见》等一系列教师队伍建设计划，提高了在职教师的能力，取得了一定成绩。但是面对基础教育突飞猛进的发展，我省广大中小学教师特别是农村教师的综合能力仍然不能适应新形势的要求，教师培训仍然存在诸多亟待解决的问题。

一、我省中小学教师培训存在的主要问题

1. 中小学教师脱产培训存在的问题。一是培训者队伍教业负担沉重，不利于培训队伍体系的专业化发展。我省的省级培训任务分由省内十多所相关高校和部分中小学名校承担。但这些学校几乎都没有独立的专门从事中小学教师培训工作的专家队伍。虽然省教育厅组建了一支培训专家队伍，但这些专家都有繁重的本职工作，显然影响了培训的教学质量。二是由于广大中小学教师的工作任务繁忙，个别学校不允许骨干教师参加脱产培训；对培训时间较长的培训项目，有的教师参与积极性不高；“名师大篷车”“送培到县”等不脱产培训，由于培训时间较短等因素导致培训的效果不理想。三是培训规划不合理，培训次数过多，质量参差不齐。目前省内一线教师参加培训次数大幅增加，有些教师甚至需要短时间内参加各种培训，不仅影响中小学正常的教育教学工作，甚至培训内容重叠，导致参训教师应付培训与倦怠现象的产生。

2. 培训经费保障方面存在的问题。一是各级经费支持力度不同，培训效

果和质量参差不齐。由省教育厅统一部署的“国培”“省培”项目的落实都很到位,培训的质量普遍较高,但因财政收入的差异,“市培”和“县培”则因各市、县财政状况的不同而出现较大差异。二是受经济下行压力影响,“国培”“省培”项目执行的效果受到一定影响。从今年开始,以前保障很充分的“国培”和“省培”项目经费,因为经济下行影响,大约减少15%左右,培训效果因此受到了一定的影响。与此同时,市县两级因为财政原因,虽然国家有相关政策明文规定,但在实际操作中,部分市、县的培训经费远远达不到规定标准。

3. 信息化网络远程培训的作用发挥有待提升。一是对信息化培训资源和平台重视不够。我省“陕西教师培训网”和“陕西省中小学教师网络研修平台”两个平台优质培训资源较少,各市、县两级教研部门或教师教育主管部门网站则基本没有专门的教育资源栏目。虽然省教育厅通过开通网络实时专家培训和购买全国中小学教师继续教育网等网络在线培训平台和资源供全省培训使用。但是,由于网络培训是教师自学,因为多种原因,参培教师消极应付的现象广泛存在。二是培训资源开发和利用不能满足培训需要。在教师培训项目实施过程中,没有全省自主统一研制、编发的培训专题教材,多数市、县、校也没有编印出原创性培训材料,导致培训教师讲授课带有一定随意性。

二、对策建议

1. 提升能力,进一步加强“专兼结合”的专业化培训者队伍建设。各级教育行政部门要按照教育部要求,进一步优化专兼职培训专家库,对专职培训专家,一定要坚持去行政化原则,并按照周期实行动态调整,形成一支优秀的专职培训队伍。对于兼职培训专家,一是重点选拔一线优秀教师;二是重点聘请能够把握基础教育课程改革内容和中小学一线教师培训需求的高等学校专家学者。同时,建立省、市、县三级培训专家库信息管理平台,实现各级培训者的信息共享。

2. 教师减负,努力为中小学教师接受系统深入的培训奠定基础。各级教育行政部门要根据课程改革的精神,减轻教师的工作负担,尤其是要将省教育厅部署的“新常态,大视导”活动落在实处;要进一步优化对教师考核办法,根除功利化考核指标,给教师腾出更多参加培训的可支配时间;要进一步改革围绕升学率而衍生的各类考试，让教师从应试负担中解放出来。

3. 科学统筹，合理安排中小学教师培训项目执行的节奏。省、市、县各级教育部门要积极协调财政部门，按照培训计划及时或提前划拨培训经费，或将经费按周期统筹使用。特别是国培项目经费的划拨，要提前与有关部门进行沟通落实，以便培训机构能够提前合理安排培训，避免因经费划拨问题而导致的培训“扎堆”与“冷清”两种不正常现象。同时，注重各级培训协调，既要避免因经费不足导致的“市培”“县培”随意删减，又要避免各级培训相互“撞车”。

4. 转换方式，高度重视网络培训和资源共享。我省应按照教育部的要求，及时出台相关文件政策，积极推进教师网络研修社区建设，进一步推动并落实教师线上和线下研修结合的学习模式，促进教师同行之间开展多层次交流。

5. 自主研发，进一步落实培训专题材料或通识性教材建设工作。由省教育厅牵头负责，撰写符合陕西省中小学实际需要的中小学教师培训专题材料或通识性教材，各市、县、校也要积极研究或编印出适合本土实际情况的原创性教师通识性培训材料、学科教学技能材料、教育和心理理论学习材料等，使教师通过培训与研修提升，形成自己的抓手。

（注：该提案由本人调研执笔撰写，作为民进省委集体提案立案）

提案复函

陕西省教育厅对省政协十一届五次会议第30号提案的复函

（陕教函〔2017〕301号）

中国民主促进会陕西省委员会：

贵委提出的《关于进一步完善我省中小学教师培训体系问题的建议》（第30号）收悉，现答复如下：

强国必先强教，强教必先强师。要办好人民满意的教育，首先要有一支人民满意的教师队伍，教师培训是加强教师队伍建设的重要环节，是推进素质教育，促进教育公平，提高教育质量的重要保证。陕西省委、省政府历来重视加强教师培训工作，特别是我省在 2013 年召开了陕西省教师工作大会，省教育厅联合省人社厅、省财政厅出台了《关于加强中小学教师培训工作的实施意见》（陕教师〔2013〕31 号），采取多种措施来加强教师培训工作。

一、建立和完善教师培训体系

积极开展省级教师培训基地建设，加强和完善组织架构和管理体系，成立了全省中小学幼儿园教师发展中心、校园长培训中心和全省教师教育指导中心，依托师范院校，建立省级教师培训基地 40 多个。各市、县也分别建立了教师培训基地。指导高师院校与县区和中小学、幼儿园对口结对，培育典型和骨干，在全省高等院校推进教师发展中心建设。

二、建立教师培训质量保障机制

一是进一步加强培训过程监督，制定匿名评估制度，对培训项目前期计划制定、中期考核与管理、后期培养与作用发挥等进行全程监管与落实，确保学员报到率和培训满意率。二是遴选 46 名省内外专家建立省级培训评估专家库，不定期开展中小学幼儿园教师和校园长培训项目质量评估和工作水平评估，不断提升培训质量和培训水平。

三、创新培训形式，深入推进培训改革，积极提升乡村教师素质

落实《乡村教师支持计划（2015—2020 年）》及教育部“国培”“重心下移，聚焦乡村，减负增效”的改革精神，高质量实施“国培”计划和“省培”项目，2015—2016 年，在全省遴选 25 个区县作为项目区县，其中涵盖了我省集中连片特困区中的 13 个贫困县。建立高师院校、远程机构、县级教师发展中心以及优质中小学幼儿园四位一体的协同帮扶机制。加强项目县教师网络研修社区及教师工作坊建设，建立区域与校本研修良性、常态化培训机制。通过对项目区县乡村教师进行重点支持，提升乡村教育的整体水平。通过实施培训团

队置换脱产研修、访名校、送教下乡、网络研修等项目，每年培训教师10万人次，确保每人每5年接受不少于360学时的培训。

当前，我省教师队伍中还存在一些问题，例如贵委在提案中提到的工学矛盾突出、重复培训、培训资源建设滞后、培训质量亟待提高等问题。因此，今后在加强中小学教师培训工作方面，我们将进一步强化机制保障，着力提升我省中小学教师培训工作效能。

1. 加强培训者队伍建设。对培训专家库实行考核、动态调整的机制，激发培训专家的活力和积极性。

2. 对培训工作减负增效。在2017年的"国培"项目中，网络研修项目将不过于追求培训人数规模，将合理安排研修任务，切实落实线下研修环节要求，大力推行混合式研修。建设陕西省资源平台，建立合理的机制，加强培训过程中生成性资源的收集及开发。建设大量满足乡村教师需求和切合教育教学实际的精品案例资源和适用素材资源，增强培训的针对性和实效性。

3. 科学统筹，合理安排"国培""省培"实施时间。积极与教育部、省财政厅协调，避免扎堆培训。"国培"以项目县整县推进为主，"省培"以重点开展骨干体系、高中教师及域外高端培训为主。全面深化教师培训管理改革，优化学员选派，合理安排参训学员，完善培训学分审核认定制度，建立健全培训学分转换与应用机制。进一步增强教师培训实效，提升教师素质能力。

欢迎贵委继续对我们的工作进行监督，并提出宝贵意见和建议。

感谢贵委对我省教育事业的关心与支持。

中国人民政治协商会议
陕西省第十二届委员会

第一次会议第 428 号提案

关于切实解决我省小学生家庭作业负担过重问题的建议

长期以来，为了减轻中小学生课业负担过重问题，国家和省上出台过相关政策文件，但到目前为止，这个问题不但没有解决，而且已经愈演愈烈，特别是中小学生的家庭作业负担越来越重。实际调查和访谈表明，据对西安市中小学尤其是小学进行实际调查及走访发现，家长一致认为有百分之六七十甚至更多的孩子，对各科老师布置的家庭作业，每天都难以按时完成。作业负担过重导致孩子睡眠严重不足，作业把孩子们压得苦不堪言，学生家长意见很大。

一、存在的问题及原因

1. 有些老师布置作业时互相攀比

调查表明，相当数量的老师都希望自己的学科作业占孩子家庭作业更多的比例，总希望学生课外多学一些自己的学科，所以几乎所有任课教师都想挤掉其他的老师做作业的时间，这样，每天教师布置的作业总量就非常多。

2. 有些教师不按教材要求布置家庭作业

调查表明，很多学校和老师并不完全按教材要求布置作业，而是按照学校统一购买的教辅材料布置作业，有的内容远远超出课程所学内容，导致学生无法完成，作业布置不能做到与孩子实际相结合，导致学生不仅作业完成情况很差，而且占用很多时间。

3. 长期以来应试教育对学校和老师的影响根深蒂固

长期以来，虽然国家和各级教育部门强调实施素质教育，但是，中小学应试教育的影响在短时间内还难以消除。一是大部分教师都担心学生作业少了，学生考试成绩下降，不仅会受到学校的批评，而且家长也不高兴。二是很多学校对老师还是有形无形地以考试分数论英雄，考试排名甚至还与老师的绩效津贴或待遇挂钩。这样，教师就通过给学生布置更多的作业，力求使学生多学一些，考试时考出好成绩

4. 部分家长唯分数论的错误观念对学校和老师的影响

由于很多家长一心只看孩子的考试分数，始终把分数放在第一位，有形无形地影响了老师对学生课业负担和各种学习任务的减量。调查发现，只要孩子成绩下降，家长就马上就会出现焦虑不安情绪，主动要求老师围绕考试教学和布置作业或找辅导补习班给孩子补课。

二、对策建议

1. 改革作业布置办法

建议借鉴外省市成功经验，由省、市、县各级教育部门统一规定，学生的家庭作业由班级全体任课教师统一布置。各学科教师协商，用控制作业总量的办法，统一布置学生够承受的各科家庭作业。此方法在全国有的省市、甚至我省少数学校都有尝试，方法简单，收效明显。

2. 教师布置原创作业

各级教育部门要坚决杜绝书商或出版商等推销的各种劣质的教辅材料，杜绝学校为学生采购或推荐书店出售的作业辅导材料，应该做到所有作业都由老师原创命题，或大部分作业题都是老师原创的，做到因材施教准确、适量布置作业。

3. 提高师能刻不容缓

出台更加精准的教师专业发展与提升规划与计划，着力提升教师的专业理念、专业学识和专业能力，增强教育教学能力，从而做到驾轻就熟，有所取舍地布置家庭作业，这样，学生的负担就能自然减轻。总之，教师的师德、师识、师能如何，在减轻学生的课业负担问题上都十分重要。

4. 科学评价以考促改

要综合改革学生学业考试制度或办法，各类考试都要做到不让学生自己死记硬背，杜绝应试教育题海战术的做法，尽量考查学生灵活运用知识的能

力，对小学生形成正确的导向。另外，从教育行政部门和学校层面来说，对小学生应坚决取消各种变相的考试排名，不管是实质的还是表面的，全部都不允许做，否则，将追究责任，按严重违纪予以处理。

5. 家校合作共同减负

通过各级政府教育行政部门积极开展家校合作教育，引导家长正确地看待孩子的学习成绩，避免出现一方面学校减轻学生课业负担，让学生少做作业，而另一方面家长又私自做主，给孩子报各种课外学习辅导班，加重孩子负担的奇怪现象。

提案复函

陕西省教育厅对省十二届政协一次会议第428号提案的答复函

（陕教函〔2018〕291号）

王越群委员：

您提出的《关于切实解决我省小学生家庭作业负担过重问题的建议》（第428号）收悉。现答复如下：

作业是学校有效教学的一个重要环节，具有检测学生学习成效、训练学生思维等多种功能。提高教师设计作业和运用作业改进教学的能力，精心组织并有效实施作业，可以促进教学质量的提升，减轻学生过重的课业负担，促进学生健康成长。

一、关于您提出的“改革作业布置办法”“由各级教育部门统一要求”等建议

近年来，省教育厅针对中小学生作业负担过重问题，采取了一系列措施，规范中小学校的作业管理。如2010年起，省教育厅明确要求各级各类中小学要严格控制学生的课业负担量，提高课堂效率和质量。2015年，省教育厅在义务教育学校“新标准、大规范”活动通知中，首次提出要在全省义务教育学校实

行“每周无作业日”。但受教师教学水平参差不齐、“应试教育”依然客观存在等诸多因素影响，学生的作业负担依然沉重。针对这些问题，省教育厅近期开展了以下工作：

一是开展中小学作业改革试点工作。近年来，为规范中小学生作业管理，省教育厅委托西安小学开展作业改革试点。西安小学针对“小学生日作业量控制”“小学生作业量大时长”“作业方式单一”等突出问题，集中学校语数外等学科的骨干教师，围绕中小学生作业管理、作业布置、作业形式，建立专项课题，开展深入研究。经过数年不懈努力，西安小学在学生作业改革方面取得重要突破，特别是在学生每日作业布置管理方面，西安小学各年级均安排专人负责审核学生每日的作业内容和作业总量；在作业设计方式、作业管理考核方面，该校也做出很好的探索和实践。2018 年 3 月 21 日，省教育厅在西安小学专门召开了作业管理改革座谈会，听取了西安小学对作业改革课题的研究汇报。西安小学的试点探索为省教育厅规范中小学作业管理提供了重要经验。

二是研究制定《陕西省中小学生作业管理办法》。省教育厅初步计划于 2018 年 7 月底前制定出台。《管理办法》将着重对中小学布置作业问题进行细化要求。拟将因材施教布置作业、推广弹性作业、每周设立无作业日、增加社会实践类作业和减少书面重复性作业、改进作业评价机制、倡导生活化作业等内容和要求纳入《管理办法》。拟对学校提出建议，促使学校以教研组和年级为单位，对本校各年级和各学科作业进行统一协调和管理，以达到控制作业总量的目的。

二、关于您提出的“加强中小学教辅材料管理”“倡导老师布置原创作业”的建议

一是在中小学教辅材料管理方面。近年来，我省坚持对中小学教辅材料实行省级审核准入和目录管理。省教育厅要求各中小学严格禁止目录之外的教辅用书进入校园；在每年春秋两季开学检查过程中，在省教育厅组织的办学行为专项督查活动中，一直将规范教辅用书管理作为重点，坚持从严检查，一经查实，从严处理。

二是在倡导教师自主编制作业方面。省教育厅将在《陕西省中小学生作

业管理办法》中,对教师编制和设计学生作业提出要求。倡导教师自主编制作业,合理改编现成作业,杜绝不加选择地成册布置作业;切实减少简单记忆、机械重复的练习,精心选择与学生基础相适应的、重在迁移运用的作业;鼓励教师结合实际,精讲精练,布置重在促进运用与学生自我体验的实践性作业;加强作业形式的灵活性和情趣性,调动学生的学习积极性和创造力。

三、关于您提出的“提高教师专业能力”的建议

2018 年 1 月 31 日,中共中央、国务院出台《关于全面深化新时代教师队伍建设改革的意见》(中发〔2018〕4 号,简称“中央四号文件”),文件中对全面提高中小学教师水平,建设一支高素质、专业化的教师队伍提出了多层次的意见。2018 年 4 月 11 日,中共陕西省委高教工委办公室、陕西省教育厅办公室出台《关于做好学习宣传和贯彻落实中央四号文件精神 启动教师队伍建设调研工作的通知》,就如何加强教师队伍建设开展调研,对下一步全省教育系统贯彻中央四号文件,强化教师队伍建设做好前期准备工作。

四、关于您提出的“科学评价,以考促改”的建议

深化考试招生制度改革是我省纳入“十三五”教育发展改革规划的重要改革任务,也是减轻学生过重课业负担的关键所在。2017 年,我省中招、中考改革工作迈出巨大步伐。省教育厅接连印发了《陕西省高中阶段学校招生制度改革实施意见》《陕西省初中学业水平考试改革实施意见》《陕西省初中学生综合素质评价实施意见》等三项考试招生改革意见。三个《实施意见》核心目标在于优化考试评价制度,引导广大中小学切实改革“唯分数”的评价模式,使学校、家长、社会更加重视学生综合素质的养成和发展。

三个《实施意见》明确提出“加强招生监管,严禁单纯以学业考试成绩为唯一录取依据”“推进学生综合评价应用,切实以评价促学生全面发展,以评价促进学校科学管理,以评价促进教育质量提升”“要科学改进考试成绩呈现方式”“鼓励有条件的地方采用等级呈现,克服分分计较,避免过度竞争现象”等要求。

五、关于您提出的“家校合作，共同减负”的建议

在进一步推进家庭教育工作方面，省教育厅出台了《陕西省家庭教育工作“十三五”规划（2016—2020年）》，部署了近五年加强全省家庭教育的重点工作，努力提高我省家庭教育的整体水平。2018年，省教育厅已经部署了4月至5月间开展家庭教育巡讲活动，帮助家长了解学生身心成长的客观规律，树立科学的育儿观，促使家长和学校形成合力，为学生的健康发展提供良好的环境。

在减轻学生过重课业负担，治理校外教育培训机构方面。2018年，党和政府下决心解决中小学生“减负”问题。教育部围绕中小学招生、治理校外培训机构、规范中小学竞赛表彰等工作印发一系列文件，部署各地全面推进中小学生“减负”工作。今年起，按照教育部、民政部、人力资源和社会保障部、工商总局等四部门印发的《关于切实减轻中小学生课外负担 开展校外培训机构专项治理行动的通知》（教基厅〔2018〕3号）要求，省教育厅将会同有关部门开展全省校外培训机构专项治理行动。2018年4月，由省教育厅牵头，联合省民政、人社和工商等部门召开全省校外培训机构专项治理行动电视电话会议，并印发专项治理行动的通知，对全省治理校外培训机构专项行动进行部署。会上，省教育厅提出要坚决规范校外培训机构办学行为、重点查处在校教师参与校外培训机构授课、建立校外培训机构专项治理工作机制等工作任务。治理行动的开展，将着力解决校外培训机构违背教育规律和青少年成长发展规律，影响学校正常教育教学秩序，造成学生课外负担过重，增加家庭经济负担的突出问题。目前，西安市等部分市县已经开展治理校外民办培训机构的专项行动。

您的建议非常宝贵，我们将在今后制定和落实政策的过程中充分采纳、吸收您的建议。

感谢您对我省教育事业的关心和支持！

2018年4月28日

第一次会议第 513 号提案

关于系统推进我省家庭教育工作的建议

近年来，随着国家对家庭教育工作的重视，我省家庭教育也取得了长足的进步，特别是在省教育厅出台了 2015 年转发了教育部《关于加强家庭教育工作的指导意见》（教基一〔2015〕10 号）之后，各市、县学校、幼儿园及相关机构都加大了对家庭教育工作的力度。但是，由于受诸多因素的影响，我省的家庭教育工作仍然存在很多亟待解决的问题。

一、存在的问题

1. 各级政府对家庭教育重视程度普遍缺少战略考虑

一是在政府管理方面，没有把家庭教育纳入教育行政主管的大体系中，各级政府教育行政部门基本上没有专门的家庭教育功能，全省各级教育行政部门均没有设置主管家庭教育工作的科室机构（仅在妇联），导致家庭教育工作开展水平参差不齐，不能取得理想的效果。

二是在政策法规方面，多年来，省上关于家庭教育方面的专项政策较少，保障性政策不足，2015 年只是转发教育部文件，总体上来说，也是原则性的要求，操作性不是很强，极大地影响了全省家庭教育工作的开展和效果。

三是在专业建设上，几乎处于教育领域的盲区，所有高校在学科专业建设方面，均没有设置家庭教育专业，也几乎没有专业性很强的家庭教育研究机构，导致家庭教育专业、专职人员和专家以及研究队伍发展严重滞后。

四是在经费投入上，用于开展家庭教育指导服务的经费严重不足，各级教育行政部门和教研机构几乎全部没有此方面的经费拨款，各级妇联对家庭教育经费投入也严重不足，难以支撑家庭教育系统工作的开展。

2. 大部分家长对家庭教育的认识存在误区

一是思想认识错误，在一定程度上影响了教育决策。即由于受应试教育影响，大多数家长把孩子的学习成绩放在第一位，重智轻德，要求错位，没有将道德人格教育作为家庭教育的主要职责，使家庭成了孩子的“第二课堂”“补课班”，家庭教育“学校化”现象较为普遍。

二是家教能力欠佳，在很大程度上不能很好地处理孩子成长过程中出现的问题。

3. 家庭教育的社会环境缺乏有效管理和引导

一是某些方面的刻意误导性宣传，导致孩子和家长无所适从，课业负担沉重。特别是无资质的家教培训机构各行其是，导致城市孩子的家庭教育处于杂乱无序的状态，家长和孩子无所适从。

二是互联网上各类海量的教育信息，导致包括家庭教育在内的所有教育领域处于一种传统教育观念和行为受到严重干扰甚至颠覆的状态，导致家庭教育难以达成规范化的共识。

4. 学校家庭教育活动开展效果参差不齐

一是社会附加于学校的责任缺少边缘，导致学校不愿意主动承担过多的学校教育以外的责任，尤其是政府对各类学生安全责任的要求过多，使多数学校面对本职工作之外的教育活动，都力求避责。

二是教师面对过重或超负荷的工作压力，普遍存在职业倦怠感而无暇顾及更深入、更高质量的家庭教育活动的开展。

三是很多学校和幼儿园开办的“家长学校”往往成了期中、期末考试公布学生考试成绩的“家长说明会”。

四是多数学校仍以应试教育为前提，导致学校的一切工作围绕各类考试践行部署和要求，导致学生课业负担十分沉重，正常的家庭教育工作和活动很难得到有效的开展。

二、对策建议

1. 各级政府将家庭教育纳入规范的国民教育系列

一是加快制定或完善相关家庭教育政策法规，如出台《陕西省义务教育阶段家庭教育促进实施意见》,从根本上确立家庭教育在教育中的基础地位、作用。

二是明确教育部门家庭教育的管理主体。各级教育行政部门设立专门职能处室机构,把家长学校工作纳入政府教育行政管理的职责范围。编制部门需增加必要的编制,以确保此项工作的落实。

三是由省政府出台相关政策,明确各级教育部门的家庭教育工作主体责任,主动靠前负责此项工作。

四是引导家长树立家长是一种专业和职业的意识。出台《陕西省中小学幼儿园家长素质标准》或其他相关家长标准,培养家长具备基本的家庭教育理念、知识、素养和能力。

五是加大家庭教育专家人才培养力度。省上相关高校应该建设家庭教育专业队伍,加快人才培养。师范院校开设课程,教师培训开设课程。同时,加强家庭教育理论和政策研究。

六是进一步完善家庭教育服务体系。教育行政部门或专门的家庭教育管理部门,要制定系统的家庭教育工作计划、督导评估、评比表彰等内容,使家庭教育进入科学规范的服务体系中来。

七是加大对家庭教育事业的投入力度,提高家庭教育的保障水平。各级政府都有权力加大家庭教育专项经费投入力度,把家庭教育经费列入各级教育行政部门和中小学(幼儿园)经费预算,确保家庭教育质量的不断提高。

八是设立全省统一的“家庭教育日”,进一步增强全民重视家庭教育的意识。应参考现有的9个全国主题日和15个国际主题日设立全民家庭教育日,增强全民对家庭教育重视的意识。

2. 进一步完善和创新中小学幼儿园家庭教育工作

一是强化学校教师的师德和专业能力,教育部门和学校要引导教师秉承中国特色社会主义的教育宗旨,向孩子施教大爱,教育引导教师树立理想信念、道德情操和仁爱之心。

二是要引导教师树立阳光健康的从教心态,创新家庭教育和学校教育方法,努力消除教师的职业倦怠现象,增强教师自身专业发展和开展正确家庭教育工作的内动力、主动性和创造性。

三是直面中小学和幼儿园家庭教育的突出问题，进一步深化家校合作、家园共育等合作开展家庭教育的措施，完善学校和幼儿园家长学校内容体系，使家长和学校共同承担孩子教育的责任和义务。

3. 进一步净化家庭教育的社会环境

一是营造正确的家庭教育舆论，引导家长掌握科学的家庭教育观念、家庭教育方法、家庭教育知识，让家长懂得孩子成长规律，减轻孩子成长中的焦虑程度，促进孩子健康成长。

二是规范管理各种家庭教育机构。要按专业化进行要求，对家庭教育机构资质认证、家教内容、服务方式等进行严格审核监督，确保家庭教育服务机构有序、健康地发展，使之真正成为家长教育孩子的有力帮手，而不是赚钱的机器。

三是要营造良好的家庭教育社会氛围。正确引领家长认识、辨别错误的家教信息，学会自觉地抵制各类片面、有害的家教信息。并通过多元信息平台，向家长和社会传播正能量的家庭教育知识和方法。同时，鼓励和引导开设社会公益性家庭教育机构，并有序开展各类家庭教育服务，对引发社会矛盾的突出问题，进行及时解决，及时纠正家庭教育乱象丛生的现象。

4. 加大对家长树立正确的家庭教育观念的引导力度

一是教育引导家长努力学习各类家庭教育知识，提高家庭教育能力，鼓励家长建立共读家庭，形成良好的文化学习氛围，引导家长当好孩子的第一任老师和终身老师。

二是教育引导家长树立良好的榜样，特别在孩子面前树立良好的形象，在做人做事等方面为孩子做出榜样。

三是教育引导家长强化家长职业或专业能力和素质，特别是引导家长把注重品行作为第一履职条件，让家长既要有言传，同时还要有身教，而且身教重于言传。

提案复函1

陕西省教育厅对省十二届政协一次会议第513号提案的答复函

（陕教函〔2018〕303号）

王越群委员：

您提出的《关于系统推进我省家庭教育工作的建议》（第513号）收悉。现答复如下：

家庭教育、学校教育和社会教育共同构成育人的重要体系，关系孩子健康成长，关系国家前途和民族未来。根据党的十九大精神以及习近平总书记关于注重家庭、注重家教、注重家风的重要指示精神，以及《教育部关于加强家庭教育工作的指导意见》，省教育厅在全省深入开展家庭教育工作，指导全省中小学建立家长委员会，建立家校协同育人有效工作机制。2017年11月中旬，省妇联、省教育厅联合召开全省家庭教育工作推进电视电话会，宣传《陕西省家庭教育工作"十三五"规划（2016—2020年）》，并统筹安排家庭教育工作。近几年，全省教育系统在家庭教育方面主要做了以下工作：

一、教育部门和学校充分发挥在家庭教育中的指导作用

各中小学、幼儿园丰富学校指导服务内容，通过举办家长培训讲座和咨询服务，开展先进教育理念和科学育人知识指导；定期开展家长和学生共同参与的参观体验、专题调查、研学旅行、红色旅游、志愿服务和社会公益活动，创设家校互动与沟通的平台，争取了更多家长对学校工作的尊重、理解、支持与帮助。长期以来，各级教育部门和中小学、幼儿园在妇联、关工委等相关部门和组织的帮助下，在家长学校队伍建设、场所建设、教学计开展方面取得了良好成效。渭南市家长学校、西安市高陵区昭慧家长学堂，均在提高家长认识上做了积极探索与创新，在省内发挥了很好的示范引领作用。

二、建立家校协同育人长效工作机制

省教育厅倡导在全省中小学校建立家长委员会，定期邀请家长参与学校日常管理，倡导家长与学校加强沟通，提倡学校定期举办家庭教育讲座、家长大讲堂、家庭教育巡讲等活动，为家长普及家庭心理健康教育常识，帮助家长了解孩子的心理特点、尊重孩子、关爱孩子。中小学校通过家访、电话、建立家校联系 QQ 群等方式及时与家长沟通，取得家长对学校工作的支持与配合，使家长及时掌握学生在校学习生活等情况，建立家校协同育人有效工作机制。

三、全面提升家庭教育整体水平

家庭是孩子的第一个课堂，父母是孩子的第一任老师。学校和幼儿园协助家长学校向广大家长普及法律知识、家庭教育知识、家庭教育科学理念和方法，提高家庭教育水平。学校引导家长更新家庭教育观念，用正确的思想、方法和行动教育引导孩子，重视以身作则和言传身教，要教育并鼓励孩子参加适当的社会实践。进一步加快推进中小学、幼儿园建立健全家长委员会，推动建立年级、班级家长委员会。将家长委员会纳入学校日常管理，制定家长委员会章程，将家庭教育指导服务作为重要任务。

四、开展家庭教育公益巡讲活动

家庭教育工作需要社会各方力量共同参与，各地以家庭、社区和学校常态化教育为主，社会力量为有效补充，引进第三方专业师资队伍及国际化先进理念，形成合力，共同打造符合新时期特色的家庭教育新模式。省教育厅于 2018 年 4 月 23 日—5 月 21 日举办家庭教育公益巡讲活动。拟定在全省每个市（区）举办 1 ~3 场巡讲活动，引导全省各地做好中小学、幼儿园家庭教育工作，努力营造有利于青少年健康快乐成长的良好社会氛围。家庭教育公益巡讲活动内容包括家庭教育相关政策文件的解读、家庭教育工作现状及重要性与紧迫性、针对学校及家长进行家庭教育专业知识培训。家庭教育巡讲首场活动安排在西安举行,受到广大家长的欢迎,为进一步提升我省家庭教育水平做出了积极的贡献。

感谢您对我省教育事业的关心和支持!

2018 年 4 月 28 日

提案复函 2

陕西省财政厅对省政协十二届一次会议 513 号提案的复函

(陕财函〔2018〕301 号)

尊敬的王越群委员:

《关于系统推进我省家庭教育工作的建议》收悉。现就涉及财政方面的问题答复如下:

家庭教育是国民教育体系的重要组成部分,是保证儿童健康成长和全面发展的基本抓手。省财政认真落实中省要求,积极加大投入力度,支持推进家庭教育工作。一是足额落实生均公用经费补助政策,支持中小学校、幼儿园利用学校心理健康工作室等平台,开展亲子活动、家长开放日等有针对性的家庭教育指导活动。二是加强中小学、幼儿园教师培训,省财政每年落实 1. 28 亿元,用于中小学、幼儿园骨干教师理论知识、专业知识培训。三是关注留守儿童和困难群体教育工作,加强寄宿制学校建设,以应对农村集中办学以及城区学生增加后部分学生“上学难”的问题。2015 年以来,省财政累计支持建设学生宿舍 60 万平方米、餐厅 9. 5 万平方米、厕所 8 万平方米、开水房 1. 8 万平方米、浴室 2. 6 万平方米,约解决 15 万名学生的寄宿需求,缓解了部分家庭无力照顾学龄儿童少年的问题。四是配合省妇联,加强阵地建设,省财政每年投入约 500 万元,支持实施家风馆建设、家庭教育指导中心建设项目,提升家庭教育工作水平。经过努力,我省逐步形成政府主导、社会力量支持补充的家庭教育经费保障机制。

您对推进我省家庭教育工作的建议非常好。根据分工，我省家庭教育工作由妇联和教育部门牵头负责。我们将积极配合两个部门，落实好相关政策。

关于加大对家庭教育事业的投入力度，提高家庭教育的保障水平问题。目前，我省教育部门、中小学、幼儿园开展家庭教育所需经费已有渠道来源，基本上能够满足工作推进需要。我们的意见是，继续按原渠道保障比较合适，这样做既便于管理，又能提高资金统筹使用绩效，避免财政支出结构固化僵化问题。对于家庭教育服务与指导队伍专业化培训等方面合理的资金需求，我们考虑，在用好现有中小学、幼儿园教师培训经费的基础上，可由财政、教育部门根依据现行管理体制要求，从现有的教育专款调剂安排部分经费予以支持，但不宜也不需要安排专项资金。

感谢您对财政工作的关心和支持，希望今后继续支持财政工作。

2018 年 6 月 25 日

媒体反响

《各界导报》2018 年 1 月 29 日报道：省政协委员、陕西学前师范学院区域教育发展研究院院长王越群：系统推进我省家庭教育工作

近年来，随着我国对家庭教育工作的重视，我省家庭教育也取得了长足进步，但是由于受诸多因素影响，我省的家庭教育工作仍然存在很多亟待解决的问题。建议各级政府将家庭教育纳入规范的国民教育系列，加快制定或完善相关家庭教育政策法规，明确教育部门家庭教育的管理主体，各级教育行政部门设立专门职能处室机构，把家庭教育工作纳入政府教育行政管理的职责范围，使家长树立家长是一种专业和职业的意识，使家长具备基本的家庭教育理念、知识、素养和能力。

第一次会议第514号提案

关于加快我省基础教育信息化发展步伐的建议

一、背景

近年来,我省基础教育信息化发展在“三通两平台”建设、教育管理信息化、教师培训、信息技术与教学深度融合及创新应用等方面都取得了显著进步。但是,与国家教育改革发展目标相比,与加快实现教育现代化的要求相比,与全社会对教育信息化的期盼相比,与发达地区的教育信息化水平相比,特别是与省十三次党代会提出的“五新”战略任务及党的十九大对教育发展的最新要求相比,还存在突出问题。

二、问题

一是全省教育信息化“三通两平台”建设水平不均衡。全省城乡、县区和校际差异较为显著,在宽带网络接入、终端设备、数字教育资源配置、信息化管理系统和新媒体平台建设等方面的差距较大,城区学校普遍建设水平较高,农村学校建设水平较为薄弱,部分学校信息化设施设备陈旧、落后,对学校教育教学工作的支撑不足。

二是教育信息化应用工作的深度、范围和水平整体较弱。没有实现教育部和省厅提出的“班班用、堂堂用、人人用”的基本目标,尤其是体育、音乐、美术等学科的应用还是空白。校际信息化应用水平不均衡,在信息技术类课程开设、信息化教学应用、数字化学习等方面的差异较大,影响教学质量均衡发展。部分地区和学校支撑应用的硬件环境不足,制约了应用工作的广泛开展。

三是教师队伍的信息技术应用能力普遍不高。部分教师开展课堂教学依然停留在整合技术的阶段，特别是广大农村学校教师，在教学过程中只是把传统的黑板变成了白板，电子搬家式的教学应用不能适应信息化教学要求。部分教师的信息素养不高，成为阻碍深度融合、影响教学质量的关键因素，也影响教育教学创新。

四是教育管理信息化水平亟待提高。一方面，教育部门对教育信息化工作的管理抓手不足，缺乏有效的应用管理与评价机制，使得教育信息化工作难以突破"建设—老化淘汰—再建设"的老路子，教育信息化创新发展动力不足；另一方面，对学籍、教师管理、学生资助等教育信息化管理系统的应用停留在"完成上级数据填报任务"的初级阶段，依托信息化手段进行科学、有效管理的水平较低，没有形成基于大数据的管理理念，与教育管理现代化要求不适应。

五是网络与信息安全面临严峻挑战。教育基础数据、师生个人信息的保护问题，各类管理平台的网络攻击问题，以及青少年学生的网络道德与安全教育等问题，亟待重视和应对。

三、建议

第一，深化信息技术与教育教学深度融合。

一是要在中小学课堂教学中全面应用信息技术，确保各学科、各学段、各课时应用全覆盖。特别要加快信息技术在体育、音乐、美术、艺术、综合实践等薄弱学科中的广泛应用，实现信息化教学全面普及。

二是要促进信息化与学校德育工作有机融合，通过信息化手段拓展德育教育空间，推广"互联网 + 德育""互联网 + 社团""互联网 + 安全管理"等新模式，通过移动终端、网络平台、学生空间、校园电视等新媒体渠道，构建学校、家庭、社会三位一体、无缝衔接的德育网络。

三是要在幼儿园和特教学校合理应用信息技术。幼儿园信息化的重点要放在增强家园联系、保障园区安全、营造现代化的保教环境上。在保育过程中，应合理有度地展示一些信息化手段，通过技术激发幼儿的兴趣和天赋。在特教学校，要利用信息化设备和手段，帮助有需要的特殊儿童认识世界、感知世界，帮助他们正常生活。

第二，加快“人人通”平台和教师个人空间应用创新。建议从2018年秋季起，全省中小学教师都要在人人通平台至少晒课1节。要积极开展基于个人空间的网络科研活动，开通名师工作室、学科带头人工作坊和教学能手工作站个人空间，提升网络教研实效。通过网络研修共同体、专递课堂和互动课堂等形式，发挥名师个人空间的辐射带动作用，共享教师教学智慧，促进教育均衡发展。

第三，推进信息技术与教育管理有机融合。建议按照省上部署，市县推进，以县为主，校校落实的原则进行推进。要利用好教育管理服务平台和业务应用系统，充分发挥信息化的大数据集成、智能化分析、多元素综合等优势，为教育决策提供多维视角和科学依据，提升教育管理的科学化、精细化、精准化水平。如利用学籍管理系统对免试就近入学情况进行监控，利用考务系统对学生各科成绩进行综合分析，利用教职工管理系统对校长教师交流轮岗情况进行评估，等等。

第四，加大教师信息技术应用能力培训力度。

一是进一步加强基本应用能力培训。依托“信息技术应用能力提升工程”“电教机构全员培训计划”和“国培项目”，完善省、市、县、校四级信息化培训体系，开展中小学、幼儿园教师的全员培训，整体提升教师队伍信息化水平。

二是进一步强化管理人员专项培训。针对校(园)长、管理干部、教研人员开展教育信息化领导力专题培训，提升信息化规划能力、领导能力和执行能力。要发挥在线培训优势，开发一批针对管理人员的慕课和微课培训资源，纳入日常学习、培训和学分考核体系。三是开展“班班通”新技术应用培训。随着信息化的发展，“班班通”环境呈现多样化、个性化、智能化发展趋势，教师必须具备熟练使用各类教学设备的能力。各地、各校要不断丰富“班班通”设备和资源应用培训形式，让教师都能熟练应用设备。

第五，开展一批中小学信息化创新示范项目与活动。

一是开展创建中小学“智慧校园”建设，探索学校信息化创新发展新路子。

二是开展中小学创客教育试点，建设一批学校创客空间和创客教室，加快创新类课程和教学衔接，探索学习与创造一体化。

三是组织开展师生创新活动，开展全省中小学教学创新大赛、青少年创客创意大赛和电脑制作活动等，为广大师生搭建展示创新成果的平台，促进信息时代的教师专业发展，夯实创新人才培养基础。

第六，完善和优化广大农村学校“三通两平台”建设。

一是全面摸排各区县农村学校信息化建设现状，加快实现农村学校“宽带网络校校通”和“优质资源班班通”，实现保基本和全覆盖，打通信息化环境“最后一公里”。

二是加快农村学校信息化资源与环境优化升级水平。要加快推进区县农村学校信息化课程改革步伐，试点改造和创新普通教室、传统实验室和功能教室，加快建设创新实验室、学科教室和校园智能感知环境；要把让人人拥有学习终端、人人开通网络学习空间落到实处，完全实现更高水平的“优质资源班班通”和“个人空间人人通”。

三是依托“陕西教育人人通综合服务平台”，加大优质数字资源建设力度。同时，按照“通用学科资源省级购置、地方特色资源市县研发、校本优质资源学校上传、个性化优质资源学生购买”的思路，全面汇聚社会优质资源，形成丰富的优质数字资源库。同时，建立资源精准推送和个性化服务体系，让优质资源惠及每个教师。

提案复函

陕西省教育厅对省十二届政协一次会议第514号提案的答复函

（陕教函〔2018〕286号）

王越群委员：

您提出的《关于加快我省基础教育信息化发展步伐的建议》（第514号）收悉。现答复如下：

一、关于“深化信息技术与教育教学深度融合”的建议

省教育厅先后印发了《教育信息化十年发展规划》和3个《三年行动计

划》,要求各级各类学校强化教学信息化在整体信息化工作中的重要地位,积极推进信息技术在教育教学中的融合应用。具体工作措施有4点:一是要求在中小学课堂教学中全面应用信息技术,确保各学科、各学段、各课时应用全覆盖,力争实现“班班用、堂堂用、人人用”。还实施了“教学点数字教育资源全覆盖”项目,为教学点配齐了信息化设备和数字教育资源,使边远地区学校利用信息化手段,开足开齐体、音、美等国家规定的课程。二是开展了爱国主义影视教育影评活动、中小学生微电影大赛活动,还组织了“全国中小学生电影周”、全国中小学“学科德育精品课程”(网络公开课)征集展示等活动,促进信息技术在德育工作中的广泛应用。三是为贯彻好国家考试招生制度改革和教育信息化规划部署,落实好“全科开考”“全科必考”刚性要求,针对我省初中信息技术考试的现实问题,省教育厅决定从2019年开始,全面、规范地开展初中信息技术考试,这是从无到有、从无序到规范、从随意化到制度化的重要政策设计,对信息技术课程教学、考试评价和学校信息化工作具有重要意义。四是组织开展了智慧幼儿园建设试点工作,以优化学前教育管理手段,提高学前教育管理成效,不断提高全省学前教育信息化建设水平,逐步推进全省学前教育现代化。计划到2020年,全省基本建成幼儿园智慧化管理系统,实现集智能安全、智慧管理、数据共享、信息互动等服务于一体的幼儿园信化管理模式,提供更加丰富的教育资源,实施更加富有成效的教育服务。并在全省遴选建设100所省级智慧幼儿园试点基地,通过示范引领、典型带动,形成全省学前教育信息化应用新格局,提高各级各类幼儿园信息化整体水平。

二、关于“加快人人通平台和教师个人空间应用创新”的建议

一是以“陕西教育人人通综合服务平台”为依托,推进“专递课堂”“名师课堂”“名校网络课堂”三个课堂建设与应用,推广“优质学校带薄弱学校、优秀带教师带普通教师”模式,深入推动区域、城乡、校际课堂教学互联互通、优质教学资源共建共享。“陕西教育人人通综合服务平台”是服务全省师生及家长的网上学习交流平台,旨在构建以教师和学生为中心的、高用户体验的数字化网络教学服务环境,通过个人实名空间实现面向一线教师的个性化主动推送服务。平台提供了网络教研、协作备课、名师空间、互动交流、授课及作业等

功能，能够满足教师在课前、课中、课后等不同教学环节中的各类资源应用需求，促进教与学、教与教、学与学、家与校的全面互动，突破时空的限制，推动教学方式的深度变革。城乡教师还通过平台进行对口帮扶，促进教育公平与均衡发展，有效提高教育质量。二是开展了中职学校和中小学校“人人通平台”推广应用工作。平台自2015年全面上线以来，全省90%的学校和80%的师开通了“网络学习空间”，全省8个地市、73个区县建设了各级独立的资源共建共享系统，满足各区域资源共建共享的建设和用户应用需求。三是开展了“一师一优课、一课一名师”活动，要求全省45岁以下的教师在各级“人人通平台”至少晒课1节，提高教师备课和授课水平。

三、关于“推进信息技术与教育管理有机融合”的建议

省教育厅非常重视教育管理信息化工作，一是将其上升到“一把手”工程和全员工程，并将大数据工作完成情况纳入厅机关年度考核，实行一票否决制，年初制定工作目标和具体任务，年底由厅考核办对各处室和有关单位完成情况进行考核。二是开展了全省教育数据汇聚与共享应用顶层设计，形成了完善的教育管理信息系统设计和数据汇聚框架，明确了后续工作思路和建设模式，并推动32个业务处室和相关直属单位完成421项业务事项疏理，绘制业务流程图456个。三是按照“国家建设为主、省市建设为辅、县校主抓应用、数据实时互通”的推进思路，在部署应用十余个全国学籍等管理信息系统的基础上，建成了教育资助、教育机构、改薄项目管理等17个特色业务系统，通过信息化手段提高了业务管理工作的效率。四是开展了“陕西教育管理综合服务平台”建设，汇聚全省800余万教育人口的基础数据库初步建成，为教育行政决策提供多维视角和科学依据，提升了教育管理的科学化、精细化和精准化水平。五是建成了省教育大数据应用服务中心，为119个市、县教育局安装了终端设备，实现了全省教育系统远程视频会议、全省通联及全国教育视频会议全省转播、校园安全监控管理与应急指挥、教育情况监测和展示汇报等功能。2017年7月投入使用以来，召开扶贫、食品安全等全省性业务工作会议20余次，先后接受教育部和省委、省政府领导的检查指导，接待兄弟省市和省内厅局的参观学习，受到省部领导的高度认可。还将开展基于地图信息界面的教

育大数据分析服务系统建设，深入挖掘教育大数据在教育发展规划、学校布局、学科建设、动态监测、评价督导、资金投入、师资配置、考试招生制度改革等方面的决策支持应用，发展教育信息惠民服务，着力解决教育管理的热点、难点和痛点问题，面向各级教育行政部门、各类学校和社会公众提供服务。

四、关于"加大教师信息技术应用能力培训力度"的建议

一是在基本应用能力方面，按照教育部《关于实施全国中小学教师信息技术应用能力提升工程的意见》（教师〔2013〕13 号）要求，积极开展中小学教师信息技术应用能力提升培训工作。目前，已按要求基本完成教师全员信息技术应用能力提升培训，并完成了电教机构业务管理人员全员培训。培训形式是线上与线下相结合，还将教师信息技术应用能力测评平台嵌入培训平台中，平台根据教师测评结果，推出适合的培训内容供教师选择学习。培训内容设计丰富，除了电子白板等新技术应用培训以外，还将教师法制教育、书法艺术、中华优秀传统文化、心理健康、学校医疗卫生保健知识等纳入培训主要内容。二是在管理人员专项培训方面，我们依托西安欧亚学院等 4 个单位成立了省级教育信息化培训基地，还依托陕西师范大学成立了中小学首席信息官（CIO）联盟，专门针对校（园）长、管理干部、教研人员开展教育信息化领导力专题培训，提升信息化规划能力、领导能力和执行能力。三是指导各地市、区、县和学校开展当地的信息技术应用能力培训，与省级培训形成内容互补、延续拓展的培训体系。

五、关于"开展一批中小学信息化创新示范项目和活动"的建议

一是围绕创新驱动，开展了"智慧校园"示范点创建工作，计划到 2020 年，在中小学校中打造 30 所左右的智慧校园示范校，创建 10 个教育信息化创新应用示范区，指导培育 100 个信息技术与教育深度融合的实践应用优秀案例，形成以点带面的示范效应。还组织举办了陕西省"互联网 + 教育"暨智慧校园建设研讨会，探索学校信息化创新发展新路子，加快推进各级各类学校"互网 + 教育"快速发展，为基础教育信息化增活力、添动力。二是为积极探索信息时代学校创新的新途径和新载体，营造教育信息化创新发展氛围，培养学生创

新与实践能力，开展了青少年创客创意大赛，最终评选一等奖 83 个（其中创客智造项目 40 个、创意设计项目 27 个、创意编程项目 16 个），二等奖 212 个（其中创客智造项目 102 个、创意设计项目 68 个、创意编程项目 42 个），三等奖 332 个（其中创客智造项目 175 个、创意设计项目 109 个，创意编程项目 48 个），推动了学校信息化深度融合、创新发展。三是开展全省中小学微课大赛、青少年“爱挑战”和电脑制作等一系列师生创新活动，为广大师生搭建展示创新成果的平台，促进信息时代的教师专业发展，夯实创新人才培养基础。

六、关于“完善和优化广大农村学校‘三通两平台’建设”的建议

一是按照国家“三通两平台”建设要求，积极推动中小学校信息化基础环境建设。根据教育信息化工作进展信息系统显示，全省 98% 的中小学校实现了“宽带网络校校通”，80% 的学校统一部署了无线网络，普通教室多媒体教学设备配备比例达到 84%，教育信息化基础环境不断完善，城乡差距不断缩小。同时，结合实施“全面改薄工程”，坚持接入边远、普及山区、优化城市，加大对农村特别是边远山区、薄弱学校和教学点的倾斜力度，打通信息化环境“最后一公里”，尽早实现全覆盖。二是加快推进信息化基础环境升级改造，力争到 2020 年，使城区中小学校网络骨干带宽达到 500M 以上，无线网络覆盖学校主要教学场所，实现更快捷的“宽带网络校校通”。为所有教师包括农村教师人人配备 1 台笔记本电脑，实现人人拥有学习终端、人人开通网络学习空间，实现更高水平的“优质资源班班通”和“个人空间人人通”。三是依托“陕西教育人人通综合服务平台”，实现优质数字教育资源共建共享，具体做法是，省级统一采购通用教育资源，各地投入资金开展地方特色资源建设，一线教师参与优质教育资源的共建共享。目前，省级采购公益性资源 500 余万条，覆盖基础教育各个学科、各个学段、各个教材版本，优质资源惠及所有教师。同时，在“人人通”平台上，市、县、校三级用户共建资源数量已达已 175 万条，其中由教师用户建设的共建资源数量为十余万条，教师人均上传资源 2.9 条，全省优质教育资源共建共享的应用模式取得良好成效。

感谢您对我省教育信息化工作的关注和支持。

2018 年 4 月 27 日

媒体反响

陕西教育新闻网2018年1月25日报道：陕西省政协委员王越群：教育信息化发展要在深度融合上下功夫

教育信息化是教育现代化发展的标志之一，也是促进教育均衡、优质发展的有效手段。近年来，陕西基础教育信息化发展在“三通两平台”建设、教育管理信息化、教师培训、信息技术与教学融合创新等方面都取得了显著进展。但是，在陕西省政协委员、陕西学前师范学院区域教育发展研究院院长王越群看来，“与国家教育改革发展目标相比，与加快实现教育现代化的要求相比，与全社会对教育信息化的期盼相比，与发达地区的教育信息化水平相比，特别是与省十三次党代会提出的‘五新’战略任务及党的十九大对教育发展的最新要求相比，还存在一定差距”。

王越群认为，当前教育信息化建设存在一些突出问题：一是全省教育信息化“三通两平台”建设水平不均衡，城乡、县区和校际差异较为显著；二是教育信息化应用工作的深度、范围和水平整体较弱；三是教师队伍的信息技术能力普遍不高。“据我调研，大部分中小学教师开展课堂教学依然停留在整合技术的阶段，特别是农村学校教师在教学过程中，只是把传统的黑板变成了白板，电子搬家式的教学应用不能适应信息化教学要求，而且部分教师的信息素养不高，成为阻碍深度融合、影响教学质量的关键因素，也影响教育教学创新。”王越群说。此外，教育信息化管理水平有待提高、网络与信息安全面临严峻挑战等问题也较为突出。

对此，王越群建议，全省教育信息化发展要在深度融合上下功夫。

一是深化信息技术与教育教学深度融合。“要在中小学课堂教学中全面应用信息技术，确保各学科、各学段、各课时应用全覆盖，特别要加快信息技术在体育、音乐、美术、艺术、综合实践等薄弱学科中的广泛应用，实现信息化教学全面普及。”王越群说，要促进信息化与学校德育工作有机融合，通过信息化手段拓展德育教育空间，推广“互联网＋德育”“互联网＋社团”“互联网＋安全管理”等新模式，通过移动终端、网络平台、学生空间、校园电视等新媒体渠道，构建学校、家庭、社会三位一体、无缝衔接的德育网络。另外，王越群建议，还要在幼儿园和特教学校合理应用信息技术。“幼儿园信息化的重点要放在增强家园联系、保障园区安全、营造现代化的保教环境上，在保育过程中应合理有度地展示一些信息化手段，通过技术激发幼儿的兴趣和天赋。而在特教学校，要利用信息化设备和手段，帮助有需要的特殊儿童认识世界、感知世界，帮助他们正常生活。”

二是加大教师信息技术应用能力培训力度。王越群说，要依托“信息技术应用能力提升工程”“电教机构全员培训计划”和“国培项目”，完善省、市、县、校四级信息化培训体系，开展中小学、幼儿园教师的全员培训，整体提升教师队伍信息化水平；针对校（园）长、管理干部、教研人员开展教育信息化领导力专题培训，提升信息化规划能力、领导能力和执行能力；要发挥在线培训优势，开发一批针对管理人员的慕课和微课培训资源，纳入日常学习、培训和学分考核体系；开展“班班通”新技术应用培训。

三是推进信息技术与教育管理有机融合。王越群建议，按照省上部署、市县推进、以县为主、校校落实的原则进行推进，利用好教育管理服务平台和业务应用系统，充分发挥信息化的大数据集成、智能化分析、多元素综合等优势，为教育决策提供多维视角和科学依据，提升教育管理的科学化、精细化、精准化水平。“比如利用学籍管理系统对免试就近入学情况进行监控，利用考务系统对学生各科成绩进行综合分析，利用教职工管理系统对校长教师交流轮岗情况进行评估，等等。”

四是加快“人人通”平台和教师个人空间应用创新。王越群建议，从2018年秋季起，全省中小学教师都要在人人通平台至少晒课1节；要积极开展基于个人空间的网络科研活动，开通名师工作室、学科带头人工作坊和教学能手工作站个人空间，提升网络教研实效。通过网络研修共同体、专递课堂和互动课堂等形式，发挥名师个人空间的辐射带动作用，共享教师教学智慧，促进教育均衡发展。

此外，作为研究基础教育的学者，王越群还长期关注并推动家庭教育工作，今年也就系统推进全省家庭教育工作撰写了提案。

第一次会议第40号提案

关于加快我省部分普通高校向应用技术型转型的建议

为更好地解决高等教育的结构性矛盾和同质化倾向问题，全面提高地方高校服务区域经济社会和创新驱动发展的能力，深入贯彻落实《关于引导部分地方普通本科高校向应用型转变的指导意见》，我省按照“积极稳妥，分步推进，试点推动，示范引领”的工作原则，通过统筹教育专款，建立动态监控、调整机制等措施，积极探索形成了一些初见成效的有益做法，但仍存在一些矛盾和问题，需要认真研究。

一、存在的问题

1. 社会各界对转型发展的认识存在偏颇

一方面表现在转型高校发展成高等职业教育和有应用特色的高等教育，两者间的定位不清晰，转型高校担心社会将其划入职业教育范畴，影响招生的数量和质量；另一方面由于我国应用型教育起步较晚，职业教育一直被作为最低办学层次嵌入学术型高等教育体系，公众对中职、高职和应用技术人才以及职业教育、应用型教育的观念与认识还未达成共识，或对高等职业教育存疑，或认为地方高校转型等于降格。

2. 高校转型发展面临政策法律缺失

一是目前《陕西省实施〈中华人民共和国职业教育法〉办法》于2010年3月修正后尚未修改，包括普通本科高校职业教育体系在内的高等教育体系还未建立，顶层设计层面缺乏清晰规划。二是缺乏系统规范的制度性指导和保障，产教融合、校企合作整体面临“企业主动性不够，学生参与度不足”，未能达到融合发展、协同育人的人才培养初衷。

3. 部分高校在转型发展中动力不足

一是现有评估体系和资源统筹方式不够完善，地方高校转型发展所面临的深层次矛盾没有得到解决。二是教师队伍转型存在困难。目前，大部分转型高校的师资基础是学术型的，应用型水平不足，不能适应转型需要。再者，受制于编制、经费、职称等因素，加之目前还没有建立和形成培养双师型教师的教育机构和认证办法，双师型教师队伍建设难度较大。

二、对策建议

1. 完善顶层设计，加强分类指导，助推应用型高校转型发展

廓清应用技术型大学人才培养方向，加快研究并形成科学系统的人才培养标准体系。对学术型人才、应用技术人才不同层次的内涵和标准进行区分研究，形成应用技术型大学、高职和中职分别对应的人才培养标准。政府部门要充分发挥引导责任，加强分类指导和管理。目前，我省相关院校的转型试点工作已初步产生成效，应鼓励各院校根据自身办学条件和历史状况，结合当地需求，重点打造特色专业，实现办学模式逐步向地方性、应用型转变，再根据转型试点成效树立一批有区域影响力的应用型高校标杆，并给予相关经费和政策支持。还要做好转型发展舆情引导，使全社会认识到职业教育也可以获得学士、硕士和博士学位，从而推动应用技术型人才社会地位和待遇的提升。

2. 健全制度体系，强化统筹协调，保障应用型高校转型发展

加快完善政策法律制度，尽快修正《陕西省实施〈中华人民共和国职业教育法〉办法》等相关法律法规，为应用型大学发展提供法律保障；制定产教融合、校企合作等相关办法，完善调动企业积极性的激励政策；通过修正《陕西省实施〈中华人民共和国教师法〉办法》或其他过渡办法，有效解决来自企业的“双师双能”人才教师资格认定问题。针对地方本科高校向应用型转变的要求和实际情况，建立健全以技术创新、产业服务、能力素质和就业状况等为基准的突出应用型技术大学特点的评估标准体系。建立兼顾需求与水平的经费拨款机制和扶优扶强专项发展机制，转型发展专项资金公办、民办高校一视同

仁。研究探索政府、高校和有实力企业共建地方应用型高校的新机制，为校企共建、产教融合提供机制保证。

3. 激发高校动力，注重内涵建设，推进应用型高校转型发展

在高校综合改革、管办评分离改革、放管服改革等同时推进的情况下，高校要抢抓机遇，密切与政府、企业的联系，形成合力推动校企深度合作，积极邀请企业参与学校人才培养环节；试点高校之间要加强资源共享机制，通过联盟、新媒体等多种方式搭建共享平台，协同发展；要加大"软实力和内涵建设"投入力度，落实和扩大试点高校考试招生、学科设置、教师聘任聘用、教师职务（职称）评审等自主权；完善教师评聘和培训制度，尽快成立省级层面的双师型教师培养和资格认定机构；突破现有学科框架和课程体系，加大实践类教学和课程的比重，深入推进创新创业教育，促进人才培养模式向应用型人才培养转变。

其他部分参政议政工作成果

民进中央2008年参政议政课题

关于我国西北地区中等职业教育发展的调研报告

为贯彻落实党的十七大精神，按照民进中央批准立项的《关于西北地区中等职业教育发展存在问题与对策研究》的要求，课题组就我国西北地区职业教育问题做了深入的调研。现将有关情况报告如下：

一、我国西北地区职业教育基本情况

国家"十一五"教育事业发展规划明确提出，今后我国在教育发展战略方面，将大力发展职业教育。"十一五"期间，中央财政将投入100亿元，重点扶持建设2 000个实训基地、1 000个重点职教中心、1 000所示范性职业院校，启动实施全国中职学校教师素质提高计划。为此，全国各省（市、自治区）也采取了相应的政策和措施，陕西、甘肃、宁夏、青海和新疆等地政府均出台了关于大力发展职业教育的政策和措施，使西北地区中等职业教育的发展出现了良好势头，特别是以陕西为龙头的西北地区中等职业教育发展，取得了十分可喜的成就，主要表现在以下几个方面：

1. 职业教育体系日趋完善

经过多年发展，西北各省（区）中等职业教育发展都形成了比较完善的体系。其中，陕西省的发展最为典型，他们已经初步形成了普通中专、成人中专、职业高中、技工学校互相支撑，各类培训机构同时补充，结构合理、特色鲜明、就业率较高的中等职业教育体系。如早在2006年时，全省就有中职学校570所，其中，普通中专56所，成人中专85所，职业高中286所，技工学校143所；有职业培训机构15 985个。截至2007年底，青海全省有各类中等职业学校

61 所，实际的办学实体为 37 个，招生 30 861 人，在校生达 54 566 人，占高中阶段教育招生及在校生的比例分别为 44.5% 和 33.7%；中等职业学校毕业生就业率连续多年达到 96% 以上，初步建立起职业教育与成人教育相沟通、与普通教育相渗透，学历教育与非学历培训相结合的体系，职业教育在全省经济社会发展中的地位和作用日益凸现。宁夏目前共有各类职业教育院校和职业培训机构 171 所，其中公办职业院校 38 所，民办职业教育培训机构 127 所。

2006 年陕西省中等职业教育（培训）机构、学校基本情况一览表

<table>
<tr><th colspan="2">类　别</th><th>学校数（所）</th><th>招生数（万人）</th><th>在校生数（万人）</th></tr>
<tr><td rowspan="5">中等职业学校</td><td>普通中专</td><td>56</td><td>6.86</td><td>14.14</td></tr>
<tr><td>成人中专</td><td>85</td><td>0.72</td><td>1.74</td></tr>
<tr><td>职业高中</td><td>286</td><td>15.55</td><td>31.68</td></tr>
<tr><td>技工学校</td><td>143</td><td>8.20</td><td>19.7</td></tr>
<tr><td>合　计</td><td>570</td><td>31.33</td><td>67.26</td></tr>
<tr><td colspan="2">职业培训机构</td><td>15 985</td><td colspan="2">年培训 500 万人次</td></tr>
</table>

2. 办学规模不断扩大

2006 年，陕西省中职学校有在校生 67.26 万人，比 2000 年增加 24.60 万人，增长 62%，在校生人数居全国第 8 位，按人口总数比，每 10 万人口中职教招生数与在校生数，均居西部第一，各类职业培训机构年培训 500 多万人次。青海全省职业教育也有很大发展，如 2007 年，青海省高中阶段教育招生总数为 69 368 人，其中普通高中招生人数为 38 507 人，中等职业教育招生人数为 30 861 人，中职招生人数占高中阶段教育招生总数的 44.49%，增长了 8.19 个百分点，预计到 2010 年，青海省中等职业教育在校生人数将达到 72 000 人。新疆维吾尔自治区 2006 年中等职业教育计划招生 7.4 万人，实际招生达到 8.4 万人，全自治区中等职业教育在校生达到 18.2 万人，目前，中等职业学校年招生增长 25%，在校生增长 26.3%，办学规模不断扩大。

3. 民办职业教育发展迅速

近年来，在西北各省中职教育结构中，民办职业教育有了突飞猛进的发展，特别是处于龙头地位的陕西省民办中等职业教育的发展，已经占到中职教育相当大的比例。目前，陕西省有民办中职学校 116 所，在校生 7.7 万人，招生人数 36 437 人，毕业生人数 18 981 人，发展速度比 2000 年增长近两倍；职业培训机构 1 175 个，在校生 27.8 万人。民办职业教育迅猛崛起，促进了多元化办学格局初步形成，为职业教育发展注入了新活力。宁夏回族自治区的民办职业教育培训机构共有 127 所，在职业教育发展中也具有很重要的作用。

4. 培育了一批在国内有较大影响力的知名学校和骨干专业

陕西省已建成 130 所省级以上重点中职学校（其中国家级重点 67 所），100 所省级示范乡（镇）农技校，涌现出眉县职教中心等一批职业教育知名学校，已建成省级骨干专业 116 个（专业点），在机械制造、电子信息、能源化工、果业栽培等领域初步形成了一批优势专业。打造了“杨凌农科”“渭北技工”“米脂家政”“蓝田厨师”“秦巴茶艺”等一批具有陕西特色的职业技术品牌。

2006 年陕西省中等职业学校骨干专业招生、在校生情况统计表

中 职 学 校（不含技工学校）		
专业类别	招生数	在校生数
加工制造	58 487	119 178
信息技术	50 128	103 736
医药卫生	20 395	52 588
文化艺术与体育	12 183	30 245
商贸与旅游	11 432	23 221
农　林	9 350	10 483
师　范	8 143	27 133
财　经	6 279	15 492
社会公共事业	5 324	11 650
土木水利工程	4 463	9 997
交通运输	3 146	6 915
资源与环境	1 381	2 240

续表

中职学校(不含技工学校)		
能　源	1 259	4 414
其　他	24 382	48 262

5. 服务经济社会的能力日益增强

2000年以来,陕西省高、中职院校共毕业学生195万人,其中中等职业学校就业率达到96.0%。自2003年全省实施"一网两工程"(一网即健全农村职业教育培训服务网络,两工程即农村实用技术培训工程和农村劳动力转移培训工程)以来,每年完成农村实用技术培训和劳动力转移培训200多万人次,共引进各类致富项目364个,为加快县域经济发展,促进农业增效、农民增收做出了积极贡献。目前,新疆中等职业教育中等职业学校年招生增长25%,在校生增长26.3%,2006年,中等职业学校毕业生平均就业率达77%,重点学校就业率平均在90%以上,重点骨干专业毕业生就业率达100%,技工学校毕业生就业率为94%。中等职业教育呈现出恢复性增长,服务经济社会发展的能力不断增强。

2006年陕西省高等院校与职业院校毕业生就业率比较一览表

指标＼类别		本　科	高　职	中　职
就业率(%)		88.2	77.8	96.0
薪酬(元/月)	省　内	800～1 200	800～1 000	800～1 100
	省　外	1 000～2 000	1 000～1 500	1 200～1 500
就业比例(%)	省　内	34.5	40.0	30.0
	省　外	65.5	60.0	70.0

二、西北地区中等职业教育发展存在的主要问题

近年来,以陕西为龙头的西北地区中等职业教育虽然发展较快,但仍存在一些突出问题,值得各级党和政府有关方面的高度重视,主要表现在:

1. 对职业教育重要性的认识和政策措施还不到位，口头上重视、行动上轻视的现象比较严重

大力发展职业教育，实现教育发展的战略调整，是党中央、国务院的重大决策，并通过相关的政策措施予以落实。对此，虽然各省（市、区）也都有相应的配套政策和措施进行贯彻和落实，但是，由于受各种因素的影响，一些促进职业教育发展的政策措施落实不到位。如国务院《关于大力发展职业教育的决定》明确指出：职业教育的主要责任在各级政府，要求各级政府都要建立职业教育领导机构，设立职业教育专款，市、县城市教育费附加用于职业教育的比例不得低于30%。而调研表明，西北各省（区）还有相当一些市、县没有成立职业教育领导机构，没有制定相应的政策配套措施；绝大部分市、县城市教育费附加没有按比例用于职业教育；一些企业还没有按照职工工资总额的1.5%足额提取教育培训经费。经费投入不足，直接影响着职业教育规模的扩大和质量的提高。从中等职业学校自身看，与经济发展和社会需求不相适应，各省（区）绝大多数县级职教中心或职业中学都是从办得较差的普通中学转化而来的，底子薄、基础差、专业师资严重缺乏，相当一些学校受办学观念和条件限制，还在沿用普通教育的办学模式，在把握职业教育规律和特点方面差距较大。特别是一些公办职业院校，对市场经济条件下职业教育发展规律研究不够，至今仍然跳不出吃财政（工资）、靠财政、“大锅饭”的思维定式，理念落后，机制不活。同时，职业院校在教师聘任、专业设置、招生数量等方面缺乏应有的办学自主权。因此，总体来说，各省（区）从上到下，对大力发展中等职业教育的认识和措施都还不到位，尤其是很多市、县等地方政府有关方面，对职业教育的重要性多数还停留在口头上重视、思想上轻视、行动上应付的状态，使得中等教育的发展很难实现真正的突破。

2. 各省（区）中职教育发展很不平衡，整体发展还很落后

总体而言，虽然近年来在国家大力扶持职业教育发展的大背景下，西北地区的职业教育得到了很大的发展，但在发展过程中，中等职业教育并不是同时同步快速发展的，而是表现得很不平衡。这种不平衡表现在两个方面：一是在西北5省（自治区）中，甘肃、青海、宁夏和新疆4省（自治区）的发展不仅远远落后于陕西省，而且在西部12省（区）也处于落后地位。这种陕西省领头，其

他4省(自治区)把尾的两极发展现象所表现出来的极大不平衡,说明西北地区中等职业教育发展还十分落后(见下表)。二是城乡职业教育严重失衡,农村和县、镇职业学校资源短缺与生源困难的问题并存,农村和县、镇职业学校发展困难。

2006年西北地区中职学校(不包含技工学校)

规模与西部省份比较一览表

省份	中职学校(所)	位次	在校生数(万)	位次	省份	中职学校(所)	位次	在校生数(万)	位次
陕西	427	2	47.6	2	贵州	217	8	20.1	6
甘肃	284	6	19.6	8	云南	386	4	29.5	5
青海	47	10	2.5	11	西藏	10	12	0.7	12
宁夏	33	11	5.9	10	广西	389	3	36.6	3
新疆	179	9	11.6	9	内蒙古	236	7	20.0	7
四川	718	1	78.3	1	重庆	305	5	30.8	4

3. 政府对职业教育管理渠道政出多门,导致职业教育发展上的严重不平衡

目前,在西北地区中等职业教育发展中,普遍存在管理体制不顺、办学机制不活的问题。如陕西省的中等职业教育发展虽然已经具有一定的规模,但各类职教机构多头管理,职能交叉,条块分割,专业设置重复,办学效益不高,全省48所普通中专学校,分属省、市级十多个部门,一些主管部门干预多、服务少。另外,各种职教培训项目,如"劳动力转移培训工程""农村实用技术培训工程""阳光工程""雨露计划"和"温暖工程"等分别由不同部门实施,缺乏有效统筹整合,多家投资,多头培训,既造成不必要的浪费,又导致政策落实不平衡,办学质量良莠不齐。其中,在对职业教育专项经费落实方面,教育部门主管的学校相对有所保障,而劳动部门主管的技工学校和相关职业教育机构则很难得到落实,多年来,从国家教育部、省教育厅下拨的职业教育专项经费基本上与这些学校无缘。2007年,虽然首次将省劳动部门主管的5所技工院校列入中央财政资助建设实训设备的范围,但到年底仍未得到落实,其矛盾突

出的程度可见一斑。那些属于不同行业主管的技工学校的经费,则完全取决于行业(企业)的效益或者企业领导人对职业教育的认识,而更多的民办职业教育培训机构则完全处于自生自灭的境地。资金投入的不平衡带来了诸如教学基本条件、师资力量,甚至生源质量等方面的较大差异,尤其是各种实验实训设备的投入不到位,导致某些学校只能降低教学要求,不能达到职业教育所要求的高技能素养。

同样,甘肃等省的中等职业教育管理也是分属不同的部门管理,职业高中、中专学校和技工学校管理体制各异,条块分割,职能交叉,往往政出多门,各学校培养目标、投入、招生、收费、教学管理和评价标准、毕业生待遇等不能协调和统一,以致造成专业设置重复、资源浪费,甚至出现各类学校之间的恶性竞争。青海也存在同样情况,如隶属青海大学领导和管理的"青海省农业广播电视学校"和青海省农牧厅新成立的"青海省农业广播电视学校"设置重叠,既造成了职业教育资源的浪费,又给早已成立的隶属青海大学的"青海省农业广播电视学校"开展工作带来不便。而新成立的隶属青海省农牧厅的"青海省农业广播电视学校"由于没有教育资质和教育资源,也无法发挥作用。

4. 经费投入不足,办学条件较差,严重制约着中等职业教育的快速发展

调研表明,西北各省(区)职业教育普遍存在经费不足且缺口较大的情况,导致办学条件较差,发展难以快速与持续。

近几年,陕西省职业教育投入总量、生均预算内教育经费和公用经费虽然都有较快增长,但与职业教育发展的需求相比,还有相当大的差距,尤其是2005 年职业中学生均预算内教育事业费 1 213. 5 元,比全国少 882 元,位居全国第 30 名,仅高于安徽省。有限的资金主要用于教职工工资和维持学校日常运转,缺乏改善办学条件的投入。如陕西省属的西安工程技术学院,近 3 年共投入 8 000 万元,而财政投入仅 1 200 万元,自筹 6 800 万元,严重制约了学校办学条件的改善。据统计,近年来虽然省级职教专款拨款快速增长,但全省每年用于职业教育实训基地、示范中职学校建设、专业教师培训以及落实中央配套项目的资金共需 1. 2 亿元,目前尚有 8 500 万元的资金缺口。60% 的县(市、区)还没有设立职教专款。投入不足导致陕西省中职学校生均占地面积、图书拥有量、教学用计算机等指标均低于全国平均水平。实验、实训、实习基地少,

设备陈旧老化,60%的专业实习设备和设施不足,难以满足教学需要;30%的专业没有实习设备,相当一部分县级职教中心至今沿用"一支粉笔、一块黑板"的传统教学方式,"黑板上开机器"的现象还不同程度地存在。

甘肃省中等职业教育和普通高中相比,无论硬件还是软件,都存在较大差距。投入不足是制约职业学校发展的关键因素。这几年,甘肃省对职业教育的投入虽然逐年增长,但是,与普通高中相比,当前政府对职业教育的投入与中等职业教育承担一半左右的高中阶段教育任务的职责不相称,有限的投入远远满足不了发展的需求。

在青海省,长期以来,政府对教育的投入主要用于义务教育,绝大部分职业学校,除了财政拨付的教职工工资外,来自政府的其他投入很少。因此,大多数职业学校教学仪器设备、图书资料严重不足,实习、实训场所也极其缺乏。青海省中等职业学校校舍建筑总面积为391 343平方米。按国家生均建筑面积最低标准16.15平方米计算,只能容纳在校生2.2万人。而2006年底,全省中等职业学校在校生实际达3.6万多人。按青海省职业教育"十一五"规划要求,2010年全省中等职业学校在校生应为7.2万人,那么建筑面积还差77万平方米。另外,全省中等职业学校教学仪器设备资产总值只有6 593.08万元,而且其中不乏陈旧、落后的设备。西宁市的9所职业技术学校仪器设备资产总值仅3 048.5万元,不及西安、兰州等地一所示范性中等职业学校的装备总量。

与受重视的普高相比,宁夏对中等职业教育的投入也非常有限。职校学费连学生培训的费用都不够,政府的投入仅够发工资、缴纳水电费,维持学校正常开支,导致中等职业学校校舍严重不足。如银川市直各职业学校曾在外租用房屋,面积3 500平方米,用于学生住宿,2007年校舍不足问题更加突出。

同样,新疆对中等职业教育的投入也严重不足。近几年来,除乌鲁木齐、昌吉、石河子等一些经济发达的州、市外,绝大多数地区没有将技工教育纳入预算,学校基本建设主要靠自筹资金。

5. 师资队伍建设严重滞后,严重影响中等职业教育的办学质量

当前,国家对职业教育的投入力度日益加大,措施进一步落实,使职业教育出现了前所未有的发展态势。但是,与此不相适应的是,目前西北各省(自

治区）只要是公办性质的中等职业学校，师资队伍的编制就完全以政府规定的编制为准，而且这种编制也是根据至少10年前学校的办学规模而核定的数量，根本不能满足现时办学需要。如陕西省的中等职业学校专任教师的师生比为1∶28，低于国家1∶18的要求；教师学历达标率仅为58.1%，低于全国平均水平11个百分点；专业教师更为匮乏。渭南工业学校在校生12 500人，教职工857人，而编制仅有150人；西安工程技术学院在校学生规模已经超过1万人，但是政府每年拨给该校经费还是按照1985年核定的180人的教职工规模，学校为了满足办学需要，被迫聘请了大量的专业教师，半数以上的教师处于编外状态。一方面导致学校高额负债运行，另一方面教师队伍难以保持稳定。民办职业学校的师资队伍素质普遍偏低，极不稳定。宁夏回族自治区的情况也基本如此，如银川市各职业学校的人员，是2002年职业教育招生正处于低谷时期按学生人数核定的，现在职业学校在校学生人数较2002年增加了2 000多人，可是教师编制没有变动，导致职业学校大量聘用教师，编制问题已成为职业学校发展的最大制约因素。随着办学规模的扩大，青海省职业学校教师数量不足的问题越来越突出。例如，西宁市的9所职校共有在校生13 665名，而教师只有585名，师生比达1∶23.4，个别学校达到1∶40，远远高于普通高中1∶12的比例。目前，由于涉及单位性质、编制限制等问题，职业学校急需的人才引不进来，现有的师资多为普教系统转行而来或大学毕业后直接任教，缺乏指导实际操作的能力。而且，职业教育师资培养、培训、录用、选拔完全沿用普通教育政策，造成既有文化理论水平，又有专业实践技能的“双师型”教师严重缺乏，这离青海省职业教育“十一五”规划要求的职业教育办学规模增加50%还有很大差距。

另外，由于政府对学校用人编制统得过死，还导致教育部门主管的各类中等职业学校师资队伍结构严重不合理，大大制约了职业教育质量的提高和学校的可持续发展。目前，绝大多数县（区、市）中等职业学校从表面上看，办学规模和教师比例还基本相符，但由于学校没有用人自主权，加上多数中等职业学校都是在原来普通中学基础上直接改制过来，缺乏职业教育发展所需要的“双师型”专业教师。调查表明，西北各省（自治区）大部分中等职业学校的“双师型”专业教师仅占教师总数的10%左右。如陕西省中职学校目前有“双师型”教师2 189人,仅占专任教师总数的9.51%,低于全国平均水平,其中一半还是临时聘用的。有的学校虽然在统计数字上,专业教师的比例远远大于这个数字,但很多都是为了争取上级支持或者评估达标不得已而为之。如目前在青海全省职业学校中,“双师型”教师的统计数字是占教师总数的28%,其中西宁市是35%,但实际上根本达不到这样的标准。一方面导致那些办学规模不断扩大的职业学校,为国家职业教育发展做出的贡献越大,遇到的困难和障碍也就越多;另一方面,也导致那些办学条件一般,表面上教师队伍与办学规模基本相符的中等职业学校又因为人员结构不合理的制约,而很难实现既有目标。总之,上述两种不同情况的最终结果,都是制约了职业学校办学质量的突破。

6. 教育机构缺乏整合,职业教育的资源没有的得到充分发挥和利用,办学效益低下

职业教育发展只有走规模型和集团化的道路才能实现真正的快速可持续发展。但是,由于受经济发展水平和人们的观念等因素影响,西北地区的中职学校的办学规模很不理想。如就相对发达的陕西省来说,虽然中职学校的数量并不是很少,但却存在规模偏小的问题,全省平均在校生1 000人左右,其中有的县两所职中在校生加起来还不足100人。目前,陕西全省有成人中专学校85所,2007年仅招生7 200人,平均每所学校只招生84人。短期培训机构虽然遍地开花,但教学质量却是良莠不齐,相当一部分不具备培训能力,学生很难学到一技之长。每到招生时期,各职教机构纷纷展开生源大战,一些地方甚至出现了“一名落榜生,八家派车接”的现象。

目前,甘肃中等职业学校在校生校均规模仅有600多人,即使最好的中等职业学校,在校生规模也只有3 000余人,远远低于教育部对示范性重点中等职业学校在校生3 200人(甘肃省的要求是1 600人)的要求,而有的学校在校生仅有百余人。

宁夏回族自治区职校招生也非常艰辛,人数年年滑坡,生源质量不断下降。据宁夏轻纺学校招生办公室朱主任称,目前各职校早已不在家“坐等其成”,纷纷四面出击,深入偏远农村,不放过每一个可能招来的学生。为拉生源,四处奔走的他已跑遍全区200多所乡镇中学,有时甚至进村入户,“赖”在

农民家的炕头上，采取说教、优惠学费等多种方法“求人”上职校。

总之，西北地区各省（自治区）中等职业教育如此小而全的办学规模和状况，造成办学资源的严重浪费和办学效益上的恶性循环，给西北职业教育实现快速可持续发展带来十分不利的影响。

7. 各方面普遍存在重普教轻职教的现象，导致中等职业教育生源质量存在严重问题

调研表明，西北各省（自治区）不管是政府教育行政部门，还是用人单位或者是学生家长等社会各方面，由于受历史、经济、社会和传统观念等综合因素的影响，都存在着严重的重普教而轻职教的现象。

就陕西省的情况来说，一是许多单位对职业教育存有偏见，认为高等教育是正规教育，对正规大学的毕业生高看一眼，职业教育是二流教育、“失败者”的教育。二是一些家长宁可举债送孩子上高中，支付高昂的学费，一年又一年地复读，也不让孩子去接受职业教育，对职业教育有很大的排斥性。虽然随着近年企业用人制度改革对职业学校毕业学生就业渠道的敞开，以及高校毕业生就业压力的不断加剧，也有学生家长能够根据孩子的实际情况和特点，鼓励和支持孩子选择接受职业教育，但总体上来说，情况没有得到根本性改变。三是现行的用工导向也有失偏颇，技能型人才社会地位不高，收入普遍偏低，加之有些地方对职校生就业存在着歧视，在政策上人为提高就业门槛。如我省一些地方规定，职业院校毕业生就业三年、交完两年“三金”后才准予落户，给职校生就业增加了不利因素。四是各地招生政策对职业教育缺乏整体考虑，使中等职业学校在招生过程中，总是处于十分被动的地位，甚至由于招生政策对职业教育的歧视，导致职业学校没有好的生源，办学质量很难提升。如各地在中考招生时，一方面在录取顺序上就对职业教育带有一定的歧视性，一般都是先重点高中，然后再普通高中，最后剩余的所谓“差生”全部交给职业学校，既对学校的办学质量从源头上设置了明确的障碍，又给进入职业学校上学的学生心理上带来很大的负面影响，从而严重影响学生接受职业教育的兴趣。另一方面，对众多技工学校和民办教育机构，又不允许其进入招生录取程序，导致学校只能在正式的招生录取工作结束后，在社会上进行自主招生。对此，有的技工学校和民办职业学校为了能招到学生，便不得不采取各种非常规甚

至是非法欺骗的手段进行招生，造成了招生秩序的极大混乱，为社会上某些打着招生旗号进行诈骗的犯罪分子提供了土壤。总之，招生政策的缺陷给我省职业教育的发展带来很大的负面影响，严重影响职业教育的可持续发展。

调研表明，甘肃、青海、宁夏和新疆等4省（自治区）在此方面的情况与陕西基本相同，甚至更为严重。如甘肃在职业教育的定位上，政府未将其纳入主流教育体系。相对于普通教育，甘肃职业教育仍处于次要和弱势位置，作为高中阶段教育重要组成部分的中等职业教育也存在明显的投入不足；社会对成才的片面认识更为严重，轻视职业教育的观念依然根深蒂固，企事业单位用人不切合实际，盲目重学历、讲文凭，一些技能性的工作也非要招大学生、研究生，造成用人的高消费，更刺激了人们追求高学历的心态，如此认识和做法，导致家长和学生对职业教育没有多少兴趣。甘肃省职业教育调查队在全省进行详细调查，据调查组向中学生、家长和社会各界发放的2 568份调查问卷表明，认为职业学校毕业生是人才的不到36%，有超过半数的人认为读职业学校作用不大，只有不到20%的学生愿意选择职业学校，多数学生家长认为，只有送子女读高中、上大学，当国家公务员或当企业白领才算是人才，否则就是“读书无用”。宁夏回族自治区也同样存在“政府热，社会冷；学校热，学生冷”的反差现象，社会歧视、生源不足、资金短缺、企业重视不够等问题严重制约了宁夏回族自治区职业教育的发展步伐。如调研中发现，在银川市家长为了孩子能上理想的高中而四处想办法为孩子报名上补习班、重点班，为孩子最终能考上满意的大学而不懈努力。与此相反，选择职业学校的学生和家长却寥寥无几，人们纷纷把“上普高、读大学、当白领”当作人生方向。城里人认为，技工低人一等，尤其是现在大多数孩子是独生子女，将来必定要上大学登高枝，否则宁肯在家闲着；而农村人则受“学而优则仕”等传统思想影响，认为只有上大学才有出息，即使考不上大学外出打工，也没必要上职校。

三、加快西北地区中等职业教育发展的对策与措施

1. 进一步提高全社会对大力发展职业教育的认识，积极营造关心支持职教事业发展的良好氛围

加快职业教育发展，当务之急是必须解决好市、县领导干部和有关部门负

责同志的思想认识问题。因此,国家应该采取进一步措施,通过各省(自治区)政府督促他们真正把职业教育列入重要议事日程,纳入地方经济和社会发展总体规划,与经济工作同研究、同安排、同落实,切实扭转“重普教,轻职教;重智能,轻技能”的局面。并充分利用报纸、电视、广播和网络等新闻媒体,广泛宣传职业教育在经济社会发展中的重要作用以及国家关于发展职业教育的方针政策,积极引导群众树立正确的求学、择业和成才观,引导青年人根据自身条件选择升学和就业,改变千军万马挤独木桥、不顾实际盲目争上大学的局面。要大力宣传技能型人才的先进典型,建议每两年以省委、省政府的名义召开一次表彰大会,奖励有突出贡献的技能型人才。同时,要大力倡导新的用人观,引导用人单位不拘一格录用、聘用技能型人才。鼓励企业在关键职业、关键工序、关键岗位设立“首席技师”岗位,对高技能人才,在聘任、工资、奖金津贴、生活福利待遇和带薪学习、培训、休假、出国进修等方面制定相应的鼓励办法。切实落实保障高级工、技师、高级技师等高技能人才与助理工程师、工程师和高级工程师等相应专业技术人才享受同等待遇的政策。

2. 理顺管理体制和机制,将各类职业教育纳入各省(区)统一轨道管理

一是要树立“大职教”和“职教一盘棋”的理念。由省政府指定有关职能厅(局)成立一个职业教育管理专门机构,对目前全省所有各类职业教育机构进行统一分类归编,将原来分散在教育、劳动和行业下的所有职业教育机构,统一进行评估,并进行学校和专业设置的布局结构调整。特别是对那些条件差、没有任何发展潜力的学校要立即停办,对那些办学实力雄厚的学校要进行重点扶持和建设,统一下拨经费投入,并适当扶持一部分行业和民办的职业学校。同时,对全省职业学校进行定期评估,并将结果向全社会公布,通过舆论监督促进职业教育走上健康发展之路。特别是在实训基地建设方面,要充分考虑职校、技校一体化的问题,对国家和省财政支持的职业教育实训基地建设经费,不要“撒胡椒面”,应选择几个有典型性的学校进行重点投资,形成能够满足全省相同专业学生使用需求的超大型实习实训基地。同时,对民办职业学校,尽快出台相关政策,解决他们在征地、引资、贷款等方面的困难,促进民办职业教育健康发展。

二是定期举办西北地区或省(自治区)中等职业教育高峰论坛。据调研预

测,“十一五”时期是全国中等职业教育的一个大发展时期,但问题和矛盾也会更加突出,仅仅靠政府加大财政拨款力度来解决所有问题的想法很不现实。因此,应该由五省(自治区)人民政府相关职能部门协调,设立定期的西北或省(自治区)中等职业教育发展高峰论坛,就西北或全国职业教育发展中的重大问题展开讨论,提出解决问题的思路与对策,为国家和各省(自治区)政府制定政策提供依据,使政府对职业教育的管理逐步走上科学、规范的轨道。

三是由政府主管部门牵头,定期召开职业教育校(院)长联席会议,对职业教育发展中的各种问题和矛盾、解决问题的办法等,进行沟通与联系,并达成共识,向政府提出建议,使政府更好地把握影响职业教育发展的实质问题。这对推进公办职业学校、企业技工学校、社会力量办学以及民办职业院校的合作与联合,形成多元办学格局具有十分有益的影响。

四是在经费保障方面,要重点解决各地市、县(区)财政不到位的问题。要树立各级党政一把手是职业教育事业发展第一责任人的意识,将落实职业教育配套经费作为考核地方党政一把手政绩的重要指标之一,促进职业教育经费的落实,确保职业教育正常发展。

总之,体制和机制是职业教育发展的核心,只要有了很好的体制和机制,就能很快实现职业教育的科学化发展,真正实现职业教育的飞跃发展。

3. 最大限度地利用好地域资源优势,带动西北地区中等职业教育的整体快速发展

一是要利用好科教资源实力雄厚的有利条件。陕西省是高教大省,工业基础较好,高等教育师资和企业技能人才为弥补职业教育师资短缺提供了最直接的途径,是发展中等职业教育的坚强后盾和强大基础。其他省(自治区)也有相应的工业和科技资源,因此,建议各省(自治区)尽快建立完善聘请高校教师和企业高级技工到职业院校任教或兼职的机制,鼓励在职教师和企业高级技工利用业余时间到职校授课,积极引导退休的教师和企业高级技工到职校从教,缓解职教师资不足的矛盾,允许他们通过兼职授课取得合法收入,有效遏制人才外流。

二是各省(区)要利用好市场经济发展对职业技术人才需求持续旺盛及职业教育发展空间大的有利条件,抓住市场对技能型人才特别是高技能人才需

求强劲的机遇,借梯登高,顺势而为,扩大招生规模,增加培训人次,进一步加快中等职业教育的发展步伐。

三是要利用好陕西职业教育基础较好的有利条件,充分发挥现有职教资源的优势,建议选择一批基础条件好、发展前景广的职业院校进行跨省域联合建设或国家进行重点扶持与建设,加快组建若干个跨省域中等职业教育集团,增强西北地区整体中等职业教育的整体实力。

四是在建设中充分发挥特色优势,整体布局西北地区中等职业教育的学校和专业布局,遴选出相应的特色专业和名牌专业进行重点建设,合理布局西北地区中等职业教育结构,科学合理地整体推动西北地区中等职业教育的发展。

4. 各省(自治区)政府应根据实际办学规模,重新确定能够满足职业教育需要的学校教师编制

一是建议各省(自治区)政府根据办学规模,重新核定各学校的人事编制。我国社会经济的快速发展,要求职业教育也必须快速发展。但职业教育的现状远远不能适应社会发展的需要。正因为如此,相当一些职业学校主动打破国家对学校教师编制的限制,一面扩大办学规模,一面被迫增加编制外教师队伍。但这却给学校带来了巨大的压力,使学校的造血功能受到严重影响,制约了学校的可持续发展。因此,建议各省(自治区)政府按照职业教育人才培养规律要求,在合理布局的前提下,对所有职业学校的办学规模重新定位,实事求是地调整原有编制,以满足办学基本要求的专业教师数量。特别是对办学实力雄厚、发展潜力巨大的职业学校,经过严格评估,可逐年增加编制内教师人数,或者根据社会发展对职业教育人才需求的变化,动态调控各学校专业教师的数量,可以试行同一地区内职业教育专业教师的统一调配,实行跨学校代课制度,做到教师资源效益的最大化。

二是改变政府对学校用人编制统得过死的做法,建议各省(自治区)在对县(市、区)级中等职业学校进行教师配备时,要充分尊重用人学校的意见,特别是要加大调整教师队伍结构的力度,对不适应职业教育教学的教师及时调离。在确定学校教师编制时,一定要考虑教师的职称、年龄、专业、性别、学历等方面的结构是否合理,重点解决"双师型"专业教师数量不足问题。一方面,

政府在对学校下达编制时，对此做出明确规定，对达不到要求的学校要坚决卡住，宁缺毋滥；另一方面，在对学校下达在职教师进修培训计划时，也应将重点放在解决“双师型”专业教师队伍建设方面。对办学规模大、发展前景好、不吃国家财政的民办职业学校，则重点解决规范办学的问题，在收费上由政府提供统一的行政事业收费票据，按照收支两条线的原则收取和使用资金，并将其统一纳入教育或劳动部门管理范围，特别是不能把民办职业教育机构按照私营或者民营企业对待，禁止向民办职业学校乱收费乱罚款，确保学校正常办学。

5. 加快职教师资队伍建设步伐，力争实现职业教育人才培养质量的新飞跃

当前，我省职业教育虽然发展很快，但整体师资力量薄弱却是制约发展的非常重要的因素之一。因此，必须下大力气解决职业教育的师资队伍建设问题。

一是整合西北5省（自治区）高等师范教育和高等职业技术教育资源，快速建立省级职业教育教师培养基地。目前，全国仅有5所为中等教育培养师资的职业技术师范本科院校，其中西北地区没有一所，中等职业教育人才培养基地的数量缺乏与大力发展中等职业教育的大好形势极不适应。陕西省高等教育和师范教育在全国都位居前列，且经济文化十分发达，建立一所为职业教育培养师资力量的省级职业技术师范本科院校具有很好的基础。因此，建议由陕西省政府牵头，其他4省（自治区）参与，向国务院请示，调整陕西省的高等教育结构，建成一所或几所能够满足陕西省职业教育师资培养与培训、科学研究与探讨、技术推广与应用等方面需要的省级职业技术师范本科院校，以从根本上解决西北地区中等职业教育发展所需要的“双师型”教师队伍力量严重不足问题。

二是要制定相应的政策，切实解决职业学校专业教师专业职务（职称）评审问题。多年来，对发展中等职业教育的重要性问题，虽然各省（自治区）一直都在强调，但却几乎都没有配套的政策和措施。在专业教师的职务（职称）评审问题上，各省都没有明确的关于中等职业学校教师职称职务的评审标准，各地只能参照普通中学职称评审办法，将中等职业学校的职称评审纳入普通中学中，导致实践性与技术性很强的专业教师在评审过程中往往达不到评审条

件,严重挫伤了专业教师的工作热情和创造性,导致专业教师不能安心教学,师资队伍很不稳定,给职业教育发展带来十分严重的消极影响。因此,政府应该尽快出台符合中等职业学校教师情况的职称职务评审办法,并适当放宽评审条件,以鼓励更多的专业教师热爱职业教育,形成长期稳定的高素质职教师资队伍。

三是要建议国家根据西北各省(自治区)职业教育发展的现状和未来发展的要求,由国家和省(自治区)财政共同承担,选择定点对口院校,有计划地将各省(自治区)所有职业学校的专业教师的在职培训,纳入统一的体制中进行。在省级职业技术师范本科院校建成之前,继续落实好对口专业教师在现有普通高校进行培训任务,重点培训专业教师的实践应用能力和水平,以解决职业教育专业教师队伍断层问题,确保我省职业教育的正常发展。

6. 进一步拓宽投资渠道,进一步加强中等职业教育的基础能力建设

一是要坚持职业教育经费政府投入为主,其他投入为辅的多元化投入原则,政府投入要随着我省经济的发展逐年增加。建议各省(自治区)的新增教育经费更多地用于职业教育,市、县也必须设立职业教育专款;足额征收城市教育费附加,并确保其中的三分之一用于职业教育;严格执行国家收费政策,所收学费全部用于学校的发展;改革拨款方式,将现行的按职工编制数给学校拨款改为按在校生数拨款的资金管理模式;引导社会各界尤其是企业参与职业教育,广泛吸纳民间资本和境外资本,积极探索以公有制为主导、产权明晰、多种所有制并存的办学体制。同时,建议进一步大力扶持民办职业教育,加快农村民办职业教育发展,在建设用地、师资队伍建设、招生就业、项目补助等方面制定和完善有关政策,对办学成绩突出的,在财政性教育经费方面应给予适当补助和奖励。通过经费的落实,从根本上加快中等职业教育学校办学条件的全面改善,实现西北地区中等职业教育的健康有序发展。

7. 规范招生和收费行为,真正将职业教育办成为国家经济社会发展培养高级专门技能人才的基地和摇篮

一是建议将所有备案的中等职业教育学校纳入中招范围之内,包括民办和公办职业中学等办学机构。在中考学生填报志愿时,由各省招生办统一公布招生学校名称,允许所有考生在同一个时间选择普通高中或职业学校,让那

些真正有志于从事职业技术工作的学生提前做出选择，既有利于职业学校招到优秀的学生，又可以消除学生因自卑而带来的消极影响。

二是规范中等职业教育招生的广告宣传工作，通过立法坚决纠正招生中的虚假欺骗行为。建议以省（自治区）为单位制定《职业教育招生条例》，对职业学校发布的招生简章和广告必须报审批机关备案，对乱发布广告骗取钱财或非法承诺颁发学历证书、培训证书、职业资格证书者，责令其停止招生或吊销办学许可证。同时，可按学校的办学实际确定招生规模，确保职业办学数量和质量的同步增长。

三是在中等职业教育学校招生时，由政府制定并公布各类职业学校的收费标准，并由媒体统一予以公布，接受社会监督。只有这样，才能确保职业教育规范办学和健康发展。

综上所述，在我国职业教育发展正处于黄金机遇期的时期，西北地区的中等职业教育在发展中出现问题和矛盾也在所难免。相信只要西北各省（自治区）人民政府主管部门和学校真正重视起来，对所出现的问题采取各种措施及时予以解决，对各方提出的建设性建议积极研究并结合实际予以采纳，就一定能够确保我国西北地区中等职业教育的快速持续发展。

关于进一步完善陕西省中小学教师培训体系问题的调研报告

随着基础教育改革发展进程的加快以及教育信息化时代的到来，我国中小学教育教学改革的步伐也日益加快，尤其是在新课程改革走向纵深方向的时候，就迫切要求广大中小学教师必须适应这一变化，全面提升专业化水平和实际教育教学能力。近年来，从教育部到各省(市)、自治区及市、县(区)教育行政部门，甚至学校，都为此付出了巨大的努力，特别是国家投入大量资金实施"国培"和"省培"项目，极大地提高了广大中小学教师的教育教学水平和能力。但是，由于受诸多因素的影响，作为承载广大中小学教师专业化水平提升的"国培"和"省培"两个主体培训体系的实施，并没有也不可能完全解决广大中小学教师的专业能力提升问题。据此，通过对陕西省中小学教师培训体系建设问题的调研，深感只有针对中小学教育教学的实际问题和教师专业发展的需要，不断创新，完善"国培""省培"体系，才能真正实现教师的专业化发展，才能真正使广大中小学教师适应我国基础教育教学改革的形势。

一、中小学教师队伍整体状况及教师培训的主要成效

1. 中小学教师整体状况

目前，陕西省共有中小学义务教育阶段专任教师17.5184万，学历合格率为99.55%；专科学历占80.93%；高中教育阶段有专任教师5.395万，专任教师学历合格率为93.59%；中等职业教育学校专任教师有3 958人。总体而言，陕西省中小学教师队伍的学历结构发生了质的变化，但是，随着基础教育改革和发展的不断深入，以及新课程改革的不断深化，对中小学教师的素质要求也越来越高。这就迫切需要快速、全面、有效地提高全省中小学教师的专业

化水平和能力。

2. 加强教师队伍建设的主要举措

早在2010年,陕西省人民政府就出台了《陕西省人民政府关于加强中小学教师队伍的意见》,并明确提出要“强化培养培训,全面提升中小学教师队伍素质”。其中,关于教师培训工作提出了通过健全教师培训制度、加强培训基地建设、大力推进校本研修、实施中小学教师学历提升计划等多种办法,增强中小学教师队伍建设的实效性。同时,陕西省教育厅还先后通过实施“中小学教师职业道德建设计划”“基础教育新课程骨干教师培训计划”“中小学教师学历提高计划”“‘三秦名师’建设计划”“教师对口支援实施计划”“农村义务教育阶段学校教师特设岗位计划”“农村学校教育硕士师资培养计划”“教师培训基地建设计划”“中小学教师教育技术能力培训计划”“教师教育科研建设计划”,以及《关于全面推进中小学教师校本研修的意见》《陕西省中小学教师校本研修工作实施方案》《关于加强中小学教师队伍骨干体系建设的意见》等一系列教师队伍建设计划,进一步提高了在职教师的能力。

3. 中小学教师队伍建设主要成效

通过一系列旨在全面提高中小学教师能力和水平的培训措施的实施,陕西省形成了“以德为先,骨干引领,全员提升”的全省中小学教师队伍建设新体系。其中,在2011年至2015年的5年时间里,全省的中小学教师培训体系日臻完善,并取得了很大的成效。一是通过脱产培训、阳光实训送培到县、名师大篷车、网络远程培训等各类“国培”“省培”项目的实施,共计完成30万农村中小学教师的在岗培训任务;二是通过成人学历提升计划的实施,使全省中小学教师学历结构明显改善,学历达标率分别为高中93.59%、初中98.35%、小学99.55%,高中还有4%的专任教师为研究生学历,初中教师本科以上学历占64.6%,小学教师专科以上学历占80.93%;三是通过全省中小学教师校本研修的开展,使全省所有教师专业化成长的“全员提升”落到了实处;四是通过启动省、市、县三级教学能手、学科带头人、教学名师等三类骨干队伍的培训与培养工作,为形成一支超过1万人的师德高尚、业务精良、结构合理、充满活力的骨干教师队伍和优秀教师群体,培养了一批教学名师和学科领军人才,并为充分发挥其示范引领和辐射作用奠定了一定的基础。

总之,通过多种培训培养方式的实施,全省广大中小学教师的水平和能力都得到了不同程度的提高。

4. 中小学教师培训体系建设方面值得推广的典型经验

“十二五”期间,陕西省在中小学教师培训体系建设中,形成了诸多值得推广的典型经验。其中,最主要有以下几个方面:

一是构建了指导全省中小学教师培训工作战略思路的“十二字”原则,即“以德为先,骨干引领,全员提升”,完成了全省中小学教师队伍建设的战略布局。

二是有效实施了旨在全面积提高全省中小学教师专业化水平和能力的“校本研修”工作,并以“十二字”为研修总思路,即“专业引领,同伴互助,自我反思”,深受广大中小学教师的欢迎。

三是构建了旨在培养一大批骨干名师的“三级三类骨干体系”,并启动实施了相关培养与培训工作。“骨干引领”已经开始发挥作用,初步形成教师专业发展的示范和领军队伍。

四是立体打造“三方参与”的教师培训机构和培训基地,即由师范院校专家学者、教研机构知名教研员和中小学名校名师,构成庞大而合理的教师培训专家团队,以及着力打造以陕西师大和陕西学前师院为核心的省级高端教师培训基地,为适应新形势下教师培训工作奠定了重要的基础。

五是十余所高师院校与区县教育行政部门合作实施的中小学“校本研修实验区建设”,既为全省中小学教师全员素质提升解决了专业引领(或专家引领)的问题,进一步增强了校本研修的有效性和实效性,同时也为高师院校师范教育和人才培养提供了很好的借鉴,达到了中小学教师专业化发展和师范院校人才培养“双赢”的效果。

二、中小学教师培训存在的主要问题

调研表明,随着我国基础教育改革发展的突飞猛进,陕西省广大中小学教师特别是农村教师的综合能力仍然不能适应新形势的要求,其中在教师培训的有效性和成效方面仍然存在诸多亟待解决的问题。

1. 中小学教师脱产培训存在的问题

调研表明，近年来，由“国培”（国家财政支持）、“省培”（省级财政支持）及“市培”（市级财政支持）、“县培”（县级财政支持）组成的培训体系，是教师参加离职脱产培训的主渠道。尽管陕西省每年都要部署全省中小学教师离职脱产培训工作，而且在安排上形式多样、内容丰富、层次分明，甚至部分项目还加大了域外（包括境外）培训的力度之大，方式之多样，确实对教师素质提升发挥了很大的作用。但是调研表明，中小学教师离职脱产培训仍然存在以下需要进一步解决的问题：

一是培训者队伍教业负担沉重，不利于培训队伍体系的专业化发展。陕西省的省级培训任务，分别由省内十多所相关高校和部分中小学名校承担。由于高校的办学主体是普通本科或研究生教育，承担培训任务的教师主要精力都在校内的本专科教育教学与科研上，所有承担培训任务的高校，几乎都没有形成一支独立的专门从事中小学教师培训工作的专家队伍。虽然按照教育部要求，陕西省教育厅也构建了一支由高校教师、中小学一线名师和域外教育教学专家组成的培训专家队伍，但是客观地说，这些专家不管是高校教授，还是中小学教学一线骨干教师，几乎都是在自己的本职工作之外而兼职从事培训工作的，常规教学科研及其他工作任务异常繁重，再加上承担教师培训任务，导致大部分培训者疲惫不堪，在一定程度上影响了培训的教学质量。省级培训者队伍状况尚且如此，市、县级的培训者队伍受干扰的情况更是可见一斑了。如此现状，对培训者队伍的能力和水平的提升，必然产生一定的制约，很不利于培训队伍体系的专业化发展。

二是中小学教师平时工作任务繁重，不利于他们系统深入地接受培训。调研表明，虽然从顶层设计角度来说，多数省级培训机构和培训者队伍整体素质都比较高，所设计或制定的培训方案基本能够符合中小学教师的实际需要，但是由于广大中小学一线教师的工作任务和压力都很大，工作头绪也很多，每个教师在平时的工作中都是忙得晕头转向，从而使教师培训出现了三种无奈的现象：受升学压力影响，需要选派骨干教师的脱产离职培训项目，个别学校怕影响升学，就反复选派非骨干教师充数培训；对培训时间较长的离职脱产培训项目，有的学校和教师因怕影响正常教学工作而存有畏难情绪；对“名师大篷车”、乡村教师提升“送培到县”等非脱产离职培训项目，由于培训时间较短和教师受工作、家庭生活等因素的干扰，导致培训的预期效果受到一定程度的影响。受此影响，部分参加培训的教师存在应付培训的现象。另外，部分参训教师还出现功利化地选择接受培训专题的现象，即对来自高校专家学者偏重理论讲授的专题不感兴趣，而对来自一线教学名师的示范课教学、浸入式教学、同课异构教学等大加赞赏。调研表明，相当一部分中小学教师认为，大学教授讲课多偏理论、理念、概念等，针对性不强，从而使有的参训教师兴趣不高，没有认识到理论培训的重要性。当然，如果具体到每个学科的培训项目的落实，也存在有的学科极个别承担培训任务的教师的确没有中小学教育教学工作的经验，讲授中缺少基于中小学一线课程改革具体问题的理论与实际相结合的有效培训。

三是教师接受培训频率加快，不利于培训规划的合理有效执行。调研表明，“十二五”期间，由于中央、省两级政府财政支持的“国培”和“省培”的数量比以前增加了很多，再加上市、县两级每年安排的地方财政支持的培训项目，从而使中小学一线教师参加培训的频率与次数，比以前大大增加，越来越多的教师经常参加脱产培训，有的教师甚至在一两年内反复参加不同类别的培训。这种现象的出现，虽然有很多必然因素，但客观上却导致了不合理和不科学的结果，也就是一方面极大地影响甚至冲击到中小学正常的教育教学工作，另一方面教师虽然反复参加培训，但“国培”“省培”和市、县部署的培训，内容和主讲教师的安排有时又会出现重叠现象，从而导致参训教师应付培训并倦怠的情况发生。另外，在培训时间安排上，由于“国培”“省培”甚至市县安排的培训，经费都在年中之后才陆续到位，导致培训项目在执行时，多存在前松后紧现象，从而形成前半年培训任务很少，而后半年却出现扎堆培训的现象，与中小学校正常的教育教学工作的矛盾十分突出，甚至个别地方还存在为完成任务而培训的现象。

2. 培训经费保障方面存在的问题

一是“国培”“省培”与“市培”“县培”经费支持力度不同，导致培训效果和质量参差不齐。如前所述，近年来，由于《国家中长期教育改革发展规划纲要（2010—2020 年）》的实施，国家、省、市、县各级教育行政部门都很重视中小学教师培训工作，培训项目和类别大大增加。但是总体上来说，“十二五”期间，“国培”“省培”项目经费投入力度都很大，年均约有1亿的经费支撑。因此，由省教育厅统一部署的“国培”“省培”项目的落实都很到位，培训的质量普遍较高。而“市培”和“县培”则因各市、县（区）财政状况的不同而出现培训质量参差不齐的现象，与此相应的培训工作的部署也是各有不同。

二是经济下行压力增加，“国培”“省培”项目执行的效果受到一定影响。从2016年开始，伴随着整个国家和省上经济下行压力的影响，以及各市、县财力的不尽相同，各级财政支持下的培训经费也有很大的变化和调整，其中，以前很充足的“国培”和“省培”项目经费大约减少15%，因此，培训项目和类别都有所减少与调整。而且从教育部统一要求看，减少了很多培训时间相对较长的离职脱产培训项目，将重点转为旨在大面积提高农村教师专业化能力的教师在岗培训的“乡村教师提升计划”。这样，既可以节省经费支出，又可以使更多的教师接受培训。调研表明，在这种模式下，虽然教师不离岗就可以接受培训，但如前所述，同时也存在诸多干扰因素，特别是参训教师受家庭、生活、工作等方面的干扰，不能静下心来参加培训，存在大量应付培训的现象，从而使培训效果受到一定的影响。

二是市、县财力差异增大，导致部分区县的培训工作出现断崖式停止现象。调研表明，虽然国家明令县级以上教育行政部门的教师培训经费由同级财政安排，标准是地方教育费附加中按不低于5%的比例用于义务教育阶段教师的培训，农村义务教育学校按照学校年度公用经费预算总额5%安排教师培训。但在实际执行中，由于受地方财政收入的影响，尤其是进入“十三五”后，面对日益加大的经济下行压力的大环境，部分市、县用于培训经费的支出远远达不到这个标准，有的区县甚至由于经费难以落实而停止了一些常规性培训。市、县培训经费的缩水导致个别区县的教师培训变成一种形式而已，相应的教师培训模式和培训效果难以尽如人意。

3. 信息化网络远程培训的作用发挥有待进一步提升

一是信息化培训资源和平台没有引起高度重视。调研表明，通过互联网平台及优质网络培训资源开展教师培训工作，应该说是最有效、最经济、最快捷、最灵活的培训模式。为此，陕西省教育厅十分重视教师培训平台和资源利用，连续多年购买并开通了全国中小学教师继续教育网等网络在线培训平台的培训和资源。同时，开通网络实时专家培训，对提高中小学教师的能力和水平，起到了一定的作用。但是，由于网络信息化培训是教师自觉在线自学，培训效果完全依靠教师的自觉性。如前所述，由于诸多主客观因素的影响，导致教师的职业倦怠与疲劳成为普遍现象。因此，面对网络研修，消极应付的现象仍然存在，省上部署的信息化培训资源与平台的应用及作用发挥，一定程度上还不尽如人意。

二是网络研修平台资源开发与利用需要进一步完善。调研发现，作为教师远程培训的官方认可网络平台与资源，除了“全国中小学教师继续教育网”外，能够看到的还有“陕西教师培训网”和“陕西省中小学教师网络研修平台”等，但从实际情况看，后两个网络平台的优质培训资源很少。另外，市、县两级教研部门或教师教育主管部门网站基本都是一种行政管理网站，也都没有专门的校本研修资源平台，没有特别出众的高水平校本研修网络资源可供教师在培训中直接应用。

4. 自主开发和利用的培训资源不能满足培训工作的需要

一是自主生成性培训资源的开发和利用不能满足培训需要。调研表明，在培训中，对广大优秀骨干教师或专家教授在教育教学中基于解决实际问题而生成、总结、研究的鲜活教育教学研修资源，包括优秀调查报告、教研论文、教学设计、教学案例、教学课例、教育叙事、教学经验总结、特色教育教学活动、研究性学习案例等，在实际培训中尚没有系统系列成果可资利用，这样在一定程度上影响了培训的针对性。

二是自主研发的培训专题材料或教材与培训工作的有效开展不能完全吻合。教师成长需要系统的知识结构做支撑，如师德修养研修材料（其中应包括政策法规、教育理论研究、教育教学实践案例等）、学科教学技能材料、教育和心理理论学习材料等。但是调研表明，目前，陕西省在教师培训项目实施过程中，不管是在通识培训内容，还是学科培训专题方面，都没有全省自主统一研制、编发的规范、系统、系列的培训专题教材，多数市、县、校也没有研究或编印出原创性培训材料，尤其是通识类专题讲座方面，这导致培训教师讲授带有一定的随意性。

5.“校本研修”全员提升模式经验尚需进一步深化

调研表明,由省、市、县教育行政部门和校长共同强力推动的中小学教师“校本研修”,已经成为解决教师脱产培训瓶颈问题,全面提升教师素质的有效途径和经验,如建立了150人左右的专家团队;2012—2015年,省上共组织了16期中小学校本研修“引领者”培训班,在上海组织了7期县区教研室主任、部分教学能手、后备特级教师等参加的校本研修高级研修班,培训校本研修骨干2 228人(次),加上各市、县级培养,人数达到2万多人;陕西省教科所、陕西师范大学、陕西学前师范学院、省小学艺术教育培训中心等单位,先后组织省级名师和专家赴全省各市、县、区(校),开展“名师大篷车”“能手大课堂”和“创新大讲堂”等活动,通过名师上示范课、专家点评、专题讲座、交流互动等形式,引领基层特别是农村学校的校本研修和教师专业发展;在全省建立优秀教学能手工作站,并给予一定工作经费支持,为涌现出的一大批优秀教学能手发挥示范引领作用和进一步专业成长搭建平台,为培养壮大骨干队伍奠定基础。但是,“十二五”期间5年时间的强力推进之后,校本研修已经转入常态,行政推动工作的力度大大减弱,这样很容易造成校本研修“一阵风”的现象。同时,150名左右的专家团队作用发挥不尽相同,其中有大量教研机构或教育行政部门的行政领导,并没有很好地发挥专家的作用。因此,进一步强化校本研修的体制机制,进一步增强校本研修的有效性,进一步深化和巩固校本研修的成果,成为“十三五”期间陕西省教师培训体系建设的重要一环。

6.“三级三类”骨干体系队伍建设培训力度尚需进一步加大

调研表明,在中小学教师培训体系建设过程中,省、市、县教学能手、学科带头人、教学名师“三级三类骨干体系建设”工作卓有成效,很好地发挥了示范引领作用。但是实践表明,按照省、市、县计划的三级三类骨干体系建设实施步骤来说,原计划遴选10万人的骨干体系数量数字偏大,步子过大,难以完全落实,很多设想难以实现。因此,要想更加有效地实施“三级三类骨干体系队伍建设”,工作需要进一步深化,措施需要进一步强化,办法需要进一步创新。

三、对策建议

1. 加强学习,进一步增强完善和提升教师培训体系建设重要性的认识

中小学教师培训体系建设既是基础教育改革发展的重要组成部分,也是加强中小学教师队伍建设、提升教育质量的重要举措。因此,要真正做好此项

工作，有关各方必须首先加强学习，吃透政策，明确方向，进一步增强对完善和提升教师培训体系建设重要性的认识。特别是要重视对教育部《关于深化中小学教师培训模式改革，全面提升培训质量的指导意见》（教师〔2013〕6号）的学习，充分理解内涵要求，特别是要对其中提出的增强培训针对性、改进培训内容、转变培训方式、强化培训自主性、营造网络学习环境、加强培训者队伍建设、建设培训公共服务平台、规范培训管理等问题加强研读，对照检查，找出差距，更加有针对性地提出应对措施，确保培训工作的进一步提升。

2. 提升能力，进一步加强专兼结合的专业化培训者队伍建设

各级教育行政部门要按照教育部要求，进一步优化专兼职培训专家库，对专职培训专家，一定要坚持去行政化原则，杜绝教育行政部门和教研机构行政领导充当专家，完全由培训机构专业教师承担，并按照三年一个周期实行动态调整，真正形成一支优秀的专职培训者队伍。对于兼职培训专家，一是重点选拔一线优秀教师；二是重点聘请能够把握基础教育课程改革内容和中小学一线教师培训需求的高等学校专家学者。同时，建立省、市、县三级培训专家库信息管理平台，实现各级培训者的信息共享，并从中遴选出培训者团队成员。

3. 教师减负，努力为中小学教师接受系统深入的培训奠定基础

各级教育行政部门要根据课程改革的精神，进一步加大新课程改革的力度，力争减轻教师的工作负担，尤其是要将省教育厅部署的“新常态，大视导”活动落在实处；要进一步优化对教师考核的办法，要根据教育教学规律，根除功利化考核指标，给教师腾出更多属于自己支配的时间而安心参加培训；要进一步改革中考、高考等围绕升学率而衍生的各类考试，让教师从繁重的考试负担中解放出来，努力为中小学教师能有充足时间和精力参加培训奠定基础。

4. 科学统筹，合理安排中小学教师培训项目执行的节奏

省、市、县各级教育部门要积极协调财政部门，按照年度培训计划和要求，及时或提前划拨培训经费，或按照每三年一个周期的办法，统筹经费使用。特别是“国培”项目经费的划拨，要提前与教育部、财政部进行沟通落实，以便承担培训任务的培训机构能够按照合理布局的原则安排培训，避免因经费划拨的时间问题而导致培训“扎堆”与“冷清”两种不正常现象的延伸。同时，加大“省培”“市培”“县培”协调力度，既要避免因经费不足而导致的“市培”“县

培”随意减少的情况，又要避免各级培训相互“撞车”现象的发生，确保各级培训效果和质量的不断提高。另外，针对经济下行压力的影响，合理规划和安排各级各类教师培训工作，确保培训工作的质量稳步提升。

5. 转换方式，高度重视信息化培训资源和平台建设

省教育厅要按照教育部的要求，及时出台相关文件政策，积极推进教师网络研修社区建设，进一步推动并落实教师线上和线下研修结合的学习模式，促进教师同行之间开展丰富的多元交流；要遴选一批熟悉网络研修的骨干队伍，打造教师学习共同体，实现教师培训常态化。

6. 整合资源，进一步深化校本研修全员提升模式经验

要进一步提升校本研修工作的经验和模式，深化网络研修与校本研修整合；进一步提升校本研修实验区建设的经验，深化高等学校、培训机构与中小学结对帮扶，并通过购买服务的办法，引进优质培训资源，建立校本研修良性运行机制；进一步发挥网络在教育教学改革中的作用，通过多方面的融合，促进教研与培训有机结合，切实发挥校本研修的基础作用。同时，省、市、县各级培训机构都要建立灵活、开放、专业的培训公共服务平台，其中，全省所有师范院校都要继续坚持校地共建校本研修实验区，建立与中小学合作的机制，促进培养、培训、研究、服务一体化，发挥示范引领作用。另外，还要依托现有资源，将单一功能的县级教师进修学校建设成功能全面的县级教师发展中心，发挥其在全员培训中的功能。

7. 自主研发，进一步落实培训专题材料或通识性教材建设工作

陕西省教育厅要牵头负责，研制、编发、开发符合陕西省中小学实际需要的、系统的中小学教师培训专题材料（如在政策法规、教育理论研究、教育教学实践案例等方面）或通识性教材，各市、县、校也要积极研究或编印出一套（本）适合本土实际情况的原创性教师通识性培训材料、学科教学技能材料、教育和心理理论学习材料等，使教师通过培训与研修提升，形成自己的抓手。

8. 完善措施，进一步发挥“三级三类骨干体系队伍”在培训工作中的力度

为了形成更加优秀的“三级三类骨干体系队伍”，各级教育行政部门都要按照省教育厅要求，调整好精准的骨干体系队伍数量，宁缺毋滥，既要组织省市内外培训专家和知名学校进行引领，也要进一步强化履职，不断加强思想道

德建设，提升自身专业水平，规定他们必须主动承担学科教学示范、观摩和专题讲座、辅导以及本校青年教师培养指导任务，主持和参与教育教学科研课题或教改实验项目，充分发挥带头示范作用、培养指导作用和学科引领作用。同时，还要进一步切实落实待遇，尽量增加省、市、县三级教学能手津贴和课题研究专项经费，进一步明确和细化三类骨干教师享有优先参加高层次培训、外出学术交流的权利和机会。另外，还要对“三级三类骨干教师体系”实行统一管理，完善优胜劣汰、滚动发展的良性机制，并落实每5年为一个考核周期的动态管理。

（注：本调研报告于2016年8月被民进省委采纳，并提交全国民进“庆祝第三十二个教师节暨2016中国教师发展论坛”书面交流）

陕西省义务教育免试就近入学现状、问题及对策研究报告

关于义务教育学校免试就近入学问题,《义务教育法》虽然早有“免试就近入学”的法律明文规定,但由于我国国情的复杂性,特别是城市化进程的日益加快,导致城乡在落实义务教育免试就近入学问题上,长期存在诸多难以解决的问题,特别是重点大城市由此出现“择校热”以及乱考试、乱招生、乱收费等诱发腐败的教育乱象。虽然政府教育行政部门先后出台很多政策措施来寻求破解难题的办法,但总难奏效。

为此,近年来教育部和我省教育厅又先后出台了相关针对性很强的文件。为了更好地了解这些文件政策的效果,进一步发现政策执行中值得改进的问题和不足,本课题组分别对合理划定招生范围、有序确定入学对象、规范办理入学手续、全面实行阳光招生、做好随迁子女就学、对招生和学校办学评价等6大方面29个具体问题进行多角度研究,发现存在的问题,并结合渭南和延安两个子课题的研究,借鉴全国11个重点中心大城市在解决这一问题上的典型经验,提出了认真落实教育优先发展的战略地位,强力推进城区义务教育学校布局均衡,全力推动城区义务教育师资配置均衡,寻求城区义务教育入学生源均衡,强化教育督导及完善评估机制等具体对策建议。

一、基本情况

(一)全省中小学办学规模

根据《2014年陕西省教育事业发展统计公报》,截至2014年,全省共有小学6 574所,比上年减少782所;招生405 034人,比上年增加16 953人;在校

生 2 264 095 人,比上年减少 9 180 人;小学毕业生数 374 597 人,比上年减少 25 872 人。小学学龄儿童净入学率达到 99.89%,比上年提高了 0.55 个百分点。在校学生校均规模由上年的 309 人增加到 344 人。

小学教职工及专任教师均比上年有所减少,专任教师中高学历教师所占比例持续提高。全省小学教职工 160 287 人,比上年减少 3 621 人;其中专任教师 159 356 人,比上年减少 3 485 人。小学专任教师学历合格率为 99.89%,比上年减少 0.02 个百分点;小学专任教师中专科及以上学历教师占教师总数的 92.67%,比上年提高了 3.07 个百分点。小学(教学点)生师比为 14.1∶1,比上年的 13.8∶1有所提高。

全省共有初级中学 1 714 所,比上年减少 27 所。当年招生 359 557 人,比上年减少 24 183 人;在校生 1 117 284 人,比上年减少 84 567 人;毕业学生 407 328人,比上年减少 48 606 人。初中净入学率为 99.84%,比上年提高了 0.7 个百分点。初中毕业生升学率为 97.17%(不含升入技工学校的学生,下同),比上年提高了 0.86 个百分点。

全省初中专任教师 107 450 人,比上年减少 3 055 人。初中专任教师学历合格率为 99.30%,比上年提高了 0.26 个百分点;初中专任教师中本科及以上学历教师占教师总数的 80.91%,比上年提高了 3.94 个百分点。生师比为 10.4∶1,比上年的 10.88∶1有所降低。

全省基础教育学校校舍建筑面积 3 148.07 万平方米(其中,初中 1 388.65 万平方米,小学 1 759.42 万平方米),比上年增加 58.06 万平方米(其中,初中增加 17.99 万平方米,小学增加 40.07 万平方米);校舍建筑面积中教学及辅助用房总面积 1482.8 万平方米(其中,初中教学及辅助用房面积 565.44 万平方米,小学教学及辅助用房面积 917.36 万平方米),比上年减少 46.97 万平方米(其中,初中减少 27.28 万平方米,小学减少 19.69 万平方米)。

(二)西安市中小学办学规模

鉴于本课题的研究是以解决以西安市为主的大中城市的义务教育免试就近入学问题为出发点和落脚点,因此,首先必须详细掌握西安市中小学办学规模。据西安市中小学信息公共平台最新数据,目前,西安市城乡共有小学

1 477所（含1 441所公办校和36所民办校），共有初级中学227所（含215所公办校和12所民校），有完全中学119所（含100所公办校和19所民办校），有一贯制学校48所（含32所公办校和16所民办校），总体涉及1 871所（含1 788所公办校和83所民办校）。

（三）主要举措

关于义务教育学校免试就近入学问题，我国早在1986年4月12日第六届全国人民代表大会第四次会议通过，2006年6月29日第十届全国人民代表大会常务委员会第二十二次会议修订的《义务教育法》里已经有明确的规定。但由于我国国情的特殊性，导致这一本不该成为问题的问题，却一直成为教育改革和发展的一大难题，尤其是以西安市为代表的重点大城市及其所属区（县）矛盾更为突出。为此，教育部和陕西省教育厅以及社会的方方面面，都为破解这一难题想方设法推进改革。客观地说，虽然问题没有得到彻底解决，但仍然取得了很大的成效。尤其是近年来各级教育部门改革的力度不断深化，效果也日益显著。

2014年1月28日，教育部办公厅《关于进一步做好重点大城市义务教育免试就近入学工作的通知》（教基一厅〔2014〕1号）明确要求，包括陕西省在内，“2014年各重点大城市应制订完善进一步规范义务教育免试就近入学的方案。到2015年，重点大城市所有县（市、区）实行划片就近入学政策，100%的小学划片就近入学；90%以上的初中实现划片入学；每所划片入学的初中90%以上生源由就近入学方式确定”。“逐步减少特长生招生学校和招生比例，到2016年经省级教育行政部门批准招收特长生的初中学校所招收的特长生比例应降到5%以内。没有特长生招生方式的省份不再增设该方式。”“到2017年，重点大城市95%以上的初中实现划片入学；每所划片入学的初中95%以上的生源由就近入学方式确定。组织考试及与入学挂钩行为得到杜绝，与择校有关的乱收费得到根治。”

时隔仅一年，2015年3月23日，教育部办公厅又下发《关于做好2015年城市义务教育招生入学工作的通知》（教基一厅〔2015〕1号），在对2014年各地教育部门深化义务教育招生入学改革及取得突出成效进行肯定的基础上，对进一步解决一些城市仍面临的亟待解决的健全招生入学制度、坚持实行阳光招生、健全协作应急机制、加强释疑解惑引导、突出重点强化落实等问题和矛盾，都给予了明确的要求。为此，陕西省教育厅连续两年围绕教育部的《通知》精神，分别于2014年4月29日和2015年5月1日下发了《关于进一步做好义务教育免试就近入学工作的通知》（陕教基一〔2014〕11号）和《关于切实做好全省2015年义务教育招生入学工作的通知》（陕教基一〔2015〕14号）。全省各市（区）也都按照教育部和省教育厅的要求，积极配合和热烈响应，扎实落实，同步制定具体实施办法并下发文件予以推进。

就西安市的情况来说，为了破解义务教育学校“择校热”“择校难”问题，2012年试行、2013年实施《关于推行“大学区管理制”的实施意见（试行）》，全面推动义务教育学校“大学区管理制”改革，赢得各界关注、认可，为整体提升义务教育学校办学水平和教育质量，有效缩小义务教育校际和城乡、区域之间的差距，落实免试就近入学精神，进行了有效的探索。省教育厅对此经验进行了及时推广，要求各市、区因地制宜，参考西安市的做法和经验，结合当地实际，启动实施以义务教育为重点的基础教育学校管理机制改革实验。在此基础上，全省各市、区也进行了诸如建立学校联盟、实施集团化办学、教育对口支援、优质学校与薄弱学校结对帮扶等多种模式的旨在破解优质教育资源不均衡的学区制改革，各市（区）逐步向建立和完善四项县域义务教育学校管理机制迈进，即各项教育资源在校际和城乡、区域之间均衡配置、统一管理、资源共享、整体发展的机制；区域内教师和校长统筹管理、定期合理交流和流动的机制；城乡、区域之间和校际教育对口支援，促进优质学校与薄弱学校之间结对帮扶和交流服务的机制；优质普通高中招生计划向辖区内初中分配的机制。在此基础上评选出西安市碑林区、渭南市临渭区、咸阳市秦都区、延安市宝塔区、宝鸡市渭滨区、安康市宁强县等6个区、县为学区制改革示范区（县）。当前，省教育厅正在总结经验，并拟出台分类指导意见，推广适合各地实际的基础教育学校管理机制改革，为更加有效地解决义务教育免试就近入学问题奠定了坚实的基础。

对比近年来的情况，我省在义务教育免试就近入学问题上，即在“小升初”问题上，已经比以前大大地前进了一步，尤其是在落实教育部要求的“到2015

年，重点大城市所有县（市、区）实行划片就近入学政策，100%的小学划片就近入学；90%以上的初中实现划片入学；每所划片入学的初中90%以上生源由就近入学方式确定”等方面，取得了实质性的进展，全省各市（区）内的城乡公办小学和初中学校，基本都贯彻了这一目标要求。

但是，由于“幼升小”和“小升初”等义务教育入学中的择校等问题，一直是我国基础教育改革和发展中长期积累的难题，因此，仍然存在诸多问题需要继续解决。

二、存在的问题和原因

（一）存在的总问题和原因

1. 问题总根源

城市化进程加快导致进城务工人员随迁子女上学人数急剧上升，城市学校总量不足，优质资源相对不够，如公用教育经费拨款根据市、县学生数量及规模，异地上学学生的公用经费在原籍，但占用资源在就学地。

2. 问题总主因

政府在肯定优质民办学校为基础教育发展做出贡献的同时，不得不承认借公办优质资源包装脱壳为民办性质学校，走高收费、考试入学之路，钻法律空子，从而扰乱政策义务教育生态，如《义务教育法》免试就近入学与《民办教育促进法》自主招生之间的矛盾。

3. 问题总体现

中小学校在对有关政策的执行中存在着一系列问题，其中，主要体现在：一是合理划定招生范围问题，国家和省上的政策在执行中与实际情况有不同程度的反差；二是有序确定入学对象问题，政策方向基本符合实际，但民办学校招生方式争议较大；三是规范办理入学手续问题，国家和省、市教育部门的规定符合实际，但宣传不力导致各种不良现象发生；四是全面实行阳光招生问题，相关政策有力到位，收效显著，但需注意防止反弹；五是逐步减少特长招生问题，政策方向大致正确，但具体做法易引发新的矛盾；六是做好随迁子女就学问题，政策实施初见成效并亟待提速，但新的改革举措效果尚未获得公认；

七是学校教师对招生和学校办学的简要评价,整体给予肯定,但还需要进行更为科学有效的改革。

（二）存在的具体问题及原因分析

1. 关于合理划定招生范围问题,国家和省上的政策在执行中与实际情况有不同程度的反差

调研表明,国家和省上乃至各市(区)、县(县)教育行政部门的要求十分明确,从普通层面上看,2015 年的学校“幼升小”和“小升初”招生,学生入学的学区划分都能坚持就近、免费、免试等原则,老百姓和人民群众对政策的理解也比较到位,并对此持有正面的反映。课题组通过对西安市教育局主管部门走访及深入西安市经发学校、西航四校、兴国中学、大雁塔小学、南苑中学等十余所中小学座谈交流,均发现学校和教师对义务教育学校合理划定招生范围问题的理解都比较透彻。但学校教师和学生家长的认识有一定反差,具体反映在以下方面:

(1)对《义务教育法》关于小升初问题的理解。调研表明,关于国家关于义务教育免试、免费、就近的法律规定的权利,有一半左右的学生家长并不十分清楚,有相当一部分学生家长近年来出台的国家和省、市有关解决此问题的政策文件也自然就不甚了了。但总体来说,就抽样调查而言,西安市的学生家长理解略好于宝鸡、铜川等市(区)。相反,就全省来说,广大中小学教师对此问题的理解都比较到位,有 95% 以上的人均做了正确的回答。

这一情况说明,部分家长对法律规定的权利不理解,是导致幼升小和小升初“择校热”“乱择校”,干扰政府正常、正确政策执行的重要因素之一。

(2)对 2014 年教育部规定的“根据适龄学生人数、学校分布、所在学区、学校规模、交通状况等因素,按照就近入学原则依街道、路段、门牌号、村组等,为每一所初中合理划定对口小学”的看法。对比抽样西安市区、西安市高陵区、宝鸡市区和铜川新区调查结果表明,对教育部规定的对口就近入学的规定,学校教师还是有比较大的信心的,其中,宝鸡市区和铜川新区抽样没有人认为“不合理,但能行得通”,宝鸡市区、高陵区、铜川新区、西安市区的学生家长和学校教师均没有人认为“不合理,行不通”。但是,广大学生家长和教师则从自

己切身的感受出发，回答“合理，但没有可行性”的所占比例都比较高，都在2成以上。

这一现象说明，国家和省市教育行政部门制定的政策与实际情况还有较大的距离，需要做进一步改革或调整。

(3)对2014年教育部规定的“根据家庭所在地的街道、路段、门牌号、村组等，为自己孩子明确划定一所初中对口孩子所上小学就近入学”的要求。对比抽样调查结果表明，学生家长比学校教师更关心这一问题，高陵区家长均知道这一要求，宝鸡市仅有3.57%的家长不知道这一政策要求，铜川新区和西安市区的学生家长对此政策了解的人数相对较多，分别为16%和14.28%，且各市、区别均有超过30 %的家长不愿意按照教育部规定的要求让孩子入学。相反，在学校层面，所有超过一半以上的人认为此一政策“可行”，但宝鸡和西安市区的学校教师任由超过10%以上的人认为“不可行”，更有大量的学校教师迷茫的认为此一政策“有时可行，又是不可行”。之所以如此，有一个很重要的原因，就是学生家长和学校教师都能从实际对比中感受到不同学校的办学质量，因此，家长对自己认为的办学质量不高的学校，即使教育行政部门划定入学，也不愿意让自己的孩子去这样的学校入学。

如此现象，说明教育部和省市教育部门的规定可能与实际情况有较大差距，需要进一步调整和改革。

(4)对近年来西安市小升初入学五大名校的考试录取办法满意度。由于西安市基础教育优质教育资源不足，导致学生家长和学生都对社会公认的爱知中学、西安中学、铁一中、西北工业大学附中、陕师大附中、高新一中等知名度高的学校的办学质量表示认可，并且这五大名校在全省有较高的知名度。如对比表明，站在局外的宝鸡市和铜川新区的学生家长对5大名校的考试录取办法的满意度分别为35.71%和22%，高于西安市高陵区和西安市区学生家长满意度的12.5%和14.28%，包括西安市在内的学生家长，对这些学校作为民办性质的学校，通过考试方式选拔学生的做法认可程度较高，“比较满意”率均在50%以上，仅有10.71%和1.79%的人表示“不满意”和“很不满意”。但是，广大中小学校及教师和学生家长则表示出较大程度的不满。其中，就教师来说，除了宝鸡市仅有5.88%表示“满意”外，西安市和铜川新区的教师均无一人表示“满意”,而对此表示“不满意”和“很不满意”的教师比例也很高,其中,西安市区的教师“不满意”率为52.38%,铜川新区教师为66.67%,西安市高陵区教师为40%;西安市区教师表示“很不满意”的为28.57%,西安市高陵区教师为30%,铜川新区教师为33.33%。就学生家长来说,表示“不满意”和“很不满意”的比例也比较高,其中西安市区分别为38.1%和4.76%

上述分析说明,在义务教育办学问题上,公办学校与民办学校的理念不尽一致,并且有较大矛盾,就西安市所谓5大名校来说,虽然办学声誉普遍很高,但对广大学生家长和学校教师来说,普遍认为其通过考试录取学生入学的办法,不仅与义务教育法的精神不相符合,而且干扰和影响了正常的教育生态,是导致学生课业负担日益加重和学生家长经济负担过重的原因之一,其所起到的“示范引领”作用的负效应,已经引起了社会的很大不满。对此,需要政府教育行政部门认真对待,并进行深入研究与改革。

(5)对本辖区义务教育民办学校在同一时间进行小升初入学资格考试的态度。由于广大家长都希望孩子在对优质学校的选择方面能有更多的机会,都希望孩子有机会上一所教育教学质量好一点的学校,因此,一方面对孩子为考试而加重学习负担心有不满,但另一方面却又想让孩子多一点选择的机会,因此,出现了认识上的分化,从而出现表示“赞成”“不赞成”的人数比例都比较高。但总体上“赞成”的所占比例比“不赞成”的所占比例要高一些。西安市高陵区作为城乡接合的县城,学生家长“不赞成”的比例高于“赞成”的比例,说明大中城市的学生家长与县城学生家长的认识和心理需求不尽相同。对此问题,作为学校和教师来说,由于对民办学校小升初考试录取学生的做法本来就不认同,因此,表示“赞成”的人数自然就相对偏少。问卷统计显示,西安市区和铜川新区的学校教师分别有高达71.43%和83.33%的比例表示“不赞成”,实际访谈和座谈结果也与此结论相互印证。

这说明,对民办学校的招生考试办法,社会各界持有较大的争议,值得做进一步研究。

(6)对义务教育民办学校超计划招生和提前录取新生做法的态度。抽样调查结果对比表明,学生家长抱着孩子力争上名校的愿望,对义务教育民办学校超计划招生和提前录取新生做法的态度虽然有较大分歧,但除宝鸡市区表示“赞成”的学生家长达到51.79%外，西安市区、铜川新区和西安市高陵区的学生家长的“赞成”者均未超过20%。结合对不同区县若干所公办和民办学校领导的实际座谈调研，对比问卷统计，公办学校领导和教师普遍认为，民办学校超计划招生和通过考试提前录取新生的做法，有违教育公平和教育均衡发展原则，在很大程度上是对基础教育教育生态的干扰与破坏，因此，“不赞成”这种做法的学校教师必然占绝大多数，仅宝鸡“不赞成”者为44.44%外，西安市高陵区、铜川新区和西安市区则分别搞到70%、100%%和90.48%。

由此也进一步说明，就教育公平性来说，民办学校超计划招生和通过考试提前录取新生的做法有失公平，亟待调整。

(7)对省、市提倡的九年一贯制学校，让学生在一所学校将小学和初中连续读完的做法。课题组在与部分学生家长走访以及深入学校与广大教师座谈过程中获悉，有相当多的人普遍认为，学生在九年一贯制学校连续读完小学和初中，只要教学质量能够得到保障，不失为解决长期以来“入学难”和“入学贵”难题的良策。但由于中小学不同学段的办学内涵和教育教学目标要求以及城乡学校教学质量都有较大差距，因此，在总体上表示“赞同”人数占多数的情况下，西安市城市所辖农村学校的家长表示“赞同”的人数仅有12%。对学校和教师来说，深深地认识到这一做法对学生发展的好处，符合教育规律，因此，问卷统计显示，宝鸡市区、西安市高陵区、铜川新区和西安市区的学校教师赞同的人数分别为66.67%、90%、83.33%和80.95%。但是，由于历史的原因，目前，我省大中城市的九年一贯制学校数量已经很少了，如西安市的小学有1477所，初中有227所，但九年一贯制学校只有48所，远远不能满足广大中小学生家长的期待和愿望。

所以，可以肯定地说，省、市提倡的九年一贯制学校，让学生在一所学校将小学和初中连续读完的做法，对解决目前择校热、择校难等社会热点难点问题具有很好的效果，符合社会各方面的期待。政府教育行政部门要在对这一政策实施进行总结和反思的基础上，需继续深入从教育教学规律的角度加以完善。

(8)对周围义务教育学校办学情况的了解渠道。学生家长之所以希望孩子能够就读一些知名学校，是因为对自己周围的学校的办学状况有所了解。

但是,家长和教师对此问题的认知稍有不同。抽样调查表明,西安市区的学生家长对学校的了解 66.67% 是听别人说的,占比较高。学校教师由于工作较忙,再加上社会对公认的办学声誉好的学校的普遍认同,因此,听别人说的比例高达 71.47% 。当然也有很多教师是通过"自己亲身感受"而得出看法的,甚至有超过 20% 的家长是通过"听学生说"而形成看法。

这说明,家长在为孩子选择学校的时候,存在人云亦云和盲目跟风现象,学校教师也是凭别人的说法进行判断,因此需要进行正确的引导、宣传和教育。

(9)关于家长对自己孩子上学选择学校的前提和想法。对比抽样调查结果表明,家长在素养、学识、认知等方面都存有较大的差异。同时,由于多年来应试教育的影响和根深蒂固的"学而优则仕"观念的影响,导致学生家长和学校教师都把上"名校"作为学生选择学校的前提,因此,在一些区、县"以最大努力为孩子选择名校"的学生家长和学校教师的人数就比较多,但在回答此问题时,也许因为学生家长文化素质普遍较高的原因,西安市区的学生家长则相对理性,"以最大努力为孩子选择名校"的人数仅有 9.52% 。在学校教师方面,抽样显示,除高陵区外,西安、宝鸡和铜川等市(区)都有 22% 至 33% 不等的人,认为家长应该"以最大努力为孩子选择名校"。当然,绝大多数学校教师还是认为家长应该"为孩子选择离家比较近的学校"或"选择适合孩子实际情况的学校"。

这说明,随着我省教育水平的不断提高和人们思想观念的变化,教育部提倡和鼓励的"选择适合孩子实际情况的学校"这一正确的教育理念,正在悄然地影响和改变着学生家长和学校教师的升学观。但由于这一问题根深蒂固,因此在现实中并未得到应有的解决,需要进行深入宣传和深化改革才能得到普遍认可。

2. 关于有序确定入学对象问题,政策方向基本符合实际,但民办学校招生方式争议较大

(1)对学生在小升初入学时由政府为划定初中学校后的方式。对比抽样调查结果显示,由于近年来"小升初"问题带来学生考试课业负担过重、家长心情焦虑、学校领导和教师无奈和政府措施屡屡失灵等问题,导致学生家长和学

校均希望通过简洁直接方式来解决义务教育学段学生的入学问题。因此，对教育部和省教育厅提出的小升初“对口直升”入学方式表示了极大的认同。但是，就具体情况来看，西安市区的学生家长希望通过“其他方式”让孩子入学的人高达38.1%，铜川新区和宝鸡市区的也分别有28%和16.06%，说明还有相当多的学生家长希望通过考试选拔的方式让自己的孩子进入名校读书。

这一矛盾状况，说明国家和我省对学生“小升初”入学方式的改革方向是正确的，但还需要通过多种方式进一步改进和巩固。

(2)对近年来西安市“小升初”在明确划片，政府为初中学校确定入学对象(生源)后，各初中学校按照政府要求做到的情况。结合对部分学生家长和学校教师以及相关方面的走访调研，近年来西安市小升初在明确划片后，政府为初中学校确定入学对象(生源)。可以说，各初中学校并不都是完全按照要求去做的，其中办学声誉和质量好的学校，表面上都是严格按照政府要求，对大部分学生都能按照政府要求做到“对口直升”或“随机派位”入学，但仍有相当一些学校通过各种明暗不同的方式对学区内的外来务工子女入学采取高收费的方式入学，在这方面，民办学校的做法近乎公开，公办学校多采取隐蔽方式进行。其中，抽样统计表明，西安市区的学生家长和学校教师都给出了“对口直升”52.38%、“随机派位”9.52%和“对部分学生高收费入学”38.1%的相同结论。

这一情况一方面说明了小升初的“对口直升”和“随机派位”入学方式，就全省方位内来说，深得民心，受到学生家长和学校及教师的普遍认可，但就问题突出的西安市市区学校来说，乱招生、乱收费、乱择校的现象仍然比较严重，如果要得到进一步落实，还需要政府各级教育行政部门再下大力气加以解决。

(3)对在小升初时民办初中学校单独举行考试进行录取学生的办法的评价。对比抽样调查结果显示，学生家长和学校及教师都对民办初中学校单独举行考试进行录取学生的办法处于相对一致的认识。即一方面，多年来的事实已经表明，由于这种考试无疑极大地增加了学生的课业负担，民办学校单独举行考试录取学生的办法同时又与《义务教育法》明确规定的学生实行就近、免试的方式直接入学的规定相抵触。因此，家长、学生和学校教师对此均怨声载道，不管是学生家长还是学校教师，均没有多少人认为该办法“很好”。但另一方面,《民办教育法》又明文规定民办学校实行自主招生,单独举行考试录取学生符合法律规定,再加上很多民办学校办学质量明显高于普通公办学校的情况,也是不争的事实。因此,对民办学校通过单独考试的办法录取学生入学的评价,意见就比较分散,故而学生家长和学校教师做出“比较好”和“不好”两极评价的差异并不是很大。

这一情况表明,当前政府允许民办初中学校实行单独举行考试进行录取学生的办法是一个具有较大争议,但又是一个没有办法的办法,其对义务教育发展的整体影响值得进一步观察,需要政府和学校进一步加以解决。

3. 关于规范办理入学手续问题

国家和省市教育部门的规定符合实际,但宣传不力导致各种不良现象发生。

(1)对学生在小升初后,上级教育部门规定所有初中新生入学手续办理时间的理解。研究表明,近年来,由于优质教育资源的不均衡,以前同一区县不同学校开学时间不尽一致,学生和家长就想尽各种办法去为孩子尽量选择办学质量较好的学校,甚至诱发教育乱收费等腐败不良现象频频发生,导致学生和家长的“择校热”问题长期得不到解决,并成为引起人们对教育改革和发展强烈不满的导火索和难题。因此,为了避免小升初后各初中学校办理入学手续时间上的不同而导致的学业课程进度上的矛盾,也为了杜绝因为不同学校的不同入学时间而引发的乱补课、乱择校、乱转学、乱收费以及对学生学籍管理上的问题,教育部和省教育厅规定学生在小升初后,所有初中新生入学手续办理时间“应在同一时段进行”。抽样调查数据表明,对这一政策要求,大多数学生家长和学校教师均能正确理解。

这说明,教育部和省教育厅做出这样的要求,具有很强的针对性,基本符合学校和家长的期待,对规范中小学办学行为,避免乱择校和乱收费,具有一定的促进作用。但对学校教师的抽样调研也表明,西安市区约有33.33%、铜川新区约有50%、西安市高陵区约有20%、宝鸡市区约有16.67%的学校小升初的新生实际上并不在同一时间内办理入学手续。这反映出在这一问题上,很多城市学校存在表面一套背后一套的做法。因此,政府应该对此问题继续坚持并进一步优化改进。

(2)对西安市贯彻落实国家和省上的小升初免试就近入学政策。对此问题的调研,由于长期以来西安市的矛盾最突出,学校教师感受颇深,对情况最熟悉、最清楚,因此,课题组主要选择在不同学校的教师中间进行调查,并对铜川和宝鸡的部分学校教师也进行了了解。对2015年参加小升初的少数学生家长也进行了访谈,试图从不同的角度和观察到的情况,对西安市落实国家和省上的小升初免试就近入学政策提出看法。问卷统计结果表明,西安市在这一政策的执行上,情况并不尽如人意。从局外观察,市域外的教师宝鸡市区只有33.89%、铜川新区有33.33%的人认为西安市"做得很好";认为西安市"表面上做得很好"的人,宝鸡市区为27.78%、西安市高陵区为40%、铜川新区为16.67%;认为西安市的"政策很好",但实际执行时弄虚作假"的人分别为高陵区为40%、铜川新区为33.33%。就西安市自身情况看,抽样统计中,有23.81%的家长认为"表面上做得很好",有33.33%的家长认为"政策很好",但也有相当一些家长认为在实际执行存在"弄虚作假"现象,还有19.0%的家长做出了"不好说"的回答,更是直接反映出问题所在。

这一情况从另一个侧面反映出近年来西安市在解决义务教育免试就近入学问题上确实存在一方面力度很大、成绩不小,但另一方面又有有令不行、令行不止的现象。深层原因何在?值得各级教育部门加以认真对待和解决。

(3)对学生在小升初入学时学校要求家长在办理入学手续时持有的证明材料。为了杜绝乱招生及纠正不符合义务教育学校学生就近免试入学规定的错误做法,教育部和省教育厅明确规定学生在小升初入学时,只要学生或家长"持省级教育行政部门规定的有效证明",就可以在相应的学校办理入学手续。通过对学生家长和学校教师的走访调研表明,虽然由于身份和工作性质的不同,家长和学校教师对这一政策要求的理解程度不尽相同。但由于这不是一个实质性的问题,因此,家长和教师都不太重视,对教育行政部门规定的学生"持省级教育行政部门规定的有效证明"入学的要求,多数学生家长并不知晓。如抽样显示,西安市区只有19.05%、西安市高陵区只有18.75%、宝鸡市区只有39.29%、铜川新区只有32%的家长清楚知道此要求。学校教师虽然情况稍为乐观一些,但抽样结果也表明,各地教师虽掌握情况有所不同,但总体来说,仅有40%左右的人知道和明白这一要求。换句话说,不管是学生家长,还是学校教师，均约有一半的人并不清楚小升初新生入学时所要持有的证明材料。

但是，观察表明，正是由于人们对这一问题的不重视、不明白，才导致了少数学校乱收费、学生家长乱择校现象的屡禁不绝。因此，进一步按照“持省级教育行政部门规定的有效证明”入学，规范学校办学行为和家长择校行为，还需要加大监督落实力度。

4. 关于全面实行阳光招生问题，相关政策有力到位收效显著，但需注意防止反弹

(1)希望在小升初时实行的阳光招生政策的具体办法。为了杜绝乱择校和学校乱招生行为，2014 年 1 月 14 日，教育部在《关于进一步做好小学升入初中免试就近入学工作的实施意见》中明确规定，小升初工作开始前，县级教育行政部门要通过多种形式主动向社会公开相关信息。因此，是否按要求做到“全部公开每所初中入学划片范围、招生计划、程序时间、招生结果等相关信息”就成为解决问题的前提。抽样结果显示，在这一问题上，总体情况尚好，如宝鸡市有 75% 的学生家长和 83. 33% 的学校教师、西安市高陵区有 100% 的学生家长和 80% 的学校教师、铜川新区有 60% 的学生家长和 83. 33% 的学校教师、西安市区有 52. 38% 的学生家长和 85. 71% 的学校教师都很清楚这一规定和要求。

这说明，近年来，国家和我省在治理小升初乱招生、乱择校，实行阳光招生政策方面，取得了很大的成效。但抽样统计数据也显示，还有少数学生家长和学校教师对这一政策规定并不清楚。因此，应继续强化阳光招生政策，加大招生信息的力度，坚决杜绝小升初招生中的暗箱操作现象的发生

(2)学生家长和学校教师对所在区(县)初中学校在小升初阳光招生政策落实情况的评价。根据对西安市区、高陵区和铜川新区部分中小学的实际走访座谈以及抽样调查问卷分析，国家和省市实行“阳光招生”政策后，在各级教育行政部门的监督检查力度不断加强情况下，学生家长和学校教师对我省城乡义务教育学校招生政策的落实满意程度在逐步提高。其中农村学校的满意程度比城市学校更高，如西安市高陵区作为以农村学校为主的区县，学生家长和学校教师表示“做得非常好”和“做得比较好”两项合计分别达 87. 5% 和

80%;宝鸡、铜川和西安的城市市区学校,两项合计分别为 69.664% 和 66.66%、64% 和 66.67%、71.43% 和 57.14%。学生家长和学校教师认为"做得很不好"的比例都很低,几乎没有。但同时也必须承认,广大学生家长和学校教师认为"做得非常好"的认识并不理想。

这说明我省实行的阳光招生政策的效果只能说获得社会认可,但要做到不反弹,让家长和学校都十分满意,还需要做深入细致的工作。

5. 关于逐步减少特长招生问题,政策方向大致正确,但具体做法易引发新的矛盾

(1)对小升初时将学生特长与招生入学挂钩的做法。近年来,在小升初招生入学中,可能是为了能够体现不拘一格降人才,充分尊重有特长学生的个性发展,国家和省市乃至学校都规定了不同程度和不同要求的对"学生特长"在录取时予以加分照顾的政策,无疑这种做法对少数真正有特长的学生的发展,能够起到至关重要的奠基作用。但是,正是由于这一特殊的"照顾"政策,导致大量学生为此而在课外被家长强制训练"特长",参加一些比赛,考取名目繁多的各类特长证书,大大地增加了学生的课业负担,教育部门和学校认定"特长"的种类和办法也如花八门,引发了乱收费、乱办班、乱发证、乱认定,甚至弄虚作假的现象,导致招生腐败现象发生,引起社会不满。对此,教育部和省教育厅均提出了相应的规范特长加分改革措施,并提出逐年减少特长生招收比例的政策。但从抽样调查统计结果显示,对这一在教育上有极大争议的问题,学生家长和学校教师同样也表现出近乎接近的相反观点。如在学生家长的意见中,"很赞同"和"不赞同"的宝鸡市区分别为 51.79% 和 32.14%,西安市高陵区分别为 31.25% 和 56.25%,铜川新区分别为 44% 和 46%,西安市区分别为 52.38% 和 42.86%;同样选项,学校教师的意见,宝鸡市区分别为 66.67% 和 27.78%,西安市高陵区分别为 40% 和 50%,铜川新区分别为 50% 和 50%,西安市区分别为 38.10% 和 42.86%。

这说明,对待义务教育学校特长学生的招生问题,不能简单地用减少或停止的办法解决,而应该在认真研究和分析近年来存在问题原因的基础上,进一步规范和巩固特长生招生政策的落实,力争做到公平、公正、公开,真正把特长生招生政策惠顾到真正有特长的学生身上。

(2)关于对小升初时学校对学生特长与招生入学挂钩问题的认识。如前所述,近年来,在小升初招生入学中,由于国家和省市乃至学校都规定了不同程度和不同要求的对"学生特长"在录取时予以加分照顾的政策,从实际情况看,这一政策在具体执行过程中,出现了很多的弹性、变通乃至错误的做法,导致了诱发招生腐败现象和加重学生学业负担的现象的发生。但是,对以后究竟是继续强化,还是弱化或是逐步取消,或立即取消这一招生中的"加分"政策,学生家长和学校教师的看法并不一致。其中,还有相当多的家长和教师认为应该"强化特长与招生入学挂钩,逐步增加特长生招生学校和招生比例",仅以西安市为例,持此看法的学生家长比例高达38.1%。由于教师对教育规律的认识比家长要更为专业,因此,对此一问题的看法则出现不同的观点,约有47.62%的教师认为应该"弱化特长与招生入学挂钩,逐步减少特长生招生学校和招生比例"。

上述情况说明,在对特长生与招生入学挂钩的认识问题上,很多学生家长存在非理性现象,希望或期盼通过强化孩子的一技之长来获得招生入学的照顾。正是由于这个因素的影响,导致了社会上各种以提高小升初入学过关率为目的,旨在培养学生特长的培训机构诱导学生参加各种特长培训班,在一定程度上干扰了招生政策的规范性。因此,应该进一步加强对家长进行正确的宣传教育和对社会上各种培训机构的办学行为进行规范。

(3)对国家要求到2016年招收特长生的学校所招收的特长生比例应降到5%以内的规定的态度。与上述问题相互联系,是由于教育部的规定对于纠正乱招生问题具有很强的针对性,并且可能出于对政府的信任。因此,广大学生家长和学校教师的认同度都比较高。如抽样调查显示,其中学生家长表示"完全正确"和"基本正确"的人数比例宝鸡市区分别为41.07%和42.86%,西安市高陵区则100%地认为"基本正确",铜川新区分别为26%和36%,西安市区分别为318.%和33.33%;学校教师,同一选项的人数比例,宝鸡市区分别为33.33%和44.44%、西安市高陵区分别为10%和50%、铜川新区分别为50%和50%、西安市区分别为33.33%和38.1%。但是从另一个角度看,仍有部分人认为这一改革政策"不正确"或"不知道"是否正确,特别是作为大城市的西安市区来说,有高达14.28%和14.29%的学生家长以及4.76%和23.881%的教师认为此政策“不正确”和“不知道”。

这种情况说明，教育部要求的到2016年招收特长生的学校所招收的特长生比例应降到5%以内的规定，在基本获得社会认可的基础上，仍然有很多方面需要进一步细化。

（4）对义务教育民办初中名校在每年5月举行的小升初综合素质测评的看法。在国家明令取消小升初通过考试方式录取学生入学的办法后，我省各县（区）公办初中学校均全面予以执行，但是由于部分民办中小学办学声誉较高，每年学生报名人数均大大超过了学校的容纳限度，再加上《民办教育法》规定的民办学校实行自主招生的政策，因此，经过多方论证，以西安市为代表，通过实行对义务教育民办初中名校在每年5月举行小升初综合素质测评的办法来决定学生入学。对于这一改革试点，广大学生家长和学校教师以及教育行政部门都给予了极大的关注。课题组通过抽样调查的方法，对此进行了统计分析，结果发现，学生家长和学校教师对此评价都不理想，与政府教育行政部门和社会期待有较大差距，多数人认为这一做法就是“变相考试，应该取消”或“正常的升学考试，应该继续”。比如统计宝鸡市区学生家长该两项的比例分别为30.991%和40%，认为是“真正的素质测评，应该坚持”的只有27.27%；西安市高陵区学生家长该两项比例分别为93.75%和6.25%，没有人认为是“真正的素质测评，应该坚持”；铜川新区学生家长该两项分别为32%和28%，认为是“真正的素质测评，应该坚持”的比例相对其他市（区）相对偏高，达36%；西安市的学生家长该两项的比例分别为71.43%和19.05%，与高陵区相同，认为是“真正的素质测评，应该坚持”的比例为23.81%。这一结果说明，对多数家长和教师来说，这种做法就是变相考试或应该给予肯定的升学考试，对学生来说，与中考、高考等其他类别的考试一样，其实质就是一种加在学生头上的选拔考试。因此，从中可以看出，教育行政部门要么因为其与《义务教育法》精神不符，予以取缔，要么从实际出发，按照《民办教育法》规定，以此作为招生考试录取新生的依据予以公开承认，美其名曰的“素质测评”没有再进行的必要。

这种结果说明，我省以西安市为代表的大中城市知名度高的民办学校实行的所谓“综合素质测评”已经走到了小升初入学方式再次改革的十字路口，亟待找出新的方式予以突破。

6. 关于做好随迁子女就学问题,政策措施初见成效并亟待提速,但新的改革举措效果尚未获得公认

(1)对我省关于外来务工人员随迁子女初中入学的相关政策措施。根据教育部相关规定,我省也制定了关于外来务工人员随迁子女初中入学的相关政策措施,就最为突出和典型的西安市来说,具体政策是:一是办理条件为,进城务工人员子女享受“同城待遇”入学。坚持以公办中小学为主,区县坚持免试就近安排学位。在容量许可的条件下,学校无条件接收学区服务范围内的随迁子女入学。接收有困难的学校,由区县教育部门予以协调派位到其他公办学校。二是申请条件为,为了方便我市进城务工人员随迁子女入学,从现在起,进城务工人员随迁子女由原来的“四证”调整为“三证”,即户口簿、派出所开具的暂住证、父母任何一方的务工证明,取消原籍学校同意外出就学证明。三是实施程序为,每年5月中旬开始,家长持“三证”(户口簿、暂住证、务工证明)直接到所在暂住地区县教育局进行登记注册,区县教育局结合居住地和“相对就近入学”的原则直接分派到公办学校就读。对“三证”不全的进城务工人员随迁子女采取“先登记,后补证”的办法予以登记,确保每个孩子“有学上”。

抽样问卷调查表明,对这一刚开始实行的教育惠民政策,不管是学生还是学校教师,都还不是很了解。其中,学生家长“很了解”的人数都不超过5%,学校教师由于工作性质的关系,“很了解”的人相对较多,但西安市的学生家长很了解的人也仅有4.76%。多数学生家长和学校教师都是“了解一些,但不全面”或压根儿就“不了解”。走访调研表明,正是由于学生家长和教师对这一政策的不很了解,也导致了部分少数学校仍然存在对外来务工人员随迁子女上学乱收费现象。

这说明,加大对外来务工人员随迁子女初中入学的相关政策措施宣传的力度,以及教育行政部门加大对学校主要领导进行督导检查和问责的力度,避免出现乱收费现象,确保外来务工人员随迁子女初中入学的政策得到不折不扣的贯彻和执行。

(2)对外来务工人员务工所在区(县)教育行政部门具体实施外来务工人

员随迁子女初中入学工作的做法。抽样调查统计和实际走访座谈的情况均表明，由于我省关于外来务工人员随迁子女初中入学的相关政策措施是一项为外来务工的普通老百姓子女上学带领福音的惠民政策，因此，获得了广大学生家长和学校教师的一致欢迎和好评。抽样结果显示，各市、县（区）学生家长“满意”和“基本满意”两项合计人数比例在85%以上，学校教师两项合计的人数比例更是高达95%以上，说明全省此项政策的落实都比较到位，值得进一步巩固。但是客观地说，持“基本满意”态度的人数相对偏多，尤为要引起重视的是，宝鸡市区还有8.93%的人“不满意”和3.51%的人“很不满意”，西安市区也有4.76%的“不满意”的学校教师的表达。

这说明此政策的执行也处于开始阶段，人们对政策的熟悉和运用程度还有一些不到之处，因此，需要引起各级教育行政部门的高度重视，通过多种媒介方式及时做好宣传工作，以使这一惠民政策更加深入人心。

（3）对解决外来务工人员随迁子女小升初问题的做法。对解决外来务工人员随迁子女小升初问题，就我省来说，各区县都程度不同地存在这种现象。但是，相对来说，西安、宝鸡、咸阳等大中城市矛盾更突出一些，因此，省上提出了要“区分城市规模妥善解决”的思路。对此，调研表明，这一思路大致符合广大学生家长和学校教师的要求和期待。如抽样问卷统计显示，同意“区分城市规模妥善解决”的学生家长分别为宝鸡市区50%、西安市高陵区56.25%、铜川新区34%、西安市区38.1%，学校教师分别为宝鸡市区70%、西安市高陵区70%、铜川新区33.33%、西安市区42.86%。但是，如果全省政策不一致，则会导致执行上的不平衡，甚至出现有的地方不及时解决的“懒政”现象，从而引发社会不满。因此，抽样调查还显示，要求“所有城市不分大小都应该解决”的呼声也同样很高，其中，宝鸡市区学生家长为48.1%、西安市高陵区学生家长为43.75%、铜川新区学生家长为64%、西安市区学生家长为28.57%（同时有28.57%的家长提出“西安市的问题最突出，应该重点解决”），宝鸡市区和西安市高陵区的学校教师均为30%、铜川新区学校教师为66.67%、西安市区的学校教师为57.14%。据对西安市有关区教育行政部门的访谈调查发现，之所以出现如此现象，是因为各市区在对待外来务工人员随迁子女小升初入学问题上，由于受外来务工人员自身居住的稳定性差、学区内常住人口子女入学人数较多等因素的影响，一般来说，各市区只能对外来务工人员子女小升初做到“有学上”，划分到教学质量一般、离居住地不是很方便的学校，因此，有相当多的家长就表达不甚满意。

因此，加快解决全省所有市县（区）外来务工人员随迁子女小升初问题，已经成为刻不容缓的急迫之事，应该引起全省各级教育行政部门的高度重视。

（4）对通过大力推进均衡发展、试行学区化办学等办法，最终解决小升初的入学矛盾问题的看法。为了彻底解决小升初入学难、入学贵和择校热、择校难引发的社会矛盾，西安市教育局率先在全省推行大学区制改革，力争实现教育的均衡发展。目前，省教育厅在全省范围内推广西安市的经验，正在通过大力推进均衡发展、试行学区化办学等办法，解决全省小升初的入学矛盾问题。据对全省 12 个市的学区制管理改革的书面调研及对西安市碑林区、咸阳市秦都区教育行政部门和相关中小学的实际座谈、查看和实际效果来看，可以说，实行学区化办学，是最终解决小升初的入学矛盾问题的发展，应该进行深入推进。但是，对学生家长和教师的抽样调查的情况和实际走访调研的结论有很大偏离，即学生家长和学校教师对此均缺乏足够的信心。如表示通过此改革办法最终“能解决”小升初入学矛盾问题的学生家长，除宝鸡市区学生家长达到 60.71% 外，其余所有学生家长和学校教师均没有达到 50%，多数人都认为“不能解决”或“不一定能解决”以及“不知道”能不能解决。

上述结论说明，由于这个问题涉及面太大，取得效果需要一个较长的过程，或者由于这一改革的可行性与针对性还值得进一步探讨，因此，我省力图通过大力推进均衡发展、试行学区化办学等办法，来最终解决小升初的入学矛盾问题的举措，还没有收到十分满意的效果，还没有取得社会的广泛认可，政府教育行政部门还需要下大力气，进一步通过改革创新找到彻底解决问题的最佳良策。

7. 学校教师对招生和学校办学的简要评价，整体持肯定态度，但西安市的学校教师对实施的效果满意度较低

（1）对当前我省义务教育学校的教育教学质量的看法。对于我省义务教育学校的教育教学质量的看法，虽然由于不同地区、不同学校、不同教师的状况都不尽相同，但整体来说，学校教师对我省义务教育学校的教育教质量，基

本上还是能够给予积极的评价。如抽样调查表明,宝鸡市区“基本满意”和“很满意”两项合计达到87.23%、西安市高陵区为70%、铜川新区为66.67%、西安市区47.62%。西安市区的学校教师的评价之所以相对较低,对实施效果表示“不太满意”的人数比例为52.38%,应该说与西安作为超大型城市,城市人口日益膨胀,优质教育资源不均衡以及教学矛盾突出等因素有一定的关系。

因此,作为各级教育行政部门和义务教育中小学来说,要进一步增强信心,锐意改革创新,不断提高教育教学质量。同时,这一情况又印证了西安市大学区制改革的举措尚未取得理想的效果,值得各级教育工作者的深思和研究。

(2)教师对自己学校的办学质量的看法。由于我省义务教育学校整体办学质量的不断提升,带动了所有学校办学质量的同时提高。因此,抽样调查结果进一步说明,广大学校教师对自己学校的办学质量表示“很满意”和“基本满意”两项合计的人数在72.35%至100%之间。这一结果充分说明了我省义务教育学校教育教学改革的成效都很显著。当然,也存在教师为了自己学校的荣誉而不愿意说自己学校办学质量不高的问题。

(3)教师对自己所在区(县)教育行政部门关于义务教育学校的招生政策的看法。在具体的义务教育学校招生过程中,各区县除基本执行上级规定外,还要根据自身区县的实际情况制定相应的具体政策。抽样调研表明,学校教师对自己区县教育行政部门制定并实施的关于义务教育学校的招生政策的满意率还都相当高。如宝鸡市区教师表示“很满意”的为17.65%,“比较满意”的为70.59%,“不太满意”的仅为11.76%;西安市高陵区教师虽然没有“很满意”的表示,但“比较满意”则为100%;铜川新区教师“很满意”的为33.33%,“基本满意”的为66.66%;西安市教师“很满意”的为9.52%,“基本满意”的为61.9%。这一结果表明,经过近年来不断改革,我省各区县的义务教育学校的招生政策正在得到进一步优化。但是,由于西安市的问题更为突出,因此,则有28.58%的学校教师表示“不太满意”。

这说明,西安市要解决好义务教育学校招生入学工作,还需要进行更为科学有效的改革。

三、值得借鉴的典型和经验

1. 长春市办好百姓身边每一所学校

近年来,长春市不断提高初中推荐生比例,使每一个孩子都有机会通过推荐方式进入适合自己的学校;不断完善“大学区”管理模式,大力开展学区“新优质学校”创建活动,努力把每一所学校都打造成百姓身边的好学校,使一大批原来教学力量薄弱的学校,教育教学质量持续攀升,实现了生源回流。

2015 年,长春市将稳步推进中小学招生工作改革,进一步依法完善科学、明晰、便利的中小学招生入学制度,保障每一名适龄儿童、少年依法接受义务教育的权利,深入推进教育公平,促进义务教育均衡发展。

继续推进学区制入学。在尊重历史、维护稳定的前提下,实事求是、科学适度调整学区。结合实际采取单校划片、多校划片方式或九年一贯对口直升方式,实现公办小学 100%、公办初中 90% 以上划片入学的目标。

继续坚持免试入学。各中小学校的招生入学工作与各种学科竞赛和笔试、面试等任何形式的考试(考核)分离。

继续实行网上报名和公办学位派送。每一名适龄儿童、少年都必须按时进行中小学网上报名,辖区政府依据“两个一致”原则为每一名适龄儿童、少年派送公办学校学位。

继续实行优质公办学校空余学位电脑派位。中心城区原改制学校退回公办后的空余学位,继续由辖区政府统筹,面向区域或大学区进行电脑派位。

长春将强化执纪问责,严格落实招生入学工作的各项规章制度和纪律要求,坚决禁止一切违规行为,为招生工作营造健康、公平、有序的环境。

2. 北京市多维度绘制“北京教育新地图”

为了确保老百姓能在家门口上好学,北京市大力加强市级统筹引导,切实抓好扩大优质资源——做大“蛋糕”,打造北京教育新地图,推进均衡发展。

据统计,2014 年与 2013 年相比,全市优质教育资源单位增加 145%,优质教育学位增加 38%。在此基础上,北京市严格落实教育部有关要求,启动了义务教育阶段入学新政,被媒体称之为“史上最严择校禁令”。具体措施有取消共建生、压缩推优比例、规范特长生入学、严格划片入学,出台在义务教育阶段入学工作中严明纪律的若干规定,全市启用统一的小学和初中入学服务系统,实施计划管理,加强学籍管理,将每一个学生入学途径和方式全程记录,依据系统数据建立新生学籍。

如果说2014年“北京教育新地图”是一个平面构图——从点到线再到面扩大优质资源效应,那么2015年“北京教育新地图”中,优质教育资源贯通的立体网络将成为一个新的显著特点——着力从面到体,多维度构建纵向贯通的立体布局,力推九年一贯、对口直升、初高中对接等实质性举措,学段贯通、课程贯通、资源贯通,提供在本区域9年乃至12年“连续消费”教育资源的优质供给服务。

2015年,是首都基础教育继往开来、纵深推进内涵发展的关键之年,也是首都继续推进义务教育免试就近入学的关键之年,北京市将用切实行动去回应人民的期待、实现人民的期盼,让学生不出片区,在家门口的好学校完成9年乃至12年的学业,为学生成长提供优质的“无缝培养链”。

3. 长沙市引导学校从争抢生源转向狠抓教学

为给每一个儿童、少年提供平等的受教育的机会,确保教育公平,长沙市小学招生完全实行划片招生。招生原则是学区、划片招生、就近入学。

校际办学条件不均衡是加剧择校热的重要原因,近几年长沙市实施义务教育均衡发展工程。

科学规划学校布局,农村加强寄宿制学校和必要教学点建设,城区控制好教育规划用地调整和现有学校调并。近几年长沙市新建湖南师大附中梅溪湖中学等义务教育阶段学校20多所,扩充优质学位,满足老百姓入学需求。

全市投入58亿多元高标准建设合格学校,在全省率先完成合格学校建设任务。2013年启动实施农村义务教育相对薄弱学校提质改造三年行动计划,2013年、2014年分别提质改造193所、137所,全市中小学办学条件得到极大提升。

长沙市充分发挥省级示范性高中的辐射、示范和带动作用,采取对口支援、委托管理、捆绑发展和“多推一”发展模式,整体提升办学水平,把好学校办到老百姓家门口,满足人民群众“上好学”的迫切需求。目前,长沙市中小学已有了十多个教育集团。

长沙市作为国家中小学教育质量综合评价改革实验区，正在积极构建基础教育发展性评价体系，运用增值评价理论，科学评价学校教育质量，引导学校从竞争生源转变到狠抓教学，切实扭转单纯以学生学业考试成绩和学校升学率评价中小学教育质量的倾向。

4. 成都市着眼长远促进资源均衡配置

成都是全国义务教育均衡发展工作先进地区，国务院确定的“探索城乡教育一体化发展有效途径”的教育体制改革试点城市。2014 年，成都市义务教育阶段择校率为 8.3%，较 2013 年下降 0.8 个百分点。在 2014 年成都市公共服务满意度测评中，基础教育满意度名列全市第一名。

2015 年，成都市在招生入学方面将进一步规范学校办学行为，及时回应百姓对教育的重大关切，努力办好人民满意的教育。

坚持免试就近入学原则，印发文件明确规定小学的学位规划、划片范围、信息公开及入学的安排、要求；对公办、民办学校小升初工作的时间、办法、程序做出明确要求。

进一步规范民办学校招生行为。2015 年成都市规定民办学校由各校自主确定招生的范围、标准、方式，但不得以考试或委托其他机构考试或变相考试形式进行选拔招生。每一位小学毕业生原则上限报 3 所。各民办学校自主录取，安排学生及其法定监护人确认录取资格的时间应不少于 3 天。

努力办好家门口每一所学校。治理“择校热”的根本，必须着眼长远，促进资源的均衡配置。成都市坚持以政府投入为主体，以资源合理配置为核心，以缩小城乡之间、区域之间、校际的教育差距为目的，全面推进义务教育高位均衡、优质发展。成都市在全面实现义务教育基本均衡之后，将致力于推进学校的内涵发展、特色发展、品质提升，努力办好家门口的每一所学校，实现“品质卓越，学有良教”的成都教育目标。

5. 大连市在均衡基础上寻找优质教育新突破

近年来，大连市逐步扩大“指标到校”比例，2014 年已达到 70%。“指标到校”政策的实施，对均衡生源结构、抑制择校起到了积极的促进作用。

大连将就近入学工作纳入教育综合督导，把义务教育就近入学工作纳入政府考核项目，与行风评议、政绩考核紧密联系起来，年底将督导结果进行通报,并对违规违纪者依法追究其行政责任。目前,随着义务教育均衡化程度的进一步提高,义务教育就近入学工作已经进入一种常态化的管理模式,100%的小学和初中实行了划片就近入学政策,义务教育阶段择校生逐年减少,学生择校率呈逐年下降态势。以初一为例,城市学生择校率已由5年前的8.5%下降到目前的1.4%。

2015年,大连市将在"均衡"的基础上,在"优质"上寻找新的突破,重点要做好以下工作:一是进一步细化和完善就近入学方案,着力聚焦主城区、热点学校择校问题,对名校、热点学校的择校生比例进一步严格控制。突出重点时段和重点学段,特别抓好入学前期政策解读、规划与引导。二是探索建立一套科学的教育评价指标体系,进一步提升学校内涵,提高义务教育整体质量和水平。三是探索学校联盟、合作办学、委托管理等改革试点,把优质学校丰富的教育资源辐射出去,让老百姓家门口的好学校更多一些,进一步满足百姓"就近上学,而且是就近上好学"的愿望。

6. 福州市公平招生与均衡发展相互促进

福州市公办小学招生逐步建立起查验"两证"(户口簿、房产证)、招生情况公示以及建立片内生档案的制度,较好地实现了小学阶段义务教育的普及与公平。

目前福州市100%的公办小学实现划片就近入学,公办初中接收的小学毕业生99%以上是按就近入学方式确定的。

在已实现免试就近入学全覆盖的基础上,福州市将进一步巩固义务教育免试就近入学成果,着重通过小片区初中招生改革的路径促进招生公平,推动义务教育均衡发展。

福州市教育局制定了城区小升初改革方案,将优质初中、相邻的相对薄弱初中及对口的小学捆绑成小片区,以小片区为单位在对口升学的基础上引入电脑派位机制。小升初改革方案待进一步完善后向社会公布。

福州将以依法行政为立足点,在招生政策制定与调整过程中遵守相关法律法规规定,尊重民意,鼓励和支持社会监督,提高义务教育招生工作的公信力。同时,要求县(市)区教育行政部门和学校进一步规范招生程序和行为,进一步完善小学招生信息公开制度,要求学校公布招生计划数、政策照顾生名单及依据、片内生名单及所在社区,鼓励县(市)区教育行政部门试点小学入学预报名工作。

福州将增加教育投入,继续推进学校标准化建设,着力学习其他城市集团化办学和学区制管理的先进经验,开展相关试点工作。

7. 贵阳市有效发挥优质教育资源辐射带动作用

2015 年,贵阳市义务教育招生工作目标是全面实现 100% 的小学划片就近入学,90% 以上的初中划片入学,原则上所有的小学全生源、90% 以上的初中生源由就近入学方式确定。

为达成这一目标任务,贵阳市将义务教育招生入学纳入重点民生工作。进一步巩固"京筑教育合作"取得的成果,继续扩大北京优质教育资源在贵阳市的示范引领作用。在去年引进的 6 所北京和山东优质学校落地贵阳办分校,14 所学校与北京学校结成"友好姊妹学校"的基础上,今年 9 月引进的北京市第二实验小学、北京十五中贵阳分校或联盟校等 7 所义务教育阶段学校挂牌开学,进一步提升了贵阳市义务教育阶段学校办学水平。

继续深化学区制改革,有效发挥优质教育的辐射带动作用,按照"五统一"(统一校舍、法人代表、管理、教学、招生)的模式,实施强校带弱校、名校带普校等方式,在区域内以学区化为手段,抱团发展,学区内部实现教师干部交流、学生交流等,有效提高学区内各校的教育教学及管理水平,逐步扩大优质教育资源覆盖面,使家长满意片内学校,愿意片内选择,方便学生就读。

严肃查处考试入学、凭证书入学、违规招收择校生等行为,严格追究当事人及相关人员责任,及时公布查处结果。构成犯罪的,由司法机关依法追究刑事责任。

8. 哈尔滨市硬软件建设并举破解"择校热"

2014 年,哈尔滨市义务教育招生工作坚持实施阳光招生,鼓励和支持社会监督,强化督促考核,经过市、区、校的共同努力,全市公办小学 100% 实现划学区入学,公办初中 100% 实现对口招生,每所公办初中就近入学学生比例至少在 95% 以上。

2015 年,将继续巩固和深化义务教育招生入学改革成果,进一步完善政策机制。完善领导机制,明确责任分工,强化区、县(市)人民政府和教育行政部门的主体责任;完善民办学校的招生办法,规范招生面谈方式和内容,强化监督,进一步规范民办学校招生秩序;完善特长生招生办法,健全特长生招生监督机制,严格控制招生比例;完善分班办法,试行电脑随机分班,增加社会公信力。

全面推行信息公开,实现阳光招生。将学校信息、招生政策、招生办法、招生程序、招生范围、招生计划、招生结果等信息全部公开,接受社会监督;强化公示制度的落实机制,明确市、区、校信息公开的内容、方式、时限,并逐级监督落实到位。

抓住工作重点和关键环节,严格管控。把主城区、热点学校和招生、分班等关键环节作为工作的重点,破解难题,强化监管。

为切实从根本上解决择校热问题,坚持硬件、软件建设并重,坚持学校自主发展和资源共享相结合,努力推进义务教育均衡发展。

9. 杭州市构建规范有序的招生运作系统

近年来,杭州市以推进阳光招生工程为核心,不断加大招生领域改革力度,加快改革步伐,坚持将招生公平进行到底。着力构建了规范有序的招生运作系统,打造了公开透明的招生监督体系。全市有关招生工作的投诉在逐年下降,连续 3 年实现择校乱收费“零投诉”。

2015 年,将从以下几个方面继续大力推进义务教育学校阳光招生:

继续在促进义务教育资源优质均衡上下功夫。将实施住宅小区配套学校建设三年行动计划,大力推进学校标准化建设,加快扩大义务教育学校资源,更好地保障适龄儿童入学需求,缓解入学压力。同时,通过深化名校集团化战略,健全校长教师交流机制,扩大校长教师交流的比例,提高每一所学校的办学水平,让更多的少年儿童获得高质量的教育。进一步优化义务教育公民办学校招生入学政策,使招生入学政策规则更细化、刚性更强、操作更规范。

在便民服务上下功夫。要加大对招生政策的宣传,通过开通电话咨询热线、利用网络、微信微博、电子地图等信息化手段,推进招生时间安排、政策解读、学区划分等信息的公开,方便学生家长及时了解招生信息。完善招生报名的一站式服务机制,让家长一校报名即能方便快捷地完成入学手续,避免四处奔波。

在强化招生工作监督上下功夫。在加强招生结果等信息公开、完善社会监督渠道、主动接受社会各界监督的基础上,加大对中小学校招生过程的全方位、全过程监督。

10. 南京市做好就近入学政策保障

南京市在义务教育免试就近入学的政策保障和工作落实方面做出了一些有益尝试和积极探索。

用“扩容”放大优质教育资源。不断完善结对帮扶、集团化办学、委托管理、校际联盟等多元协同发展机制,通过继续推进小班化教育和学校特色化建设,着力提升义务教育学校特别是相对薄弱学校的整体办学水平。

用“摇号”落实“多校划片”入学。按照“全面、全员、全程”(即全面——所有热点公办学校在实现单校划片后有空余学额的全部要拿出来摇号;全员——所有符合本区域内享有摇号派位资格的学生均可报名;全程——所有摇号工作方案和程序全过程监督和管理)的原则,继续推进热点公办学校空余学额摇号工作。

用“平台”监管义务教育招生。加强招生入学工作的综合治理,建立全市统一的义务教育入学招生管理平台,落实招生工作的实时监控和信息化管理,并对接全国中小学学籍管理系统。

用“评估”倒逼区级管理职责。以“南京市初中教育发展性评估”为抓手,围绕“教育公平、教育质量、队伍建设、优质均衡、改革创新”5 个方面,形成对区域初中教育质量的综合评价,并在评价“教育公平”的 7 个指标中增加了评估权重,增设了扣分制,形成倒逼态势。

用“改革”建立教育发展新常态。深入推进“名校 + 弱校、名校 + 农校、名校 + 新校”办学模式的改革创新,努力放大优质教育资源的存量和质量,真正实现联管、托管、带管学校从文化、理念、管理到教育、教学、评价的全方位融合,实现优质教育资源的全布点、全覆盖。

11. 宁波市多措并举缓解“学区房热”

像宁波这样的沿海开放城市,优质教育资源相对集中,人民群众对教育的期待也更高,加之进城务工人员不断涌进,义务教育招生入学工作面临的压力比较大。如何解决好近年来涌现出的“学区房热”“民办初中择校热”等现象,是做好义务教育阶段入学工作的关键。

宁波市将从以下几个方面探索推进：

以常住人口为基数并考虑各学段生源波动特点，合理配置义务教育资源，基本满足常住人口适龄子女的教育需求。加快义务教育段学校标准化建设，推动县域内校长教师合理交流，扩大优质示范普通高中报送推荐生名额比例，淡化学生及家长对热点初中的过分追崇。

推行共同发展学区。按照地理位置相对就近、办学水平相对均衡的实际，将城区数所小学和对口初中组成一个共同发展学区，实施学区内校长、教师的合理交流。学区内小学招生视生源分布情况按就近、合理、公平原则进行统筹，学校主管教育行政部门应在当年生源较多学校服务区内设置两校公共缓冲区域，对该区域内学生按学生家长意愿进行调剂，如果报名人数过多，应公开、公平地进行随机派位，使共同发展学区内各小学的班额相近。

立足促进教育公平，保障民办教育健康发展，坚持民办初中应立足当地教育发展实际，合理设置招生范围，以不考试为前提，依法依规自主进行招生。

12. 济南市形成优化教育资源配置新常态

济南市坚持以人为本，积极探索并着力构建政策导向、办学条件、办学质量三位一体的资源配置模式，不断促进教育均衡发展。

规范入学程序，促教育公平。不断完善义务教育阶段学区公示制度，坚持义务教育按学区免试入学，严禁义务教育阶段学校招收特长生和进行招生考试，依法保障本市适龄儿童依法按时入学，实现“应上尽上”。建立和完善外来务工人员随迁子女入学条件认定及入学操作流程，开展剩余学位及赋分标准社会化公示工作，在教育资源不足的情况下，根据本区域学位情况，优先安排赋分较高的随迁子女入学，有效保障外来务工随迁子女入学机会的公平。

统筹招生管理，提高服务水平。为做好 2015 年义务教育阶段招生工作，市教育局已多次召开县区调度会，研究今年的整体招生政策，各区将在 4 月份前完成对学校容量、适龄儿童数量进行摸底，制定科学合理的招生方案，并在学校门口、网站、社区、街道等发布招生通告，便于家长知晓。

深化教育改革，提升教育质量。质量是教育之本。济南市将通过进一步丰富义务教育学区制内涵，推动学区内资源共享、课程建设一体化，形成学校管理体系的新格局；通过完善集团化发展、联合办学、委托管理、政府购买服务等多元办学体制，形成优化教育资源配置的新常态。

四、对策建议

1. 进一步提高思想认识，精准落实义务教育免试入学政策

落实义务教育免试就近入学问题是一项长期的任务，因此，各级党和政府要进一步提高思想认识，要将落实义务教育免试入学政策作为重要任务来抓，加快解决人民群众期盼优质教育与资源相对短缺的矛盾。要进一步厘清《义务教育法》和《民办教育促进法》之间的关系，进一步理解教育部关于解决义务教育免试入学问题的相关政策措施，特别是在对《义务教育法》规定的相关内容与《民办教育促进法》规定的相关内容的融合方面，要吃透吃准，对两个法之间的逻辑关系不能出现偏差，即贯彻《义务教育法》是前提，《民办教育促进法》中的“自主招生”不能与《义务教育法》的“免试就近入学”有大的冲突，避免民办学校钻法律空子的现象发生。同时，在“落实义务教育免试入学政策”不动摇的前提下，努力拓展优质教育资源，着力促进公共教育资源配置公平。加快缩小区域间、校际的差距，办好每一所学校，教好每一个学生，促进教育公平。

2. 进一步优化大中城市公办义务教育学校结构布局，尽量满足适龄孩子入学要求

众所周知，我国义务教育免试就近入学问题主要集中在大中城市，其主要原因是城市化进程的加快，导致适龄儿童入学数量的剧增与城市中小学办学规模与办学能力的有限之间的矛盾以及人民群众日益追求优质教育资源的愿望与现实优质教育资源有限之间的矛盾日益突出，加大力度、加快建设大中城市中小学办学规模已经成为当务之急。

一是省上统一部署，各市区(县)教育部门具体实施，要通过撤并学校、新建学校、校产置换和专项投入等多种渠道，促进教育资源的合理流动，为学校的全面发展奠定基础；二是要结合国家“二孩政策”的实施及城市化进程加快

带来的人口增长情况和人民群众的现实需要，统筹考虑，科学规划，合理布局；三是在旧城区尽量挖掘既有中小学的办学潜力，通过改、扩、建等不同方式，加快中小学办学规模建设步伐，力争增加学校数量和学前派位；四是加快城市新区新建中小学设置与建设的步伐，特别是要着力解决好新建中小学建设中的资金、学校师资、保障机制等主要问题；五是各市区（县）尽可能科学的设置或恢复一定数量的九年一贯制学校，让学生在一所学校将小学和初中连续读完，在免试就近入学的前提下，享受同等的教育资源；六是要进一步明确职责要求，强化责任落实，严格按照建设总体目标和建设期限，进一步细化方案和措施，强化管理，把目标任务细化到时间段，细化分解到具体人，明确各项任务的主管人员，落实责任人员，做到总体目标明确，各项任务专人负责，各个环节紧密衔接，各项措施落实到位，确保建设质量。

3. 充分利用“十三五”教育规划启动的契机，科学谋划城乡义务教育学校发展

“十二五”期间，我省基础教育事业得到了前所未有的发展，在“十三五”起步在即的重要历史时刻，各级教育行政部门要研究制定具有前瞻性、指导性的高起点教育发展规划，并根据教育发展的实际需要合理划分学区。一是要科学谋划、进一步整合基础教育资源，尤其是优质的教育资源，在制定“十三五”教育发展规划中，要对城市中小学发展做出科学合理的规划，规划既要围绕近年来亟待解决的难题，又要考虑国家“二孩政策”后未来城乡受教育人口入学的需要，认真研究、分析和思考未来我省城市义务教育资源的供需问题，合理布局学校设置格局，确保城区乃至全省教育的科学发展。甚至可以在整体教育发展规划的基础上，各市单独制定城市基础教育发展规划，对涉及城市中长期教育发展的相关问题，出台系统的指导性意见，确保城市中小学建设的科学发展。二是要尽快落实义务教育公用教育经费拨款调整办法，以学生就学属地拨款取代按学生户籍所在地学校拨款的办法，确保进城务工人员子女就近免试入学的合法性和保障增加办学规模后各市区教育部门和学校的办学基本经费的落实。三是要在新农村建设规划中统筹中小学建设的布局，加强农村义务教育学校建设，以吸引更多的农村孩子享受优质教育资源。

4. 进一步加大对城乡薄弱中小学内涵提升力度，逐步实现优质教育资源的均衡合理配置

为了缓解“择校热”“择校难”的问题，加快城乡普通薄弱中小学提升建设力度，实现办学硬件条件的均衡化无疑是第一要务。

一是在硬件上，建议省上和各市区（县）在对已经纳入计划或规划的建设项目和任务，要进一步做好做实，并及时总结过去的经验教训，进一步优化新的项目实施方案，更加科学合理地布局和实施新的薄弱学校改造和提升项目，在新常态下合理配置区域内学校教育资源，尽量消除办学条件是的差异。

二是在软件上，要高度重视中小学校尤其是薄弱学校的师资队伍建设，继续完善教师交流轮岗制度，进一步优化机制，加大优质学校教师和管理干部对口支援薄弱学校教育教学和学校减少的力度，或与薄弱学校教师与管理干部互相交流，让教师由学校人变为学区人或县域内教育系统人，使义务教育学校师资配置大体均衡，快速提高薄弱学校教师的教育教学水平，促进薄弱学校教育教学质量的提高；要在公办中小学编制范围内，通过调配、招考、聘用、培训等办法，按照统一标准，择优录取的原则进行，特别是在师招聘计划中对薄弱学校给予政策倾斜；加大教师培训力度，完善教师培训制度和评审制度，强化市、县级教师培训机构职责。

5. 借鉴全国其他省市（区）成功经验，直接破解义务教育学校免试就近入学难题

虽然义务教育免试就近入学是一个普遍存在的难题，但是全国各省、市、自治区教育行政部门都在积极寻求破解难题的办法，并创造出了一系列行之有效的典型经验。因此，建议省上和各市教育部门，要认真加以研究，从中总结出为我省有效解决义务教育免试就近入学难题的办法来。如长春市办好百姓身边每一所学校，不断完善“大学区”管理模式，继续推进学区制入学，继续坚持免试入学，继续实行网上报名和公办学位派送，继续实行优质公办学校空余学位电脑派位；北京市多维度绘制“北京教育新地图”，着力从面到体，多维度构建纵向贯通的立体布局，力推九年一贯、对口直升、初高中对接等实质性举措，学段贯通、课程贯通、资源贯通，提供在本区域 9 年乃至 12 年“连续消费”教育资源的优质供给服务，为学生成长提供优质的“无缝培养链”；成都市

着眼长远促进资源均衡配置，坚持免试就近入学原则，明确规定小学的学位规划、划片范围、信息公开及入学的安排、要求，对公办、民办学校小升初工作的时间、办法、程序做出明确要求，并进一步规范民办学校招生行为；大连市进一步细化和完善就近入学方案，着力聚焦主城区、热点学校择校问题，对名校、热点学校的择校生比例进一步严格控制，并将积极探索学校联盟、合作办学、委托管理等改革试点，把优质学校丰富的教育资源辐射出去，让老百姓家门口的好学校更多一些，进一步满足百姓"就近上学，而且是就近上好学"的愿望，等等，都可以从中得到启发。

6. 进一步规范民办学校办学行为，形成义务教育协调发展的正常教育生态环境

针对当前民办中小学办学过程中与公办学校免试就近入学之间的矛盾且由此引起诸多问题与争议，甚至诱发"择校热""择校难"，影响正常教育生态环境的现象，建议各级政府教育行政部门进一步规范民办学校办学与招生行为。

一是要合理划分民办学校学区派位和自住招生考试的比例，严格规范招生行为，学区派位由所属区、县教育行政部门划定校周边人口半径服务范围予以划分，比例不得低于招生总数的50%，自主招生部分由教育行政部门划定招生学校，原则上只能在允许招生的几所对口小学进行"自主招生"，不得随意在未经批准的学校选拔学生，招生政策、计划、程序要完全向社会公开。

二是要严禁民办学校在学生入学后，以各种名义开设重点班、实验班和特长班等与义务教育不相符合的办学行为。

三是取消在公办学校内设置的民办学校办学行为，不允许一校两制的校中校现象存在，以保障公办义务教育学校的教育教学资源与环境完全服务于教育均衡发展和教育公平。

四是针对当前诸多公办民营、民办公助或其他形式的优质公办学校，却以民办学校名义出现的原来的公办学校，建议政府恢复这些学校的公办学校身份，如各高校附中、部分企业子校等，使这些优质的公办义务教育学校教育资源完全按照免试就近入学的办法招生，既造福于广大人民群众，又极大地缓解

入学难、择校热的问题。

7. 加大对政策执行的宣传、监督、检查力度，坚决纠正违规办学行为

针对调研结果反映出的各市、区(县)普遍存在的对国家和省上制定的义务教育免试就近入学政策认识模糊、要求误解、落实不力等现象，省、市、区各级教育行政部门要形成合力，坚决纠正违规办学行为。

一是要充分运用各种媒体和渠道，加大对国家和省市区义务教育免试就近入学招生政策的宣传力度，让广大学生家长和教育工作者充分理解政策内涵，让广大学生家长对阳光招生政策的每一个环节和细节要求都了如指掌，避免因对政策理解不到位而导致孩子入学负担加重问题的出现。

二是要充分发挥招生监督工作的力度，进一步强化对违规招生的执纪问责工作，特别要严格落实招生入学工作的各项规章制度和纪律要求，坚决禁止一切违规行为，为招生工作营造健康、公平、有序的环境。

三是要充分发挥各级政府教育督导部门的检查、督导工作的力度，进一步完善对各级政府教育发展的督导评估机制。一方面强化义务教育均衡发展的教育督导，定期对城区所有学校进行评估，督促纠正城区内教育资源配置不当或学校差距过大的现象；另一方面，对每年一度的义务教育学校入学阳光政策落实情况进行专项重点督查督导与评价，并将督导评估的结果向全社会进行公示，使义务教育学校的招生在阳光下运行。同时，建立表彰奖励制度，形成推进义务教育均衡发展的有效机制。

五、保障措施

为了能够确保我省义务教育免试就近入学工作的顺利进行，保证课题研究针对当前的实际问题提出的一系列具体对策建议能够得到贯彻落实，必须要有相应的保障措施做支撑。

1. 组织保障——要加强领导，明确责任

为了切实把义务教育免试就近入学工作落到实处，不折不扣地执行相关政策法规，各级教育行政部门都以对人民高度负责任的态度和强烈的责任感，加强组织领导，落实工作责任，工作责任层层到人，省市区(县)各级教育部门要确定一名领导分管此项工作。各区(县)教育行政部门领导班子成员要将区

域内义务教育免试就近入学工作工分解到具体责任人，学校主要领导要对招生中出现的任何问题负全部责任，每位教育行政部门领导负责数个学校，并按照一岗双责的要求，监督所负责学校不折不扣地实行规范化的免试就近入学阳光招生政策。

2. 经费保障——统筹规划，加大投入

义务教育学校免试就近入学工作之所以难以得到真正全面的落实，原因之一就是学校之间的办学条件差异很大。因此，各级党和政府务必统筹规划，建立健全义务教育均衡发展和薄弱学校改造提升的经费保障机制。各级教育行政部门要在不断增加对义务教育学校的经费投入的基础上，对区域内的薄弱学校进行重点建设，提倡和鼓励优质学校吸纳社会资金，对薄弱学校的建设进行投入和支持；各级教育行政部门都要划拨专门经费用于加强薄弱学校的教师队伍建设工作；各中小学校要认真落实教育部、财政部有关"教师培训费按照学校年度公用经费预算总额的5%安排"的政策，确保薄弱学校教师队伍建设的经费投入，积极为各市、县区域内义务教育薄弱学校教师专业水平和能力的提升创造条件。

3. 制度保障——完善机制，加强督评

各级教育行政部门和中小学校都要在国家和省市出台的各项旨在落实义务教育免试就近入学精神的政策法规和文件的基础上，建立并完善适合本区域的具体贯彻落实的实施办法或细则，不断创新工作机制，将义务教育免试就近入学工作作为一项重要的工作指标，纳入相关教育督导检查、评估与考核范畴，要把对此项工作落实情况的评估和考核结果作为评价各级教育行政部门和中小学校年度工作实绩的重要内容。建议省教育厅每年开展一次义务教育学校免试就近入学工作总结交流会议，对在此项工作中成绩突出的各级教育行政部门、中小学校等先进单位和先进个人进行表彰奖励。只有这样，才能最终确保把研究所提出的关于进一步做好义务教育学校免试就近入学的对策建议落到实处。

（注：本成果系陕西省2014—2015年度基础教育重大招标课题，课题批准号：ZDKT1401）

成果反响

1. 该成果按时提交民进中央部分成果被民进中央吸纳进入民进中央党派提案,提交2009年全国政协大会。

2. 该成果部分内容转化为本人参与完成的《关于理顺我国职业教育管理体制、推进职业教育均衡发展的提案》,被评为民进中央2009年度参政议政成果二等奖。

参与2015年民进中央大调研

构建现代公共文化服务体系,保障人民群众基本公共文化权益

——民进中央调研组在陕西开展现代公共文化大调研

民进中央此次调研是中共中央委托中央统战部组织的年度党派中央考察调研的一部分,为期4天,将在陕西西安、安康等地专题调研现代公共文化服务体系建设。调研组成员有文化部全国公共文化发展中心副主任李建军,国家新闻出版广电总局印刷发行司副司长徐胜帝,中央统战部一局二处刘海峰,民进中央参政议政特邀研究员、首都师范大学文化研究院常务副院长兼首席专家陶东风,陕西省学前师范学院教育科学研究院院长王越群,民进中央参政议政部副部长姚立迎等。

民进陕西省委会主委、陕西省文化厅厅长刘宽忍,中共陕西省委统战部副部长侯社教,民进陕西省委会专职副主委董家蕙等陪同调研。(摘自人民政协网,2015-4-24)

后　　记

2006 年底，我有幸被增补为陕西省政协委员。之后十余年，“省政协委员”这个身份就一直没有与我分离。说实话，刚开始主要是把政协委员当成一种政治身份和荣誉来看待，感觉听起来令人羡慕。

随着时间的推移，特别是通过参加政协会议及组织的相关培训、调研、座谈、考察等活动，我才深深地感到，政协委员的履职是扎扎实实体现中国民主政治非常重要的一环，因而方才体会到政协委员其实更多的是承担一种沉甸甸的责任和使命。而要名副其实地履行好政协委员的职责，不仅要具备强烈的政治责任感和敏锐的政治意识，同时还要有过硬的专业理论功底和能力，以及热爱社会、关心国家和地方经济社会发展与人民呼声的深厚情怀。

基于这样的认识和思考，我越来越感觉到要当好一名政协委员，并不是容易的事情。其中，最大的感悟就是必须对政协委员履行职责的要求理解到位，那就是如何才能围绕国家和地方发展重大问题即人民群众普遍关心和需要解决的问题，真正做到“参政参到点子上”。这也促使我更加深入地了解民生，关注、关心国家和我省经济社会发展，积极对待政协委员所应该做的每一件事情。纵观十余年的政协委员参政经历，先后参加调研十余次，撰写提案和社情民意近 40 件，撰写相关调研报告数篇，内容涉及教育、文化、旅游、医疗、卫生、养老、农业、知识产权等多个社会事业领域，很多建议被政府相关部门重视和采纳，甚至被列为省政府重点督办提案，成为决策参考；有的提案或调研报告还获得民进中央、陕西省政协、民进陕西省委、陕西省教育厅等有关部门的奖励；有的参政议政提案或调研报告转化为教育科研课题成果获得学术认可；多数提案或建言献策都引起了社会关注，曾被《陕西日报》《西安日报》《各界导报》《三秦都市报》《华商报》、陕西人民广播电台、陕西电视台、国务院发展研究中心网、中国教育网、西部网等媒体进行报道或转载。总之,在履行政协委员职责期间,我深切地感受到,在推动国家和我省经济社会发展的过程中,我有幸能够成为一名参与者,虽然因水平能力所限,发挥的作用也非常有限,但却也真切地体会到了参与者的力量。

承蒙民进陕西省委的举荐和认可,我又荣幸地成为陕西省十二届政协委员,还有为时5年的参政历程,如何继续发挥一名老政协委员的作用,履行好参政议政职责,尽到一名参与者的绵薄之力,我需要做出更多的努力和实践。为了总结过去十余年参政议政的经验教训,反思建言献策过程中的效果,特将我履职十余年的提案、政府相关部门的复函、有代表性的调研报告、相关获奖提案及有代表性的媒体反响等整理结集成册,力求客观反映我十余年参政议政履职的基本情况,也希望成为自己人生记录中的重要组成部分。

需要说明的是,由于2008年以前是纸质手写提案,政府相关部门也是纸质复函,加上诸多主客观因素,导致2007年的提案原件未能保留下来,个别提案只能是提案草稿复印件或相关报道予以佐证;2008年的5份提案的政府相关部门复函未找到原件,也只能以相关媒体报道和其他反响予以再现;2009年后有个别提案的政府复函原件也有缺失,也造成一定的缺失和遗憾。

同时,本书的出版得到了陕西省政协副主席、民进中央常委、民进陕西省委主委刘宽忍先生的热情关心、鼓励和支持,中共陕西学前师范学院党委书记、博士生导师付建成教授提出了诸多宝贵意见和建议。另外,陕西学前师范学院副校长文明教授、陕西省教育厅基础教育一处处长王彬武等同志,均给予了不同方式的帮助,在此谨表谢忱。当然,由于本人能力水平有限,加上时间仓促,经验不足,书中不妥之处在所难免,祈请得到各位领导、广大同人和读者朋友的批评指正。

王越群

2018年6月28日